ÉTUDES

POLITIQUES ET ÉCONOMIQUES

ÉTUDES
POLITIQUES ET ÉCONOMIQUES

PAR

M. ÉDOUARD BOINVILLIERS

TOME QUATRIÈME

PARIS LE TYRAN

PARIS
LIBRAIRIE DE DUBUISSON ET C⁰
5, RUE COQ-HÉRON, 5
—
1877

PRÉFACE

On dit partout que le Français est léger, frondeur, sans religion et ingouvernable ; le Français, au contraire, est un citoyen sensé, religieux, et en même temps le plus facile des hommes à gouverner.

Depuis la grande Révolution, notre gouvernement a changé bien des fois, et le monde a répété : *Ces Français sont incorrigibles !*

Or, ce sont les Parisiens seuls qui font les révolutions, et c'est la France qui les subit ; la vérité, c'est que les Parisiens sont des fous et que la France reste sage ; la vérité, c'est que Paris est le tyran et la France l'esclave.

Ces convulsions périodiques et stériles amèneront, si l'on n'y porte remède, la fin de ce pays charmant, de ce pays qu'on ne peut s'empêcher d'aimer, même lorsqu'on n'est pas Français ; de ce pays dont l'Américain Jefferson disait : « Tout homme en naissant a « deux patries : la sienne d'abord, la France ensuite. »

Quelle peine, quelle affliction, quelle véritable douleur ressentiraient toutes les âmes élevées si ce trésor intellectuel, cette source intarissable de courage vaillant et facile, ce cœur d'or si compatissant à toutes les infortunes, ce champion chevaleresque de toutes les causes justes, cet être si complet, parce qu'il sait s'oublier, si notre chère France venait à disparaître ! Quelle douleur, et aussi quelle catastrophe ! Quel abaissement dans le niveau de la moralité universelle, si l'on réussissait à tuer cet être séduisant parce qu'il est épris du juste plutôt que de l'utile ; et que si l'utile est humain, le juste est divin !

La maladie dont meurt la France, c'est Paris !

Ce livre a pour but de prouver cette vérité, et, après l'avoir démontrée, de rechercher le remède au mal.

L'auteur de cet ouvrage manquerait le but qu'il veut atteindre s'il prenait position entre les partis politiques qui sont en lutte ; il n'a point à faire de profession de foi, sa foi politique étant connue ; mais il tient à mettre le lecteur en garde contre une pensée qui se présentera à son esprit : ce qu'il va lire n'est pas, en effet, une thèse impérialiste. C'est une œuvre française, c'est la revendication de l'indépendance d'un grand et noble pays contre la tyrannie de ce politique imbécile qu'on appelle le Parisien !

PARIS LE TYRAN

PARIS LE TYRAN

CHAPITRE PREMIER

La première victoire de Paris

Sous l'ancienne monarchie tout pouvoir venait du Roi ; le Roi allait et venait dans son royaume ; il n'était forcé par aucune loi, par aucune convenance de résider à Paris, d'une manière continue ; les États généraux qui avaient été réunis par son ordre, à des intervalles éloignés, avaient siégé en province, et c'était aussi en province que résidaient les Parlements.

L'autorité en France était donc libre. Elle devint prisonnière le jour où elle ne fut plus représentée par un prince seul, mais par ce prince assisté d'un Parlement parisien. En effet, cette Assemblée demi-souveraine était forcée, par la nature même de son rôle législatif et le grand nombre de citoyens qu'elle contenait, à une existence sédentaire. L'inexpérience de nos pères permit à ces souverains de se fixer à Paris, dans la capitale du pays; de ce jour la fatalité nous a poursuivis, et nous avons roulé de révolutions en révolutions.

C'est une sottise de forcer nos législateurs à vivre et à légiférer au milieu d'une ville qui compte près de 2 millions de citoyens, et de les soumettre ainsi aux caprices de cette fourmilière humaine; toutes les précautions militaires prises pour sauver l'honneur de ce corps politique sont et seront éternellement vaines. D'ailleurs, une magistrature quelconque qui sent le besoin d'avoir près d'elle une épée dévouée capable de la protéger contre la violence de la rue est déjà sans liberté; la crainte, à elle seule, est une atteinte sérieuse à l'indépendance.

Le jour où le Roi a partagé son autorité

avec un Parlement permanent, le Parisien s'est attaqué à celui des deux pouvoirs qu'il avait sous la main, il l'a discrédité, bafoué, amoindri, et finalement l'a jeté par les fenêtres de son palais. C'était facile à prévoir, non pas seulement pour nous que de fréquentes et terribles catastrophes ont éclairés, mais même pour nos ancêtres, les philosophes qui accumulaient dans la seule capitale de la France, ville du plaisir, de l'élégance, de la richesse, toutes les forces vives de l'administration du pays.

Tandis que cet effort énergique de concentration produisait ses fruits naturels, c'est-à-dire augmentait démesurément la puissance de cette capitale, le pouvoir du chef de l'Etat avait beaucoup diminué et sa liberté de mouvement, qui était une sauvegarde naturelle contre les violences des multitudes, devenait un avantage illusoire depuis que les assemblées politiques légiféraient sous la pression, parfois dissimulée, mais toujours constante des masses populaires.

En 1789, l'Assemblée était réunie à Versailles ; dépositaire fidèle des vœux du pays, consignés dans les cahiers des électeurs, elle était unanimement résolue à organiser en France la monarchie, à doter le pays d'une constitution monarchique : c'était un vœu fort sensé et digne des efforts de tous les citoyens intelligents; mais pour faire passer ce vœu dans la pratique il aurait fallu avoir la sagesse de résister à la multitude parisienne; or, le jour même où l'Assemblée se réunit au Jeu de Paume, elle fut déjà sur le point de se transporter à Paris, et il fallut toute la présence d'esprit de Bailly pour qu'il ne fût pas donné suite à ce fâcheux dessein. Quelle séduction avait donc la capitale pour que tous les députés voulussent y courir? Elle en avait une bien grande, au moins pour les meneurs du Parlement, qui, craignant les résistances de la cour et de la noblesse, cherchaient dans les ardeurs politiques de la capitale une aide, un appui, contre leurs adversaires. Ils sentaient déjà confusément que la rue est hostile par instinct à toute autorité comme à toute discipline, et pour menacer et ruiner l'autorité ils recherchaient la rue; un révolutionnaire a horreur des champs, il ne *travaille* que dans la grande ville.

Bien que Bailly eût été nommé maire de Paris et que Lafayette commandât les gardes nationales; bien que ce fussent deux hommes honnêtes et aussi courageux qu'honnêtes, ils ne purent empêcher, ni l'un ni l'autre, que les masses mises en mouvement par l'agitation naturelle du temps et par des meneurs payés ne criassent chaque jour dans les rues *qu'il fallait faire revenir à Paris le bon roi Louis XVI*, et le séparer ainsi de gens qui le détournaient de se fier à l'amour de *son bon peuple* de Paris! La pression était devenue si forte que les deux célèbres citoyens ne crurent plus pouvoir résister à un vœu qui se traduisait d'ailleurs par un langage très respectueux et en des termes qui respiraient la plus chaude affection pour le Roi.

Il fut donc décidé que ce malheureux prince irait *visiter sa bonne ville de Paris*, et le 17 juillet 1789 il fit son entrée à l'Hôtel de Ville, en passant sous une voûte d'épées croisées au-dessus de sa tête en signe d'honneur. En rentrant à Versailles la Reine, agitée par de sinistres pressentiments, se jeta dans les bras de son mari, comme s'il venait d'échapper à un grand danger.

Paris s'essayait à la domination et le Roi à la faiblesse : Paris devinait, avec l'instinct de tous les révolutionnaires, que Louis XVI serait un otage entre ses mains, il voulait le conquérir; aussi à sa première visite il le couvrit d'applaudissements, le Parisien a de la littérature et il sait qu'on couronne les victimes avant de les immoler.

Un mois plus tard (30 août), Saint-Hurugues fait une motion au Palais-Royal, pour aller à Versailles protéger les jours de Mirabeau, menacés, dit-on, par les aristocrates, et aussi pour empêcher le vote du *veto*; c'est le commencement de l'ingérence de la populace dans les détails mêmes du gouvernement; c'est sa prétention ouvertement avouée d'opprimer par sa masse et ses cris les pouvoirs réguliers de l'Etat. Il ne se passait pas de jour que des motions pareilles ne circulassent dans la grande ville. A la fin on céda et, s'inspirant d'une pratique révolutionnaire, qui fut renouvelée bien des fois par la suite, les meneurs mirent en avant les femmes de la halle et, sous la conduite de Maillard, les entraînèrent jusqu'à Versailles.

On sait les désastres qui s'ensuivirent et la conduite héroïque de Lafayette qui, trop faible pour résister au torrent, voulut au moins prévenir des catastrophes en le dirigeant.

Le Roi, vaincu à son tour, promit de rentrer à Paris, et la famille royale alla s'installer dans le château des Tuileries, vide depuis un siècle et où rien n'avait été préparé pour la recevoir ; l'Assemblée fit naturellement comme le Roi et, le 19 octobre 1789, elle rentra dans la capitale après avoir reçu les assurances les plus formelles de la part de la commune, qui se prétendit en mesure de garantir au Roi la sécurité et à l'Assemblée l'entière liberté de ses délibérations.

Singulier aveuglement du temps présent ! Paris, par ses seules menaces, avait réussi à ramener dans son sein les deux pouvoirs souverains de l'Etat, à les arracher à Versailles où ils pouvaient se défendre, et on se confiait à la modération d'une populace surexcitée, enorgueillie de sa victoire et décidée à tout oser parce qu'elle venait de faire l'épreuve de sa force ! De loin elle avait su se faire obéir, et maintenant qu'elle tenait sous sa main avide et sans scrupule le gouvernement tout entier, on se flattait de la maintenir dans le devoir ! Il y a vraiment des fatalités, car ces vérités élémentaires n'ont pas été, sans doute, inaperçues des contemporains, et s'ils ont cédé c'est que l'entraînement était irrésistible.

Paris, en mettant la main sur le Roi, venait de mettre la main sur la France.

CHAPITRE II

Le Parisien détrône le Roi de France

Les victoires semblables à celles dont nous venons de faire le récit ont de longues et de terribles conséquences ; car pour avoir cédé une fois, on cédera toujours. Il n'y a pas d'étapes sur le chemin de la faiblesse. Deux généraux ennemis, qui luttent à ciel ouvert avec leurs armées, ne se sentent jamais inquiets sur leur honneur. L'émeutier qui soulève la rue et le prince qui hésite à la balayer pourraient-ils en dire autant? Triste victoire que celle-là ! Il est dans la donnée philosophique de la force de s'arrêter, parce que monter est chose rude, mais la loi de la gravitation qui précipite vers la terre les corps physiques s'applique aux consciences timorées et aux cœurs faibles.

Un prince ne doit jamais céder, quand il n'a plus la pleine possession de son autorité ; une concession de sa part n'est légitime et féconde que lorsqu'elle est un cadeau de sa toute-puissance.

Un pouvoir révolutionnairement attaqué doit périr plutôt que de s'abaisser. A Waterloo, la garde aurait pu se rendre; en préférant la mort elle ne fit qu'ajouter une page aux pages si nombreuses qui racontaient depuis vingt ans nos gloires et notre courage; mais lorsque la scène se passe dans les rues de Paris, il faut préférer le roi Charles X, qui lutte, au roi Louis-Philippe, qui ne lutte pas; et si le peuple conserve un bon souvenir des deux Napoléon qui ont régné en France, ils le doivent, en partie du moins, à ce préjugé favorable, que ni l'un ni l'autre ne se seraient abaissés devant des barricades, si l'étranger leur avait laissé la possibilité de se défendre.

Le malheureux Louis XVI était pour ainsi dire prisonnier à Paris; entre les mains de la Commune ce n'était plus qu'un otage qu'on aspirait à transformer en

martyr. Au surplus l'émeute armée ne
s'égara pas, elle savait sa force contre
le Roi, et tout en se donnant souvent
le plaisir félin de lui faire sentir ses griffes,
elle n'oubliait pas l'obstacle principal à sa
toute-puissance; le vrai souverain, c'était
encore l'Assemblée; l'émeute chercha donc
à avilir cette autorité redoutable et à la
rendre peu à peu souple à ses desseins sanguinaires.

La journée du 20 juin 1792 satisfit amplement aux deux passions qui animaient alors la Commune.

Dès le 15, circulait à Paris, et principalement dans les faubourgs, la nouvelle d'une fête destinée à glorifier le souvenir du serment du Jeu de Paume (20 juin), il s'agissait — comme les révolutionnaires se copient! — de la plantation d'un arbre de la liberté sur la terrasse des Feuillants. Il va sans dire que l'arbre de la liberté était le prétexte et que l'on se proposait d'effrayer à la fois le Roi et l'Assemblée par la réunion d'une multitude armée qui ne contenait pas moins de 40,000 piques, comme on disait alors!

Le Roi, dans ces circonstances douloureuses, se montra ferme; mais l'Assemblée, guidée par ces girondins qui devaient faire tant de mal avec de si honnêtes intentions, et par Pétion, le maire de Paris, l'ancêtre illustre de M. Prudhomme, — qui voulait donner *une leçon au pouvoir*, — se montra maladroite et faible. Elle croyait encore à la nécessité de combattre l'autorité, lorsque l'œil le moins clairvoyant devait apercevoir que l'autorité seule avait besoin d'être secourue. Au surplus, il est bien possible que Pétion, ainsi que ses amis, ne se refusassent pas à admettre au fond de l'âme une vérité aussi éclatante, mais ils n'étaient pas encore eux-mêmes le gouvernement, et ils voulaient devenir les maîtres; alors, instinctivement et presque naïvement, ils étaient résolus à être de l'opposition jusqu'au moment où, l'institution monarchique ayant disparu, ils trouveraient devant leur ambition toutes les barrières ouvertes.

Vers onze heures du matin, l'Assemblée se réunit; tout le monde connaissait la manifestation projetée, et tremblait qu'elle ne dépassât le but qu'on avait secrètement assigné à son action. Rœderer s'élance à la tribune et parle d'un rassemblement extraordinaire de citoyens, qui s'est formé malgré la loi et malgré les efforts du département:

ce rassemblement parait avoir pour but de célébrer l'anniversaire du 20 juin, et de porter un *nouveau tribut d'hommage à l'Assemblée*.

Cette populace parisienne, lâchée dans la rue, était déjà si sûre de son pouvoir qu'elle commandait l'hypocrisie et qu'un brave homme qui venait de faire tous ses efforts pour empêcher la manifestation d'avoir lieu, qui savait, comme tous ceux qui n'étaient pas absolument stupides dans Paris, que les faubourgs et leurs chefs n'avaient pas le moins du monde l'intention *d'honorer* l'Assemblée, était cependant dans l'obligation étroite de voiler sa pensée. Il rappelle toutes les lois qui vont être violées par le tumulte qui se prépare, et engage l'Assemblée à montrer quelque fermeté, « car, dit-il, aujourd'hui, des pétitionnaires armés se portent ici par un *mouvement civique*, mais demain il peut se réunir une foule de malveillants, et alors, je vous le demande, messieurs, qu'aurions-nous à leur dire ? »

La discussion s'engage; à droite, on applaudit, à gauche, on murmure. Vergniaud fait observer que, déjà, on a reçu des pétitionnaires armés, et que ceux d'aujourd'hui auraient raison de se plaindre si on les traitait différemment. — Dumolard avoue l'abus, mais exige qu'on le fasse cesser, si l'on ne veut pas que l'Assemblée et le Roi paraissent, aux yeux de l'Europe, les esclaves de la populace d'une grande ville. — Pendant qu'on discute, l'émeute s'approche; on annonce à l'Assemblée une lettre de Santerre. « Les habitants des faubourgs, dit cette dépêche, célèbrent le 20 juin, on les a calomniés, ils demandent à être admis à la barre de l'Assemblée, pour confondre leurs détracteurs et prouver qu'ils sont toujours les hommes du 14 juillet. »

Les tribunes applaudissent à tout rompre, et il y a tout lieu de croire que ces braves gens, arrachés pour quelques heures à leur gagne-pain, croyaient comme article de foi à la pureté et au civisme de leur démarche; il n'y avait que ceux qui proclamaient bien haut l'innocence de la manifestation, que ceux qui la conduisaient secrètement, qui sussent à quoi s'en tenir. Enfin la populace frappe à la porte du Palais, Vergniaud l'ouvre par ces paroles qui révèlent une évidente complicité : « Justement inquiets de l'avenir, les pétition-

naires veulent prouver que, malgré toutes les intrigues ourdies contre la liberté, ils sont toujours prêts à la défendre.» — Le tumulte est à son comble.—«Ils sont 10,000,
« dit un député, et nous ne sommes
« que 750, retirons-nous. — A l'ordre! à
« l'ordre! » Un autre s'élance à la tribune ;
« Dépêchez, dépêchez-vous, lui crie-t-on
« de toutes parts, 10,000 citoyens atten-
« dent. — Si 10,000 Parisiens m'atten-
« dent, réplique Ramond, 24 millions de
« Français ne m'attendent pas moins! »

Comme il arrive toujours en pareil cas, l'émeute enhardie brise les derniers obstacles, pénètre dans la salle, et remet cette célèbre pétition qui devait être un *hommage* rendu à l'Assemblée : « *Le peuple* est prêt,
« il n'attend que vous, il est disposé à se
« servir de grands moyens pour exécuter
« l'article 2 de la Déclaration des droits de
« l'homme : *résistance à l'oppression*. — Que
« le petit nombre d'entre vous qui ne s'unit
« pas à vos sentiments et aux nôtres purge la
« terre de la liberté et s'en aille à Coblentz...
« Cherchez la cause des maux qui nous me-
« nacent ; si elle dérive du pouvoir exécutif,
« qu'il soit anéanti ! »

Puis commence le défilé des souverains,

Leurs Majestés du ruisseau armées de piques, de vieux fusils, de sabres ébréchés, coiffés du bonnet rouge, les femmes portant leurs enfants qui commençaient ainsi de bonne heure leur apprentissage révolutionnaire; les cris, les vociférations, les injures, les plaisanteries odieuses ou ordurières trouvaient naturellement leur place dans cette orgie de désordre, et pendant trois mortelles heures l'Assemblée, silencieuse, accepta *l'hommage* des faubourgs.

La moitié de la besogne était faite, et si les girondins avaient consenti à courber la tête devant l'émeute, c'était pour forcer une tête plus illustre et plus haut placée que les leurs à se courber à son tour; ils consentaient à recevoir les embrassements dégoûtants de la rue, à condition qu'elle irait salir le palais du Roi. Ces mauvais desseins ne furent qu'à moitié réalisés; la populace, sortant de l'Assemblée, se dirigea naturellement vers le Carrousel, et la trahison de quelques officiers de la garde nationale lui ouvrit le palais. Les Tuileries reçurent l'affront qu'avait subi la demeure de nos législateurs, mais le prince fut le seul à avoir un beau rôle dans cette triste journée, et tandis que l'Assemblée s'était abaissée devant les piques et les carmagnoles, le Roi s'était relevé fier et digne sous l'outrage. Le moment de la justice n'était pas arrivé, car l'Assemblée complaisante allait bientôt recevoir le salaire de sa bassesse, tandis que la Révolution réservait au Roi courageux bien des occasions de monter dans l'estime des honnêtes gens avant de monter vers Dieu.

L'*Exécutif*, comme on l'appelait alors, n'avait pas capitulé; c'était donc une affaire à recommencer, et les girondins, qui étaient à la tête du mouvement et, pour parler plus exactement, qui avaient tout permis sans se mettre positivement en avant, crurent cette fois devoir à leur ambition, peu déguisée d'ailleurs, de se prononcer plus ouvertement; ils se posaient en héritiers légitimes et nécessaires du pouvoir disparu, il était donc naturel qu'ils aidassent à le faire disparaître; avec cette absence de scrupules qui caractérise toutes les assemblées politiques où la responsabilité divisée équivaut à une absence de responsabilité, nos honnêtes girondins se mirent à la besogne : le prince n'avait pas été renversé le 20 juin, on le renversa le 10 août.

Les meneurs de la populace, éclairés par

leur première tentative, ne commirent pas la faute de ne songer au Roi qu'après avoir soumis l'Assemblée ; ils avaient trouvé dans le palais du Prince plus de fierté et moins de soumission que dans celui des législateurs. Le programme de l'émeute fut donc changé : au Roi d'abord, aux Tuileries, là seulement était la résistance ; il serait toujours temps de dicter ses volontés à un Parlement devenu peureux et docile.

Ainsi fut fait : Louis XVI, assiégé, se réfugia à l'Assemblée, pendant que s'opérait, sans même l'apparence d'un prétexte, le sac des Tuileries et l'égorgement des Suisses. Le programme s'exécuta de point en point ; on était venu à bout de l'*Exécutif*, on se précipita, la menace à la bouche et le vin sur les lèvres, sur le *Législatif* et on demanda au maître de légaliser le fait accompli.

Vergniaud, en serviteur fidèle, apporte aussitôt et fait voter par l'Assemblée le décret suivant : « Louis XVI est provisoire-
« ment suspendu de sa royauté. — Un plan
« d'éducation est ordonné pour le prince
« royal. — Une Convention nationale est
« convoquée. »

Ainsi, grâce aux efforts de Paris, avec

l'aide de cette multitude toujours au service des ambitieux qui la flattent et la paient, la Révolution avait absolument dévié de son but originaire. On voulait un Roi, et on voulait que ce Roi fût Louis XVI. La France l'avait universellement dit par ses électeurs et l'avait consigné dans tous les cahiers généraux écrits sous sa dictée. Paris venait de décider à lui seul que les vœux de la France seraient dédaignés. Il n'y avait pas un des meneurs de cette insurrection perpétuelle, qui durait depuis la rentrée du Roi dans sa *bonne ville de Paris*, qui ne sût de la manière la plus certaine que, si le pays eût été consulté, il eût blâmé et châtié toutes les violences de la politique parisienne ; mais on se gardait bien de le consulter. A chaque instant, on rappelait les droits *du peuple*, et on les violait autant de fois qu'on les rappelait. Il était convenu que *le peuple*, c'était et ce ne serait jamais que les 10,000 citoyens qui, le 20 juin, attendaient à la porte du palais législatif ; quant aux 24 millions de Français dont parlait Ramond, c'était une quantité à négliger.

CHAPITRE III

Les révolutionnaires regrettent d'avoir confié à Paris le sort de la Révolution.

Il serait cependant injuste de prétendre que personne ne pensait au pays. Sans doute, les vainqueurs du jour s'appuyaient sur le ruisseau triomphant, mais les vaincus, mais ceux qui avaient cédé une première fois et permis que la France s'abaissât devant Paris, ceux-là songeaient à cette chère France qu'ils avaient oubliée, eux aussi, à ce vaillant pays qu'ils savaient ennemi de toute lâcheté.

Mirabeau, trouvant la Constitution nouvelle détestable, voyant bien que le Roi n'y était plus rien, résolut de transporter Louis XVI dans une ville de province où il pourrait recouvrer une indépendance qu'il avait absolument perdue. Là, le Roi se serait exprimé en toute liberté sur la situation faite à la France et à sa personne, et la Révolution, au moins Mirabeau l'espérait ainsi, aurait été enrayée dans ce qu'elle faisait déjà présager d'excessif.

De son côté, l'aristocratie, qui n'avait pas pour se guider le génie de l'illustre tribun, mais qui se sentait menacée comme son chef, n'eut besoin que de consulter son intérêt pour aboutir aux mêmes conclusions ; et, pendant que Mirabeau arrangeait son plan, la cour, qui comptait, non sans raison, sur le dévouement de Bouillé, prit secrètement le chemin de la frontière, espérant donner la main aux troupes du général ; mais Paris courut après sa victime qui lui échappait, et l'on sortit de Varennes en véritable vaincu ; le soir de l'arrivée du Roi, on criait déjà aux jacobins : *la déchéance ! la déchéance !*

Lafayette, à son tour, forma les mêmes projets. Il voulut aussi soustraire Louis XVI à la pression révolutionnaire qu'il subissait, et l'arracher à sa prison parisienne. Ce *Cromwell-Grandisson*, comme l'appelait Mirabeau, dans ses jours de mauvaise humeur, ce révolutionnaire, fort correct et tout à fait constitutionnel au début, n'avait pas tardé à être dépassé, et, en honnête et galant homme qu'il était, il s'offrit au Roi pour le ramener au milieu de ses soldats.

Si ce plan réussissait dans cette première partie, et que Paris refusât de rentrer dans la loi et d'écouter les ordres du pays, Lafayette et le vieux général Lukner étaient décidés à marcher sur la capitale et à la réduire. Une lettre de M. de Lafayette, écrite le 8 janvier 1792, mentionne avec détails toutes les précautions prises pour assurer la réussite de ce projet : « J'avais, écrit-il, disposé mon armée de manière que les meilleurs escadrons de grenadiers et l'artillerie à cheval étaient sous les ordres de X... Si ma proposition avait été acceptée, j'amenais en deux jours à Compiègne 15 escadrons et 8 pièces de canon, le reste de l'armée était placé en échelons à une marche d'intervalle...

« J'avais conquis Lukner au point de lui faire promettre de marcher sur la capitale avec moi, si la sûreté du Roi l'exigeait, et pourvu qu'il en donnât l'ordre.

« ...Je le répète encore, il faut que le Roi sorte de Paris, je sais que, s'il n'était pas de bonne foi, il y aurait des inconvénients, mais quand il s'agit de se confier au Roi, qui est un honnête homme, peut-on balancer un instant ?... » Cette lettre se terminait ainsi : « En vérité, quand je me vois entouré d'habitants de la campagne, qui viennent de dix lieues et plus pour me voir et pour me jurer qu'ils n'ont confiance qu'en moi, que mes amis et mes ennemis sont les leurs; quand je me vois chéri de mon armée, sur laquelle les efforts des jacobins n'ont aucune influence; quand je vois, de toutes les parties du royaume, arriver des témoignages d'adhésion à mes opinions, je ne puis croire que tout est perdu et que je n'ai aucun moyen d'être utile. »

Le Roi, qui certainement avait de sérieux reproches à se faire pour avoir cédé à l'émeute parisienne et consenti à quitter Versailles, ne pardonnait guère à M. de Lafayette de l'avoir poussé à cette faiblesse, source de toutes celles qui avaient été commises comme de toutes celles qui restaient à commettre; il ne lui pardonnait pas non plus de s'être montré partisan de la révolution et confondait, fort mal à propos, sous ce titre, les révolutionnaires parisiens avec les révolutionnaires français, ceux qui avaient dicté les cahiers des Etats généraux avec ceux qui les déchiraient chaque jour; Louis XVI eut grand tort de ne pas accepter les offres si généreuses du jeune général, car, sans être grand prophète, on peut bien affirmer qu'en arrachant le Roi à sa prison on changeait le cours de la révolution : rendre Louis XVI à la France, c'était rendre à la France sa liberté; pourquoi faut-il que la passion soit toujours écoutée ? Ce prince, qui fut si digne et si malheureux qu'on a presque honte d'adresser quelques reproches à sa mémoire, ne se souvint pas que, conformément au sentiment politique de M. de Lafayette, il avait été le premier révolutionnaire de son royaume, qu'il avait consenti, souhaité, exigé, que son pouvoir royal fût limité et précisé, et que la nation fût appelée périodiquement à donner son avis sur la marche des affaires et à voter l'impôt; cette révolution, le Roi l'avait voulue comme Mirabeau, comme Lafayette, comme Turgot, comme tous les philosophes; quel était donc son grief contre un galant homme qui s'offrait à le sauver et à sauver avec lui la révolution tout entière ?

Le Roi répondit : « Je suis infiniment
« sensible à l'attachement pour moi qui
« *le* porterait ainsi à se mettre en avant,
« mais la manière me parait impraticable.
« Ce n'est pas par crainte personnelle,
« mais tout serait mis en jeu à la fois, et

« quoi qu'*il* en dise, ce projet manqué ferait
« retomber tout pire que jamais, et de plus
« en plus sous la férule des factieux : Fon-
« tainebleau n'est qu'un cul-de-sac, ce
« serait une mauvaise retraite, et du côté
« du midi : du côté du nord cela aurait l'air
« d'aller du côté des Autrichiens.

« . . . .

« Le meilleur conseil à donner à M. de
« Lafayette est de servir toujours d'épou-
« vantail aux factieux, en remplissant bien
« son métier de général : par là il s'assu-
« rera de plus en plus la confiance de son
« armée et pourra s'en servir comme il
« voudra au besoin. »

Eh! sans doute il y avait des inconvénients à aller au nord et aussi des difficultés
à aller au midi, mais il y en avait bien plus
à conduire le Roi et la France à l'échafaud !
Il fallut donc abandonner cette espérance
d'arracher l'esclave à son tyran, car, dès
cet instant, il ne faut pas s'y tromper, c'est
le ruisseau de Paris qui est vainqueur ; il
a dicté à Vergniaud et à ses amis la conduite à tenir, la seule conduite qui pût leur
assurer la popularité et par suite le pouvoir.
Vergniaud et ses amis ont obéi, comme
obéira demain Danton, et ensuite Robes-

pierre et enfin Marat. Ils avaient l'air de conduire l'émeute, ces grands émeutiers, et ils n'en étaient que les très-humbles serviteurs.

Comme autrefois les empereurs donnaient du pain et des spectacles, ils jetaient des têtes au peuple parisien enivré de sang et ils obtenaient le pouvoir.

Les regards attristés de l'historien se détournent de cette abominable capitale et se reportent involontairement sur notre grand et fier pays, auquel on rendait tant d'hommages involontaires. Les républicains eux-mêmes avaient sur ce point absolument les mêmes opinions que les aristocrates; sans doute ils se servaient de Paris pour leur détestable ambition, mais ils le craignaient aussi, et cela pour bien des raisons; ils avaient fait par eux-mêmes la preuve des *convictions parisiennes*, et ils ne doutaient pas que les moyens qu'on avait pratiqués pour obtenir une terreur rouge, pussent faire aboutir à une terreur blanche; il suffisait pour cela d'un succès des armées alliées, et d'une menace de leur part contre la capitale. Les républicains de l'époque où nous sommes parvenus avaient les craintes les plus sérieuses d'une victoire remportée par l'étranger, et ils méditaient de se retirer dans l'intérieur de la France, pour y installer le gouvernement de leur rêve. Paris était un sable mouvant sur lequel on ne pouvait rien édifier, ils en étaient déjà convaincus.

La province, à laquelle on voulait ainsi faire cadeau de la République, aurait sans doute repoussé courtoisement un pareil présent, mais ce qu'il importe de remarquer, ce n'est pas l'illusion, fort pardonnable, des républicains au sujet de la province, mais la preuve qu'ils donnaient à leur tour de leur peu de confiance dans la fermeté et la droiture des sentiments politiques de la capitale, et au contraire, leur inclination naturelle vers la France, lorsqu'il s'agissait de lui confier les destinées d'une idée qu'ils croyaient aussi belle que généreuse.

Roland, Barbaroux, Servan le ministre de la guerre et presque tous les girondins effrayés se réunissaient souvent et déploraient en commun la marche des événements. On se proposait, si le Nord était forcé par l'Europe victorieuse de déserter Paris, dont la versatilité et la bassesse ne promettaient aucune résistance, de se jeter dans le Midi, où l'on implanterait et ferait aimer la jeune République. Battu sur le Rhin, elle se retirerait derrière la Loire : « Plus loin encore, ajoute Barbaroux, nous avions l'Auvergne, les buttes escarpées, les ravins, les belles forêts et les montagnes du volcan jadis embrasées par le feu et maintenant couvertes de sapins : lieux sauvages où les hommes labourent la neige, mais où ils vivent indépendants. Les Cévennes nous offraient encore un asile trop célèbre pour n'être pas redoutables à la tyrannie ; et à l'extrémité du Midi nous trouvions pour barrières l'Isère, la Durance, le Rhône depuis Lyon jusqu'à la mer, les Alpes et les remparts de Toulon. Enfin, si tous les points avaient été forcés, il nous restait la Corse, la Corse où les Gênois et les Français n'ont pu naturaliser la tyrannie, qui n'attend que des bras pour être fertile et des philosophes pour l'éclairer. »

Que diraient, grands dieux ! nos modernes républicains s'ils connaissaient l'éloge enthousiaste que fit de la Corse le beau Barbaroux ?

Il fallut bientôt songer à mettre ce plan projeté à exécution ; les ennemis approchaient, un avantage même momentané pouvait leur livrer la route de Paris; le ministre de la guerre et avec lui tous les gens sensés pensaient que Dumouriez et Lafayette, vu le petit nombre de soldats aguerris dont ils disposaient, ne pourraient barrer le chemin à l'ennemi, et dix jours après la célèbre et néfaste journée du 10 août, tous les membres modérés du cabinet proposèrent de se retirer à Saumur, *pour assurer la sécurité et l'indépendance des autorités représentant la souveraineté nationale.*

On pensait avec raison que, dans une grande ville comme Paris, les esprits surexcités par l'approche de l'ennemi se livreraient aux derniers excès et qu'une réaction inévitable emporterait le frêle édifice constitutionnel ainsi battu en brèche par les adversaires du dedans et ceux du dehors. On commençait à avoir l'intuition, confuse il est vrai, des dangers inévitables que court un gouvernement renfermé dans une capitale où se trouvent réunis et concentrés tous les pouvoirs de l'Etat; cette vérité, qui n'a été que trop de fois démontrée depuis cette époque, ne fut pas comprise alors, ou plutôt fut sciemment négligée par les révolutionnaires qui avaient le plus de crédit sur l'opinion publique; on se rappelle que Vergniaud combattit la mesure, et comme il n'est pas supposable que cet homme fort intelligent méconnût le danger pressant, il faut bien admettre que sa politique secrète allait jusqu'aux extrêmes, et que son ambition, encore gênée par la présence d'un Roi, souhaitait un mouvement populaire qui ferait taire toutes les résistances intérieures; quoi qu'il en soit des sentiments modérés de cet homme d'Etat, dont le rôle politique s'est constamment borné à tout permettre, il allait trouver à côté de lui un tribun capable de tout oser.

Se retirer de la capitale, transporter le gouvernement dans un coin quelconque de la France, c'était abandonner la suprême puissance de la rue, celle qui alors ôtait et donnait des couronnes. Sortis de Paris, les révolutionnaires ne devaient plus songer au pouvoir. Peut-on comprendre un Danton ou un Robespierre provincial? A la vérité, la Révolution aurait eu un cours plus paisible, la France n'aurait pas eu à rougir de Paris, mais la République n'eût pas existé, et les trois terribles dictateurs n'auraient pas régné : car c'est pour la République, c'est-à-dire pour le soin de leur pouvoir, qu'ils se sont vautrés dans le sang, et non pour la Révolution, qui vécut déshonorée jusqu'au moment où un grand homme la releva en l'imposant au monde.

« On vous propose de quitter Paris, dit Danton; vous n'ignorez pas cependant que dans l'esprit de nos ennemis Paris représente la France, et que leur céder ce point c'est leur abandonner la Révolution. Reculer c'est nous perdre, il faut donc nous maintenir ici par tous les moyens et nous sauver par l'audace. Parmi les moyens proposés, aucun ne m'a semblé décisif : il ne faut pas se dissimuler la situation dans laquelle nous a placés le 10 août. *Il nous a divisés en républicains et en royalistes, les premiers peu nombreux et les seconds beaucoup;* dans cet état de faiblesse, nous républicains nous sommes exposés à deux feux : celui de l'ennemi placé au dehors et celui des royalistes placés au dedans. Il est un directoire royal qui siége secrètement à Paris et qui correspond avec l'armée prussienne. Vous dire où il se réunit, qui le compose, serait impossible aux ministres, mais pour le déconcerter et empêcher sa funeste correspondance avec l'étranger, il faut... il faut faire peur aux royalistes ! » et ces derniers mots furent accompagnés d'un geste sinistre que tous les assistants comprirent, mais qui ne provoqua parmi eux que la stupeur.

Les massacres de septembre viennent d'être décidés !

Ainsi les premiers républicains, aussi bien que le Roi, que Bouillé et Lukner, aussi bien que Mirabeau et Lafayette regrettaient ardemment d'avoir confié le sort de leur œuvre à Paris, et cherchaient à échapper à sa tyrannie, mais il était trop tard : Paris avait vaincu la France.

CHAPITRE IV

Premiers enseignements à recueillir.

Tout est à méditer dans cette vigoureuse harangue de Danton et l'on est presque tenté de tirer de la foule des vaniteux et des maniaques ce révolutionnaire hardi, qui crie ses projets par-dessus les toits, qui joue sa tête pour le succès de son ambition. Ne parlez pas à ce grand tribun débraillé des hypocrisies de langage que l'on rencontre à tous les coins de rue, dans la tourbe des révolutionnaires, Danton se bat non pour la Révolution mais *pour la République*. Il sait que la Révolution était monarchique, il sait que la France l'est encore et que les républicains y sont en fort petit nombre. Que faire? Terrifier ses ennemis par des mesures atroces. Il n'y avait que ce moyen capable de sauver non pas la Révolution, mais la République; de donner au pays non pas le roi constitutionnel qu'il avait demandé et qu'il demandait encore, mais un dictateur sanglant et une république déshonorée dans son berceau; enfin de prolonger la tyrannie de Paris sur la France.

Il est tout à fait inutile de s'arrêter sur l'allégation d'un directoire royaliste, siégeant à Paris, et se cachant si bien que personne n'en avait jamais entendu parler, et si habile que les ministres eux-mêmes étaient incapables de donner le moindre renseignement sur son existence ! Ce sont là de ces histoires qu'on jette à la foule comme on le ferait d'un appât, pour l'ameuter contre des ennemis dont on veut se débarrasser. Mais ce qu'il importe de remarquer davantage, c'est l'opinion qu'on avait déjà, à cette époque, sur le rôle de Paris, en cas de guerre étrangère. Danton le disait avec vérité : *abandonner Paris, c'est dans la pensée des alliés abandonner la Révolution. C'est déserter notre cause.* Paris était donc déjà l'objectif unique de l'Europe coalisée qui, en voyant tous les pouvoirs publics concentrés sur un seul point, avait l'ambition naturelle de s'en rendre maîtresse, pour avoir sous la main toutes les autorités du pays et par conséquent le pays lui-même : les alliés nourrissaient d'ailleurs l'espérance de faire naître, par leur *seule approche*, une révolution favorable à leurs intérêts.

Cette espérance, rêve à cette époque, a été réalisée plus tard ; concentrer tous les pouvoirs publics à Paris, c'est véritablement guider l'épée de l'étranger sur le cœur même de la France.

Il faut ajouter à cet enseignement une seconde vérité tout aussi incontestable que la première. En effet, on s'étonne qu'un projet aussi naturel, aussi sensé, que celui de mettre le gouvernement à l'abri d'un coup de main de l'étranger, n'ait pas prévalu sur les ardeurs révolutionnaires de Danton et sur l'ambition mal déguisée des girondins ; mais il faut aussi se rendre compte d'un sentiment fort naturel, fort légitime, qui animait tous les hommes de quelque valeur : il leur en coûtait et il en coûtera toujours à un gouvernement, quel qu'il soit, de paraître fuir le danger en abandonnant le poste du combat, l'endroit le plus menacé, la ville où l'on est le plus connu, la capitale dont il semble qu'on ait plus particulièrement à prendre la défense parce qu'on y vit.

Un pouvoir politique est bien vite abaissé dans l'opinion, si on le suppose incapable de courage, et en abandonnant Paris, il semble trahir sa faiblesse. Sans doute il fallait avoir l'énergie de paraître faible, et organiser partout ailleurs qu'à Paris une résistance qui est impossible dans cette fourmilière d'hommes toujours en ébullition, mais quelle difficulté aussi depuis que l'imprévoyance commune avait tout réuni entre les mains des Parisiens !

L'histoire à la main, soyons donc bien

pénétrés de cette vérité, que non-seulement on ne défend pas la France dans Paris, que non-seulement les Parisiens ne s'arment pas sérieusement contre l'étranger et qu'ils s'arment au contraire contre les citoyens inoffensifs qu'ils traitent d'aristocrates ; mais que c'est beaucoup trop tard de penser à éloigner le gouvernement de la capitale lorsque l'étranger frappe à nos portes. Tous les bons et tous les mauvais instincts de la population se réunissent alors pour rejeter la seule mesure que conseille la raison.

Les bons disent que les chefs ne peuvent pas abandonner leurs soldats en péril, et les mauvais abusent de ce bon sentiment pour déchaîner la multitude et assurer leur domination.

Pour que le gouvernement puisse se déplacer facilement, il faut de toute nécessité qu'une portion de ce même gouvernement soit constitutionnellement placée ailleurs qu'à Paris. C'est dans la capitale que doivent vivre le chef du pouvoir exécutif et tous ses collaborateurs quotidiens ; la centralisation et l'unité de notre patrie sont à ce prix, mais rien n'empêche de faire travailler dans une ville de province nos corps délibérants; en cas de danger, le chef de l'Etat se rendrait au milieu des citoyens élus, des législateurs du pays. Tout le monde trouverait alors sa conduite aussi naturelle que sage, personne ne crierait à la lâcheté, et le gouvernement serait de la sorte complet, et complet ailleurs qu'à Paris, c'est-à-dire échappant à la fois à la révolution et à l'étranger.

CHAPITRE V

La France déshonorée par Paris.

« *Les prisons ne sont pas sûres!* » avait dit un guichetier à une malheureuse femme qui s'obstinait à suivre son mari jusqu'au cachot.

Le dimanche 2 septembre, les massacres commencent dans Paris. Vingt-quatre prêtres enfermés à l'Hôtel de Ville pour refus de serment sont transportés à l'Abbaye. Les assassins se font la main sur ces premières victimes; après les avoir insultées pendant le trajet, et au moment d'atteindre la prison, on les fait descendre de voiture et on les tue.

« *Peuple, tu immoles tes ennemis, tu fais ton devoir!* » s'écrie Billaud-Varennes. « *Il n'y a plus rien à faire ici*, répond Maillard, *allons aux Carmes!* » Deux cents prêtres étaient enfermés dans cette église: on les tue.

Avant de se rendre à l'Abbaye, on passe devant la section des Quatre-Nations et l'on demande du vin pour les braves *travailleurs qui délivrent la nation de ses ennemis.* Les portes de l'Abbaye sont enfoncées. Les Suisses ont les honneurs des premiers coups. « *C'est vous*, dit Maillard, *qui avez assassiné le peuple au* 10 *août?* » « *C'est faux; nous étions attaqués, et d'ailleurs nous obéissions à nos chefs.* » On les tue.

Là périrent Montmorin, l'ancien ministre, Thierry, valet de chambre du roi, et des centaines de victimes obscures.

La nuit venue, on n'interrompit pas *la besogne patriotique* et l'on tua, jusqu'au 5 septembre, au Châtelet, à la Force, à la Conciergerie, aux Bernardins, à la Salpêtrière et à Bicêtre. Les assassins étaient d'ailleurs régulièrement payés. « *Mes amis,* leur disait Billaud-Varennes, *en égorgeant des scélérats, vous avez sauvé la patrie.* La France vous doit une reconnaissance éternelle, et la municipalité ne sait comment s'acquitter envers vous; elle vous offre 24 livres à chacun, et vous allez être payés sur-le-champ. »

Huit à dix mille prisonniers avaient été égorgés.

On ne s'expliquerait pas l'inertie des autorités pendant ces tristes journées, car il est bien évident qu'elles n'étaient pas toutes complices de ces horreurs, si l'on ne se rendait compte de ce qu'est Paris en temps de révolution; cette grande ville est littéralement à la merci de toutes les violences, parce que les forces morales et matérielles qui, en temps ordinaire, suffisent à contenir les mauvais instincts, sont nulles ou discréditées.

Roland, le ministre de l'intérieur, voulut réagir; Pétion aussi; mais que peuvent des hommes isolés qui donnent des ordres dans le vide, sans avoir le moyen de les faire exécuter?

Il n'y avait qu'une autorité qui fût encore assez respectée pour être obéie: c'était l'Assemblée; en se transportant en masse dans les prisons, elle aurait certainement trouvé sur sa route une poignée de soldats et de gardes nationaux de bonne volonté, et l'on aurait sauvé non-seulement bien des malheureux, mais, ce qui est plus important encore, l'honneur de la France et de la Révolution. L'Assemblée se contenta de gémir et d'entasser décrets sur décrets pour *recommander la modération ;* et les girondins, qui surent si noblement mourir pour avoir voulu faire condamner les assassins de septembre, n'eurent pas le courage d'empêcher le massacre. Leur vie politique est pleine de ce courage tardif et à contre-sens. La moralité de ce carnage est contenue dans la pièce suivante, adressée à toutes les communes de France par le Comité de surveillance de la commune de Paris :

« Frères et amis,

« Un affreux complot tramé par la cour
« pour égorger tous les patriotes de l'Em-
« pire français, complot dans lequel un
« grand nombre de membres de l'Assem-
« blée nationale sont compromis, ayant ré-
« duit, le 19 du mois dernier, la commune
« de Paris à la cruelle nécessité d'user de

« la puissance du peuple pour sauver la na-
« tion, elle n'a rien négligé pour bien méri-
« ter de la patrie. . . . .

« Fière de jouir de toute la plénitude de
« la confiance nationale, qu'elle s'efforcera
« de mériter de plus en plus, placée au
« foyer de toutes les conspirations et déter-
« minée à périr pour le salut public, elle ne
« se glorifiera d'avoir fait son devoir que
« lorsqu'elle aura obtenu votre approba-
« tion, qui est l'objet de tous ses vœux et
« dont elle ne sera certaine qu'après que
« tous les départements auront sanctionné
« ses mesures pour le salut public. Profes-
« sant les principes de la plus parfaite éga-
« lité, n'ambitionnant d'autre privilége que
« celui de se présenter la première à la brè-
« che, elle s'empressera de se soumettre
« au niveau de la commune la moins nom-
« breuse de l'Empire, dès qu'elle n'aura
« plus rien à redouter. Prévenue que des
« hordes barbares s'avançaient contre elle,
« la commune de Paris se hâte d'informer
« ses frères de tous les départements
« qu'une partie des conspirateurs féroces
« détenue dans les prisons a été mise à
« mort par le peuple ; acte de justice qui lui
« a paru indispensable pour retenir par

« la terreur les légions de traitres renfer-
« mées dans ses murs au moment où il al-
« lait marcher à l'ennemi ; et, sans doute,
« la nation, après la longue suite de trahi-
« sons qui l'ont conduite sur les bords de
« l'abîme, s'empressera d'adopter ce moyen
« si utile et si nécessaire ; et tous les Fran-
« çais se diront comme les Parisiens : nous
« marchons à l'ennemi ! ne laissons pas
« derrière nous des brigands pour égorger
« nos femmes et nos enfants.

« Paris, ce 2 septembre 1792.

> « Duplain, Pain, Sergent, Lenfant,
> « Marat, Lefort, Jourdeuil,
> « *Administrateurs du Comité de surveil-*
> « *lance constitué à la mairie.* »

Jusqu'alors, Paris s'était soustrait au joug bienfaisant du pays, et s'était intrépidement moqué de ses aspirations les plus sages ; il avait fait pour son usage et à son image une révolution qui ne ressemblait en rien à celle qu'avait demandée la France ; mais c'était la première fois qu'il osait recommander officiellement le massacre comme un moyen de gouvernement utile et même nécessaire ; de là à fournir la province d'assassins brevetés et assermentés, il n'y avait qu'un pas, et il fut bien vite franchi.

CHAPITRE VI

La théorie des massacres patriotiques.

Les partisans de la Révolution française, c'est-à-dire presque tous les habitants du sol français, ont vécu depuis quatre-vingts ans avec un gros poids sur le cœur. Comme les adversaires de la Révolution mettaient sur son compte toutes les atrocités de 1792 et 1793, ils étaient à leur tour enclins à excuser ces infamies, et les historiens, voulant venir en aide à des consciences troublées, inventèrent à l'usage de leurs clients la théorie du massacre nécessaire, seul capable de donner à nos hommes d'Etat et à nos généraux une énergie suffisante pour vaincre les résistances du dedans et du dehors. Si ces mêmes historiens avaient été mieux inspirés, ils auraient trouvé dans Paris même, dans la capitale, dans cette fourmilière d'hommes avilis qu'on lâchait périodiquement sur l'*aristocrate* comme des bêtes fauves sur les chrétiens, la vraie, la seule cause de ces sanglants et stupides massacres, qui ont eu et qui devaient avoir le résultat le plus opposé à celui qu'on prétendait chercher.

Pourquoi, au lieu de balbutier des excuses impossibles, ne pas avouer qu'on s'est trompé en se confiant à la capitale, et que cette première et unique faute a fatalement amené toutes les sottises et tous les crimes que les honnêtes gens déplorent ?

Quelle honte y a-t-il à confesser cette erreur, comme l'ont fait tour à tour Mirabeau, Lafayette et les girondins ?

Alors il n'est plus besoin d'admirer l'*énergie* de Danton, d'exalter la *vertu* de Robespierre et la *logique* de Marat; on peut s'avouer révolutionnaire et répudier hautement d'Herbois, Lebon, Carrier, Fouquier-Tinville, tous les pourvoyeurs attitrés de la guillotine; on peut déplorer la mort de Louis XVI, de ce prince qui fut le premier et le meilleur de nos révolutionnaires ; on peut dire qu'elle fut une sottise en même temps qu'un crime, sans crainte de passer pour un royaliste ; alors la conscience anxieuse de nos concitoyens sera véritablement soulagée. Il y a trop longtemps qu'on nous apprend à vénérer Brutus et à détester César. Il faut enfin avoir le courage de juger même un assassin !

Est-il besoin de s'arrêter sur l'excuse que faisaient valoir les tueurs au moment même de la tuerie ? Il y a des puérilités que l'histoire doit dédaigner. On venait d'apprendre la prise de Verdun, ou du moins on croyait faussement à ce malheur, car la ville n'était qu'investie par les troupes ennemies. Les imaginations se montaient, Danton ne négligeait rien de ce qui pouvait les exalter au point de rendre possible le forfait qu'il méditait, et on répandit par les rues le bruit d'une levée en masse pour combattre les alliés à la frontière ; mais si tous les hommes quittaient leurs foyers qu'allaient devenir les femmes et les enfants de ces courageux citoyens ? Les aristocrates n'allaient-ils pas choisir ce moment pour égorger ces innocentes créatures ?

Et c'est pour préserver leurs épouses et leurs enfants que les égorgeurs prenaient les devants : ils tuaient pour arrêter la soif de vengeance des La Rochefoucauld, des Lafayette, des Feuillants, et de leurs amis qui avaient mûri le noir dessein de se jeter, le poignard à la main, sur la boulangère, la fruitière, l'épicière qui alimentaient leurs maisons, ne comptant même pas épargner les innombrables petits citoyens dus au civisme fécond de ces estimables patriotes.

Cette fable fait hausser les épaules aujourd'hui, et même alors il n'existait pas un homme de quelque instruction qui l'ait crue un seul instant ; Danton, comme on l'a vu, y croyait moins que personne. Mais on fait tout passer dans une foule en délire, et les meneurs n'ont que le choix entre toutes les sottises qu'ils jettent à sa crédulité ; quant aux historiens amis de la Révolution et à leurs théories sur les massacres révolutionnaires, ils se divisent en deux camps : il y a le camp bourgeois et le camp radical ; dans le premier, on déplore les excès, on pleure sur les victimes ; mais estimant que les violences étaient inévitables on n'ose pas trop en rougir, et l'on est tout près de considérer nos trop célèbres révolutionnaires comme des gens, malheureux sans doute d'être nés à une aussi terrible époque, mais ayant en définitive accompli bravement leur redoutable tâche. Ces historiens moyens, désireux de plaire à la classe moyenne, et naturellement épris de tous les termes moyens, déploient une sensibilité qui nuit à leur logique, et leur récit conserve des traces trop visibles de l'embarras qu'ils ont éprouvé. Ouvrez le livre du plus illustre narrateur de notre Révolution française, de celui dont les jugements ont eu et auront pendant de bien longues années une influence décisive sur l'opinion de notre bourgeoisie (1), et vous trouverez de nombreuses preuves de ces prémisses sans conclusion, de ces blâmes bientôt effacés par des éloges, de ces portraits de tribuns qu'on traite ici d'ambitieux et de tyrans, et qu'on retrouve plus loin au nombre des grands hommes nécessaires. Et voyez comme ce récit est perfide; on le lit, on le dévore, on est

---

(1). Nous avons eu sous les yeux, pendant que nous retracions certains épisodes de la Révolution et de l'Empire, les deux ouvrages de M. Thiers ; nous ne pouvions avoir un guide meilleur et plus sûr au point de vue des renseignements historiques ; mais c'était en outre pour nous un devoir de courtoisie de transcrire certains passages de ces deux histoires, car nous avons eu souvent le regret de ne pas être d'accord avec l'illustre historien.

sous le charme, et ce n'est qu'en le relisant qu'on s'aperçoit de l'erreur où l'on est tombé; il est si doux, quand on est bourgeois parisien, d'être révolutionnaire ardent comme Danton et Vergniaud, de remporter des victoires avec Dumouriez, mais de rester toujours sensible, toujours capable de prendre en pitié ces pauvres aristocrates qu'un sort rigoureux faisait tomber sous le poignard des assassins de la Commune ! Dans ce célèbre ouvrage de M. Thiers, il y a des théories pour les goûts les plus contraires du lecteur, et ce dernier voyant justifiés et amnistiés de très-haut son défaut de logique, est ravi de se débarrasser, en si bonne compagnie, des petits remords qui troublaient par instants sa béatitude révolutionnaire.

Une des pages les mieux réussies de M. Thiers est celle où il compare Dumouriez à Danton qui fait au général victorieux les honneurs de la capitale devenue républicaine :

« Danton ayant montré à Paris une con-
« tenance aussi ferme que Dumouriez à
« Sainte-Menehould, on les regardait l'un
« et l'autre comme les deux sauveurs de la
« Révolution, et on les applaudissait en-

« semble dans tous les spectacles où ils se
« montraient. Un certain instinct rap-
« prochait ces deux hommes, malgré la
« différence de leurs habitudes. C'étaient
« les corrompus des deux régimes qui s'u-
« nissaient avec un même génie, un même
« goût pour les plaisirs, mais avec
« une corruption différente. Danton avait
« celle du peuple, Dumouriez celle des
« cours ; mais, plus heureux que son col-
« lègue, ce dernier n'avait servi que géné-
« reusement et Danton avait eu le malheur
« de souiller un grand caractère par les
« atrocités de septembre. »

Que de contradictions dans ces quelques phrases, si heureusement disposées pour séduire le lecteur superficiel ! Ainsi Danton est un corrompu, il s'est souillé par les massacres de septembre, mais d'un autre côté, il a un grand caractère et il a sauvé la Révolution par sa *ferme contenance*. Il faudrait pourtant faire un choix entre ces deux Danton si différents : s'il a sauvé la France par son énergie, (on sait ce que signifie cet euphémisme), il faut le présenter à la postérité comme un grand homme indignement calomnié ; si le 2 septembre a été nécessaire, Danton est un héros, pourquoi dire que c'est un corrompu et qu'il a souillé son grand caractère ?

Quand on est un historien écouté par toute une génération et qu'à ce titre on dispense le blâme et l'éloge sur tous les acteurs de notre grand drame révolutionnaire, il semblerait que la condition première d'une impartialité indispensable soit d'avoir soi-même une opinion décidée sur chacun des actes de cette tragédie ; si l'auteur s'est borné volontairement, comme on pourrait le croire en bien des pages de son œuvre, à reproduire les impressions qu'ont ressenties les contemporains au moment où se passaient les événements qu'il raconte, alors c'est un photographe et non un historien, et tout jugement d'ensemble et de haut sur la Révolution, toute appréciation morale sur les révolutionnaires devraient lui être interdits.

L'illustre auteur revient cent fois dans le cours de son ouvrage sur la tyrannie et les atrocités de la République, mais il s'arrange toujours pour faire comprendre que sans cette tyrannie, sans ces atrocités, la société française aurait péri.

C'est à proprement parler l'apologie fort peu déguisée de la guillotine.

Lorsque les malheureux girondins eurent essayé de laver, avec leur propre sang, les taches qui ternissent leur mémoire, de racheter, par un courage héroïque, mille faiblesses pour la tyrannie ignoble du ruisseau parisien, M. Thiers dira : « Tel est
« l'espace que nous avons parcouru depuis
« le 10 août jusqu'au 31 mai. C'est une
« longue lutte entre les deux systèmes sur
« l'emploi des moyens ; le danger toujours
« croissant a rendu la lutte toujours plus
« vive, plus envenimée, et la généreuse dé-
« putation de la Gironde, épuisée pour avoir
« voulu venger septembre, pour avoir voulu
« empêcher le 21 janvier, le tribunal révo-
« lutionnaire et le comité de salut public,
« expire, lorsque le danger plus grand a
« rendu la violence plus urgente et la
« modération moins admissible. Mainte-
« nant, toute légalité étant vaincue, toute
« réclamation étouffée avec la suspension
« des girondins, et le péril devenant plus
« effrayant que jamais par l'insurrection
« même qui s'efforcera de venger la Gi-
« ronde, la violence va se développer sans
« obstacle et sans mesure, et la terrible
« dictature du tribunal révolutionnaire et
« du comité de salut public va se compléter.

« Ici commencent des scènes plus grandes
« et plus horribles cent fois que toutes
« celles qui ont indigné les girondins.
« Pour eux, leur histoire est finie ; il ne
« reste plus qu'à y ajouter le récit de leur
« mort héroïque : leur opposition a été dan-
« gereuse et leur indignation impolitique,
« ils ont compromis la Révolution, la liberté
« et la France ; ils ont compromis même
« la modération en la défendant avec
« aigreur, et en mourant ils ont entraîné
« dans leur chute tout ce qu'il y avait de
« plus généreux et de plus éclairé en
« France. Cependant qui ne voudrait avoir
« rempli leur rôle ? Est-il possible, en
« effet, de laisser couler le sang sans résis-
« tance et sans indignation ? »

On ne sait vraiment où prendre deux traits de ce tableau qui ne se contredisent pas absolument ; l'opposition des girondins à la Montagne a été impolitique et dangereuse et cependant ce sont des hommes généreux et éclairés que tout le monde eût voulu imiter ! La violence, dit-on, avait raison contre la modération ; c'est la violence qui était patriotique ; pourquoi s'écrier alors « qui peut laisser couler le sang sans résistance et sans indignation ? »

Mais, répond-on, l'homme n'est pas un tableau, il n'est pas toujours vicieux, il n'est pas toujours vertueux, l'historien le peint avec ses grands et ses petits côtés, et c'est à ce prix seulement qu'on obtient quelque ressemblance ! — La raison ne vaut absolument rien ; autre chose, en effet, est peindre une figure ; autre chose est juger l'homme qu'on a peint. Si l'original contient des défauts physiques, si ses yeux sont petits pour l'ensemble de sa figure, si son nez est trop grand, le peintre a bien fait de reproduire ces difformités, mais rien ne lui interdit de voir, de juger, de dire que ce sont des difformités. Les girondins ont-ils bien ou mal fait de laisser consommer les massacres de septembre, ont-ils bien ou mal fait d'essayer plus tard d'en poursuivre les auteurs ; quels sont ceux d'entre eux qui ont bien agi, Vergniaud qui a voté la mort de Louis XVI ou ses collègues qui ont refusé de la voter ? On ne le sait vraiment pas, et ce doute où se complait notre historien, où se complait plus encore son lecteur, a tout simplement perverti une génération d'hommes dont toute la philosophie historique s'est bornée à pleurer sur le sort des victimes, sans jamais s'indigner contre leurs bourreaux.

Si on veut rendre quelque sens commun à ce peuple dont l'esprit est bouleversé par nos révolutions continuelles, il faut lui tenir un langage qui ait une conclusion pratique. Faut-il vanter l'énergie de Danton et dire qu'il a sauvé la France, ou le juger comme un ambitieux qui n'a voulu et conseillé la violence que pour la République, c'est-à-dire pour lui et non pour la France qui n'avait jamais demandé cette République ? Robespierre a-t-il été un patriote sublime, Marat un fou de génie ? Il faudrait répondre carrément, virilement à ces questions que personne ne peut éviter, sous peine de fausser le jugement de toute une génération.

Si, comme on le répète cent fois, toutes les violences révolutionnaires les plus atroces ont été réclamées par le salut de l'Etat, de quel droit jette-t-on la pierre à ces grands noms historiques dont les statues devraient rentrer en pompe au Panthéon ? Qui nous dit que ces hommes couverts de sang n'ont pas aperçu le côté vraiment grand et patriotique de leur horrible besogne ? Qui nous assure que, dans ce moment où la conscience de l'homme d'Etat décide des destinées de milliers d'hommes, ces héros, ces demi-dieux que l'on calomnie, n'ont pas aperçu clairement le bien, la grandeur du pays, par delà le fleuve de sang qu'ils laissaient couler ? Encore une fois, il n'y a pas de milieu, ce sont des monstres ou des héros et il faut savoir si on les propose à l'admiration ou à l'exécration de la postérité.

Rappelons-nous ce que dit notre auteur quand il parle de la levée en masse qui vient d'être décrétée par la Convention :
» Le mois d'août fut l'époque des grands
« décrets qui mirent toute la France en
« mouvement, toutes les ressources en
« activité et qui terminèrent à l'avantage
« de la Révolution sa dernière et sa plus
« terrible crise.

« Il fallait à la fois mettre la population
« debout, la pourvoir d'armes et fournir
« par une nouvelle mesure financière à la
« dépense de ce grand déplacement; il
« fallait mettre en rapport le papier mon-
« naie avec le prix des subsistances et des
« denrées, il fallait distribuer les armées,
« les généraux d'une manière appropriée à
« chaque théâtre de guerre, et enfin, satis-
« faire la colère révolutionnaire par de

« grandes et terribles exécutions. On va
« voir ce que fit le gouvernement pour
« suffire à la fois à ces besoins urgents et à
« ces mauvaises passions qu'il devait subir
« puisqu'elles étaient inséparables de
« l'énergie qui sauve un peuple. »

Ces pages ne rendraient qu'imparfaitement la pensée de l'auteur, qu'il faut citer impartialement, quand on se propose surtout de le combattre, si l'on y ajoutait le tableau de la France vers la fin de 1793.

« Si l'on considère le tableau de la France
« à cette époque, on verra que jamais plus
« de contraintes ne furent exercées à la fois
« sur cette partie inerte et patiente de la
« population sur laquelle se font les expé-
« riences politiques. On n'osait plus émettre
« aucune opinion, on craignait de voir ses
« amis ou ses parents, de peur d'être com-
« promis avec eux et de perdre la liberté et
« quelquefois la vie. Cent mille arrestations
« et quelques centaines de condamnations
« rendaient la prison et l'échafaud toujours
« présents à la pensée de 25 millions de
« Français. On supportait des impôts con-
« sidérables. Si l'on était, d'après une
« classification tout à fait arbitraire, rangé
« dans la classe des riches, on perdait pour

« cette année une portion de son revenu.
« Quelquefois, sur la réquisition d'un repré-
« sentant ou d'un agent quelconque, il
« fallait ou donner sa récolte ou son mobi-
« lier le plus précieux en or ou en argent.
« On n'osait plus afficher aucun luxe, ni se
« livrer à des plaisirs bruyants, on ne pou-
« vait plus se servir de la monnaie métal-
« lique ; il fallait accepter ou donner un
« papier déprécié et avec lequel il était
« difficile de se procurer les objets dont on
« avait besoin. Il fallait, si l'on était mar-
« chand, vendre à un prix fictif ; si l'on était
« acheteur, se contenter de la plus mauvaise
« marchandise parce que la bonne fuyait le
« maximum et les assignats ; quelquefois
« même il fallait s'en passer tout à fait,
« parce que la bonne et la mauvaise se
« cachaient également. On n'avait plus
« qu'une seule espèce de pain noir, com-
« mune au riche et au pauvre, qu'il fallait
« se disputer à la porte des boulangers, en
« faisant queue pendant plusieurs heures.
« Les noms des poids et mesures, les noms
« des mois et des jours étaient changés ;
« on n'avait plus que trois dimanches au
« lieu de quatre, enfin les femmes et les
« vieillards se voyaient privés des céré-

« monies du culte auxquelles ils avaient
« assisté toute leur vie.

« Jamais donc le pouvoir ne bouleversa
« plus violemment les habitudes d'un peu-
« ple ; menacer toutes les existences,
« décimer les fortunes, régler obligatoire-
« ment le taux des échanges, renouveler
« les appellations de toutes choses, détruire
« les pratiques du culte, c'était sans con-
« tredit la plus atroce des tyrannies ; mais
« on doit tenir compte du danger de l'Etat,
« des crises inévitables du commerce, et de
« l'esprit de système inséparable de l'esprit
« d'innovation. »

Ainsi, il fallait satisfaire *la colère populaire* par de grandes et terribles exécutions; c'étaient *les mauvaises passions* qu'il fallait subir parce qu'elles étaient inséparables de l'énergie qui sauve un peuple.

Toujours l'apologie de la guillotine ! Sans doute, dit-on plus loin, ce système de la Convention était la *plus atroce des tyrannies*, mais *il fallait tenir compte du danger de l'Etat*.

De telle sorte que, qui aimait l'Etat, à cette époque, devait exercer sans faiblesse la plus atroce des tyrannies, agiter sans cesse et sans mesure le couperet de Guillotin ; on n'était homme d'Etat intelligent qu'à ce prix.

Et cependant il ne faudrait pas feuilleter bien longtemps l'ouvrage que nous tenons entre les mains sans rencontrer sur le Comité de salut public et sur Robespierre des appréciations, fort sages à notre avis, mais qui font douter de la pénétration et de la clairvoyance de ces révolutionnaires que l'on vient d'encenser. Quelques modérés, assurément fort courageux, avaient demandé à la Convention de ralentir le zèle d'un de ses bourreaux assermentés, Joseph Lebon, qui opérait à Lille : La Convention fut naturellement embarrassée, et, comme d'habitude, elle se tira de peine par de grandes phrases, où l'on reprochait doucement au célèbre proconsul les formes *un peu acerbes* qu'il avait employées, mais ces formes avaient détruit les piéges de l'aristocratie, etc. M. Thiers fait suivre cette délibération des réflexions suivantes :

« De tout cela il résulte que Lebon fut
« autorisé à continuer et que Geffroy
« (c'était l'accusateur) fut rangé parmi les
« censeurs importuns du gouvernement
« révolutionnaire et exposé à partager

« leurs périls. Il était évident que le Co-
« mité tout entier voulait le règne de la
« terreur : Robespierre, Couthon, Bil-
« lau, Collot d'Herbois, Vadier, Vou-
« land, Amar pouvaient être divisés en-
« tre eux sur leurs prérogatives, sur le
« nombre et le choix de leurs collègues à
« sacrifier, mais ils étaient d'accord sur le
« système d'exterminer tous ceux qui fai-
« saient obstacle à la Révolution. Ils ne
« voulaient pas que ce système fût appliqué
« avec extravagance par les Lebon, les
« Carrier, mais ils voulaient qu'à l'exem-
« ple de ce qui se faisait à Paris, on se
« délivrât d'une manière prompte, sûre,
« et la moins bruyante possible, des enne-
« mis qu'ils croyaient conjurés contre la
« République. Tout en blâmant certaines
« cruautés folles, ils avaient l'amour pro-
« pre du pouvoir qui ne veut jamais désa-
« vouer ses agents; ils condamnaient ce
« qui se faisait à Arras, à Nantes, mais ils
« l'approuvaient en apparence pour ne pas
« reconnaître un tort à leur gouverne-
« ment. Entrainés dans cette affreuse car-
« rière, ils avançaient aveuglément et ne
« sachant où ils allaient aboutir. Telle est
« la triste condition de l'homme engagé

« dans le mal qu'il ne peut plus s'y arrê-
« ter. Dès qu'il commence à concevoir un
« doute sur la nature de ses actions, dès
« qu'il peut entrevoir qu'il s'égare, au lieu
« de rétrograder, il se précipite en avant,
« comme pour s'étourdir, comme pour
« écarter les lueurs qui l'assiégent. Pour
« s'arrêter il faudrait qu'il se calmât, qu'il
« s'examinât, et qu'il portât sur lui-même
« un jugement effrayant dont aucun
« homme n'a le courage ! »

Nous voilà revenus en pleine confusion morale ; ces hommes engagés *dans le mal*, ces hommes qui n'osent pas porter sur eux-mêmes *un jugement qui serait effrayant*, ce sont ces héros de tout à l'heure, ces hommes d'Etat clairvoyants, avisés et courageux, qui ont été violents mais pour la plus juste et la plus noble des causes : le salut de l'Etat !

Les historiens de notre Révolution qui ont écrit à l'usage de la classe moyenne ont donc cherché à plaire à leur cliente, et pour obtenir auprès d'elle un succès complet, ils ont appelé à leur aide tantôt la sensibilité, tantôt l'enthousiasme. Dans tout le cours de cette longue période, il ne meurt pas un aristocrate, un général, un feuillant, un jacobin ou un cordelier, un prince ou une femme du peuple, un être humain quelconque, appartenant à quelque parti que ce soit, sans que des pleurs sincères ne soient versés sur son sort. Il n'est pas non plus de révolutionnaire qui, en coupant les têtes de tous ces braves gens, ne trouve, dans ces pages complaisantes, ou l'amnistie ou l'apothéose.

Et l'on se plaint d'avoir présentement en France une génération politique démoralisée ! En conscience, elle pourrait l'être à moins.

Il faut préférer cent fois le parti pris des historiens radicaux ; ceux-là au moins sont logiques, ils prétendent que les massacres ont été nécessaires au salut de la Révolution, mais ils ne commettent pas la niaiserie et le contre-sens de jeter le blâme sur les hommes qui, dans leur conviction, ont sauvé la patrie. Sans doute, ils ont dû permettre, voire même ordonner de terribles mesures; mais en les plaignant d'avoir été choisis par le destin pour une aussi rude besogne, ils rendent hommage à leur fermeté et à leur génie ; ce sont les sauveurs du pays, ce sont des héros.

Il sera difficile de faire admettre une pareille théorie par la masse de la nation, qui, à défaut d'une science complète, a un cœur généreux, et qui devine, chez ces prétendus héros, la bassesse, la peur, et l'ambition ; mais il reste à prouver aux honnêtes gens que l'histoire impartiale est d'accord avec leur honnêteté, que jamais le succès de la Révolution n'a exigé les horreurs auxquelles on a fait un renom de grandeur pour les amnistier, que la Révolution était faite, parfaite, un an après la convocation des États généraux, que tout ce que la France avait voulu était acquis à cette époque, et que si mille atrocités ont épouvanté le genre humain, on les doit à la première faute commise : tout est dû à cette imprévoyance qui a confié à Paris le sort de la Révolution.

CHAPITRE VII

Réfutation par les révolutionnaires de la théorie du massacre patriotique.

Quand on prétend que la Révolution ne pouvait aboutir que par les violences qui l'on souillée, on oublie à la fois son point de départ et son point d'arrivée.

Dans la nuit du 4 août 1790, l'Assemblée décréta : L'abolition de la qualité de serf, — la faculté de rembourser les droits seigneuriaux, — la suppression des droits de chasse, de colombiers, de garenne, — l'abolition des juridictions seigneuriales, — le rachat de la dime, — l'égalité des impôts, — l'admission de tous les citoyens aux emplois civils et militaires, — l'abolition de la vénalité des offices, — la destruction de tous les priviléges des villes et de province, — la réformation des jurandes, — la suppression des pensions obtenues sans titres.

Est-il quelqu'un pour prétendre que toute la Révolution n'était pas explicitement contenue dans ces réformes? Existe-t-il un esprit impartial pour soutenir qu'après quarante ans de luttes et de massacres, de guerres étrangères, on a obtenu quelque chose de plus? non, assurément! A quoi bon alors et massacres, et guerres civiles, et ces millions d'hommes couchés sur la terre étrangère pour la défense d'une cause gagnée d'avance?

Toute cette boucherie humaine n'aurait

pas décimé le monde si l'on n'avait accumulé comme à plaisir les obstacles avec l'obligation corrélative d'un effort successivement plus grand à mesure que l'obstacle s'élevait. La conscience humaine peut se taire un moment, mais tôt ou tard elle reprend ses droits; effrayée et silencieuse sous la Terreur, la France a conservé un long et terrible souvenir de la honte qu'on lui a fait subir, et si elle a permis toutes les réactions que nous avons connues, ce n'est pas qu'elle eût, pour un instant même, abandonné sa chère Révolution, mais on avait froissé en elle tous les instincts de justice et de raison, et il n'y a rien d'exagéré à prétendre que le bois de l'échafaud de Louis XVI a servi à construire le trône de Louis XVIII; — la vérité vraie, celle qu'enseigne l'histoire aussi bien que le sentiment inné de toutes les âmes honnêtes, c'est que la Terreur a fait vivre la République quelques années, mais a compromis et non sauvé la Révolution; si, après des siècles écoulés, on lui trouve encore un ennemi, il n'aura, pour défendre son opinion, qu'un mot, et ce mot c'est, ce sera toujours : 1793 ! Que chacun regarde autour de soi, que chacun écoute les objections secrètes, même inavouées, des adversaires de la Révolution : il n'en est pas un qui ose discuter la justice de son principe ; pour toute réponse, il montre les horribles moissons humaines dévorées par elle, et il se tait. Quelle est la barrière que les princes de l'Europe mettent en travers de leurs peuples, pour empêcher les principes nouveaux d'arriver jusqu'à eux ?

On prétendrait en vain que les satisfactions légitimes et complètes données par les intéressés eux-mêmes, dans la nuit du 4 août, auraient été reprises dans la pratique et qu'il n'y avait que l'échafaud en permanence qui fût une garantie suffisante pour faire passer ces décrets dans notre droit régulier. — Il faudrait n'avoir pas étudié et constaté l'irrésistible courant d'opinion qui entraînait alors toutes les classes de la société, pour émettre une pareille crainte.

La France entière, à commencer par le Roi et à suivre par la noblesse et le clergé, tous étaient absolument convaincus de la nécessité des sacrifices qu'ils venaient de faire, et sans méconnaître que certains désordres fussent inévitables, il est évident que le pays, en pleine possession de lui-même, n'ayant pas encore follement abandonné à sa capitale la gestion de ses intérêts les plus chers, en fût venu à bout très-facilement.

Ah! sans doute, quand on eut pillé les châteaux, massacré leurs propriétaires, traqué les prêtres comme des bêtes malfaisantes, quand on eut renversé, souillé les autels, dressé l'échafaud partout où se montrait une résistance, ah! sans doute alors on n'a plus dû compter sur la générosité de ces classes ainsi pourchassées, et leur entraînement philosophique s'est naturellement fort ralenti. Au début, l'Europe attentive nous laissait faire, mais quand il fut devenu certain que la cause de la Révolution, retirée des mains pures qui l'avaient accueillie, passait entre les mains de la crapule parisienne, quand, et comme pour une dernière insulte, on jeta la tête de Louis XVI dans le camp de Brunswick, l'Europe tout entière frémit, courut aux armes, et toute une génération d'hommes périt sur les champs de bataille.

Les erreurs accréditées depuis cinquante ans ne seront pas facilement combattues, et ce n'est pas l'espérance, fort déraisonnable de notre part, d'en venir à bout par quelques raisons, aussi simples que justes, qui nous fait insister ; d'autres viendront qui compléteront notre tâche, mais pour la leur rendre plus facile, il faut épuiser ce sujet.

En se mettant complaisamment dans l'hypothèse où nous nous sommes placés, on ne serait pas éloigné de conclure comme nous, et d'avouer que si on avait remis au pays, au lieu de les avoir confiées à la capitale, les destinées de notre Révolution, on l'aurait sauvée de toutes les ignominies qui l'ont déshonorée et compromise. Mais enfin, dit-on, il n'en a pas été ainsi ; on a été imprévoyant. — Soit ! — Mais l'imprévoyance ayant produit ses effets naturels ne valait-il pas mieux vaincre avec des moyens, même violents, que de laisser périr la Révolution tout entière ?

La réponse à ce dilemme est des plus faciles et elle est dictée par tous les hommes illustres qui se montrèrent empressés à combattre la tyrannie de Paris, bien que personne ne pût mettre en doute leur dévouement à la Révolution.

Quand le Roi voulut fuir et fut arrêté à Varennes, tout le monde comprit que s'il réussissait dans son entreprise et se soustrayait ainsi à la populace parisienne, la Révolution était sauvée; quand Mirabeau conçut le plan que nous avons décrit, il n'avait certes ni la volonté, ni le goût de tuer la Révolution; quand Lafayette offrit ses services, pour arracher le prince aux violences qu'il allait subir, personne n'osera prétendre qu'il avait abandonné une cause pour laquelle il s'était montré passionné. Plus tard, quand les girondins proposèrent de transporter le siége du gouvernement ailleurs qu'à Paris, ils étaient non-seulement partisans de la Révolution, mais républicains décidés.

Et dans cette nuit mémorable où l'on vota sur le sort du Roi, ceux qui voulaient le sauver n'imaginèrent pas de plus sûr moyen que de consulter la nation entière; s'ils avaient réussi, nul doute que le Roi ne fût sauvé!

Le sentiment de la générosité et de la clairvoyance de la France était dans l'esprit de tous; touchant et involontaire hommage des quelques patriotes qui déclaraient bien haut, au péril de leur vie, qu'on sauvait la Réforme en remettant ses destinées entre les mains du pays, en rendant à la France un prince qui était à la fois son salut au dedans, sa sauvegarde contre l'Europe.

Aucun de ces révolutionnaires attitrés ne crut que leur cause allait périr, qu'elle ne donnerait pas ses fruits naturels, si on la soustrayait au joug de Paris, c'est-à-dire si on l'empêchait de se déshonorer chaque jour davantage par les excès. Ni Danton, ni Robespierre, ni Marat, n'étaient indispensables à son succès; si on l'avait arrachée de leurs mains à un moment quelconque de leur domination, elle aurait eu un cours moins troublé, des satisfactions plus promptes, et l'honneur sauf. La réaction serait venue plus tôt, et thermidor aurait précédé les massacres de septembre au lieu de les suivre.

On a prétendu aussi que les tueries et l'échafaud avaient contribué à nos succès militaires; il est surabondamment acquis que sans ces cruelles sottises nous n'aurions pas eu besoin de nous battre et par conséquent de remporter des victoires. L'Europe ne se serait pas soulevée, si elle n'avait pas été inquiétée; mais allons plus loin, la guerre est engagée, l'échafaud est-il une cause d'enthousiasme? C'est une véritable calomnie de le prétendre; que le lecteur impartial se transporte par l'imagination sur ces champs de bataille où va triompher Dumouriez, et que recouvert de la tunique du simple soldat, ou portant fièrement l'épée de l'officier, il apprenne tout à coup les massacres honteux qui viennent de déshonorer les prisons elles-mêmes, quel sera son sentiment? Est-ce la fierté ou la honte qui brillera dans ses yeux? Où trouver sur ces fronts assombris un éclair de la joie qui illumina la figure de nos ennemis? Pour vaincre, le soldat français aura désormais deux victoires à enlever, et la plus rude, sans aucun doute, sera celle qu'il lui faudra remporter sur lui-même; l'homme qui risque sa vie, en plein jour, sous l'œil de Dieu, pour la sécurité ou la grandeur de son pays, a impérieusement besoin d'avoir l'âme remplie des plus nobles sentiments, et quand il apprend que des scélérats se sont jetés sur des femmes, des enfants, des vieillards sans défense, et les ont massacrés, il ne sort de son cœur qu'un cri d'horreur et de détresse; les armes lui tombent des mains parce qu'il a honte de la cause qu'il sert.

Rayons donc une fois pour toutes de notre éducation française cette antique sottise de l'enthousiasme communiqué aux armées par les violences de Robespierre et de la Convention : c'est à remonter au grenier où git déjà la levée en masse. Les armées républicaines ont vaincu leurs adversaires malgré les horreurs parisiennes, et non à cause d'elles. Le drapeau fangeux et sanglant baigné chaque jour dans les ruisseaux de la Commune, n'est ni le précurseur, ni le frère du drapeau tricolore.

C'est un jeu puéril que de chercher à deviner les événements qui seraient advenus si telle ou telle supposition s'était réalisée : l'imagination, même en la supposant la plus clairvoyante du monde, risque beaucoup de se fourvoyer, mais il y a des vérités qui sont absolues; et parmi celles-là, il en est une que M. Thiers ne désavouera pas, puisque c'est chez lui que nous la prenons : « Les révolutions, dit-il, « sont semblables à un pendule violem- « ment agité; courant d'une extrémité à « l'autre, on est toujours fondé à leur pré- « dire des excès. »

Le pendule révolutionnaire aurait été

certainement beaucoup moins agité, si le gouvernement avait été provincial au lieu d'être parisien, et par suite la réaction aurait été certainement beaucoup moins forte.

Mais pourquoi devait-on fatalement redouter ces excès de la capitale? N'était-il donc aucun moyen de les éviter?

CHAPITRE VIII

L'armée du mal à Paris. — Son recrutement. — Son action.

« Depuis les temps où Tacite la vit ap-
« plaudir aux crimes des empereurs, la
« populace n'a pas changé. Toujours brus-
« que en ses mouvements, tantôt elle élève
« l'autel de la patrie, tantôt elle dresse des
« échafauds et n'est belle et noble à voir
« que lorsque, entraînée dans les armées,
« elle se précipite sur les bataillons enne-
« mis. Que le despotisme n'impute pas ces
« crimes à la liberté, car, dans le despo-
« tisme, elle fut aussi coupable que dans la

« République ; mais invoquons sans cesse
« les lumières et l'instruction pour ces bar-
« bares pullulant au fond des sociétés et
« toujours prêts à les souiller de tous les
« crimes, à l'appel de toutes les passions et
« pour le déshonneur de toutes les cau-
« ses. » (Thiers, tome IV, p. 238.)

L'instruction est un remède dont l'efficacité serait bien longue à se faire sentir, et il est évident d'ailleurs qu'elle sera toujours impuissante à contenir les mauvais instincts d'une capitale, car celle-ci contiendra toujours un grand nombre de malheureux et de pauvres; or l'homme instruit et pauvre est peut-être l'instrument révolutionnaire le plus perfectionné qu'on ait jamais inventé. Ne confions jamais à cette populace une cause politique qui nous est chère, c'est là le seul enseignement à tirer du spectacle de nos misères.

Toute grande ville contient une énorme proportion d'infirmes, de malades, d'indigents, de déclassés et de repris de justice; c'est une armée à laquelle il faut en ajouter une autre non moins nombreuse de gens de toutes conditions qui se lèvent chaque jour sans savoir comment et où ils mangeront. Ces deux armées réunies qui, à Paris, comptent plus de 300,000 êtres humains, n'aiment guère la société, de quelque manière qu'elle soit gouvernée ; n'ayant rien à perdre dans les révolutions, ils se figurent qu'ils ont tout à y gagner. La présence de ces misérables, vautrés dans leur infamie ou grelottant la misère, a, sur le reste de la société qu'elle coudoie chaque jour, des effets absolument physiques tout aussi indiscutables que le froid dont nous serions pénétrés en couchant au-dessus d'une masse d'eau glacée, ou que la sueur qui nous inonderait si nous séjournions au-dessus d'une étuve. Ces infortunés sans nombre, cette immense couche de fumier social, engendrent des maladies de l'esprit comme la pourriture amène la maladie du corps. Il s'élève nécessairement, de cet impur milieu, des concerts de gémissements, des imprécations, des cris de rage contre la société, et la pitié, la peur ou l'ambition, les écoutent. Il y a, en effet, des riches qui, craignant la souffrance irritée et menaçante, la flattent ; il y en a qui la recherchent pour la secourir et l'apaiser, il en est aussi qui veulent et savent en profiter.

Cette accumulation de misères a donc

fait naître dans notre capitale un grand courant d'opinion en faveur des malheureux ; il n'est point de villes où l'on soit plus charitable qu'à Paris. Elle a aussi donné naissance aux socialistes transis, qui couvent les millions qu'ils ont accumulés, et croient se les faire pardonner en guidant la populace sur ceux des autres ; elle a produit enfin le tribun, le révolutionnaire par métier, qui se concilie, par ses flatteries, cette multitude immense, et qui, la sachant capable de tout, est prêt lui-même à tout oser. Une armée trouve bientôt son chef, et il est dans la nature de ce chef et de cette armée de ne rêver que combats et victoires. La spécialité de ces soldats de l'émeute, c'est de n'être astreints à aucune des règles admises entre nations civilisées qui se font la guerre, de procéder par le meurtre, le pillage et l'incendie, de n'incendier, de ne piller que les propriétés de ses concitoyens et de n'égorger qu'eux.

Il ne faudrait pas croire que cette armée du mal n'existe qu'à Paris ; elle est tout aussi nombreuse à Londres et à Berlin ou à Constantinople, mais elle n'est pas dans ces capitales en mesure de faire tous les dégâts que nous redoutons chez nous.

L'opposition des Anglais et des Prussiens ou des Musulmans peut créer des embarras à leur gouvernement; mais à Paris, elle ne se contente pas de critiquer le gouvernement de son choix, elle le renverse. On s'expliquera facilement ces attitudes si différentes si on veut bien se rappeler qu'en France, il ne reste plus aucun vestige des institutions féodales, et que partout ailleurs en Europe, elles sont encore plus ou moins florissantes, autrement dit que toutes les forces qui font vivre une société politique quelconque sont encore disséminées çà et là sur le sol, tandis que chez nous elles sont toutes concentrées dans la capitale.

Une révolution chez nos voisins peut être victorieuse sans mettre le pays à sa merci; maîtresse de Paris, elle a le pied sur la gorge de la France, car notre capitale s'est emparée de tout l'attirail gouvernemental. En Angleterre, il existe sur toute la surface du pays une aristocratie toute-puissante, fort capable de venir à bout de la mauvaise humeur des riverains de la Tamise, et les bourgeois criards qui fument sur les bords de la Sprée, y regarderaient à deux fois avant de se mesurer avec l'aristocratie militaire qui domine tout le reste du pays.

On a cherché, dans ces derniers temps, un remède à un abus qui frappe enfin tous les yeux, et on a cru le trouver dans l'attribution faite aux conseils généraux de droits politiques sérieux. On n'a pas tardé à reconnaître qu'on était entré dans une mauvaise voie, d'abord parce que les conseils généraux ne peuvent devenir des corps politiques qu'en usurpant le rôle des préfets, qui sont les véritables agents politiques du département ; et ensuite, parce qu'à supposer l'impossible, c'est-à-dire un conseil général faisant de son droit nouveau un usage judicieux, cette réunion d'hommes, assurément fort honorables, mais connus seulement dans une toute petite région du pays, n'aurait ni l'influence ni l'organisation, ni l'autorité nécessaires pour correspondre utilement avec ses collègues des autres départements, pour chercher, trouver et pratiquer une opposition efficace aux décrets lancés partout à la fois par l'autorité révolutionnaire parisienne. Ces décrets sont énergiquement appuyés par des commissaires délégués ayant en mains tous les pouvoirs et, le plus redoutable de tous, celui de donner des ordres à la force armée. Le drapeau vainqueur à Paris flottera majestueusement sur les mairies de tous nos villages avant que les pompiers conservateurs se soient coiffés de leurs casques de combat. Le télégraphe et le chemin de fer sont plus expéditifs qu'un cénacle d'honorables bourgeois de province effarés et empêtrés dans leur rôle tout nouveau d'hommes d'Etat. Disposer symétriquement quatre-vingts citadelles conservatrices sur toute la surface du territoire, afin d'abriter le pays contre l'ouragan révolutionnaire, est décidément une puérilité ; et quant à refaire une aristocratie, c'en est une seconde, car les aristocraties, en tous temps et en tous pays, ont toujours été le résultat de la conquête du sol et jamais elles ne sont sorties tout armées du cerveau des législateurs; on organise, on modifie, on tue une aristocratie, mais on ne la fait pas, elle se fait toute seule. Il faut donc s'accommoder de ce qui existe dans notre pays, et chercher un remède à nos maux sans violenter le courant politique dans lequel il est entré depuis des siècles; et comme, d'ailleurs, personne ne peut caresser l'espérance de changer le goût prononcé des Parisiens à s'emparer périodiquement de la machine gouvernementale, il ne reste qu'une chose logique à faire, c'est de l'éloigner de sa main. Ajoutons, pour terminer sur ce point, que Paris, en dehors de toute tendance politique, présente des dangers que ne contiennent pas au même degré la plupart des capitales de l'Europe. Paris est, en effet, non-seulement une ville de luxe, mais une ville industrielle et manufacturière de premier ordre, et chacun sait que, dans ces centres particuliers, les émotions populaires sont nécessairement fréquentes et absolument inévitables, — un chômage un peu prolongé, une querelle entre patrons et ouvriers, une cherté accusée des aliments nécessaires à la vie, — et une émeute est fort à craindre. Que dirait-on de l'homme d'État qui choisirait pour siége du gouvernement français Lyon ou Saint-Étienne ? La folie est double de l'avoir mis tout entier dans Paris.

Nous venons de voir de quoi se compose notre armée révolutionnaire, nous savons les effets moraux qu'elle produit sur le reste de la population; nous sommes assurés que ces efforts sont tout autres chez nous que chez nos voisins, et qu'il n'existe encore aucun remède capable de les conjurer; nous avons vérifié enfin que cette armée engendre fatalement le philanthrope, le socialiste millionnaire et le tribun. Laissant les deux premiers à leur besogne, il nous reste à suivre le dernier dans ses combats pour le pouvoir, et à chercher la cause de sa victoire constante et toujours éphémère.

Tout le secret gît dans la connaissance des moyens à l'aide desquels il se fait obéir de l'armée révolutionnaire qu'il a sous la main. Sous un gouvernement régulier, dans un pays calme, le corps de gendarmerie est très peu nombreux, eu égard aux vices et aux passions qui vivent en révolte avouée, et qu'il faut contraindre pour assurer la sécurité des honnêtes gens; deux gendarmes suffisent pour tenir en respect tous les mauvais instincts d'une population de dix mille âmes, et quelques sergents de ville veillent à la tranquillité d'un quartier de la grande ville. En mer, loin de tout secours humain, trois ou quatre officiers commandent en souverains absolus à cinq ou six cents hommes d'équipage, et sont obéis. D'où vient ce phénomène? non pas seulement, comme on pourrait le croire, de ce que ces deux gendarmes, ces quelques sergents de ville, peuvent être immédiatement secourus par leurs camarades; s'il n'y avait en effet que cette raison, la gendarmerie tout entière, qui se compose de quelques milliers d'hommes, aurait bientôt disparu contre la force irrésistible de vingt ou trente millions de citoyens exaltés. Ce phénomène s'explique par l'habitude où sont les populations honnêtes d'être protégées par cette force armée et par l'habitude corrélative où elles sont de les respecter et de les protéger contre tous, par le respect même qu'elle leur témoigne ; le gendarme est le représentant de l'ordre, et toutes les forces morales dont dispose une société se réunissent pour donner crédit et faire obtenir obéissance à ces soutiens armés de sa cause.

Quand une révolution se trame à Paris, et il y en a toujours une sur le chantier, les journalistes taillent leurs plumes, les poètes aiguisent leurs satires, les orateurs politiques leurs sarcasmes, pour déconsidérer l'autorité régulière, puis ils la raillent, exagèrent sa sévérité, et la présentent chaque jour aux yeux des badauds comme féconde en tracasseries inutiles et parfois dangereuse par ses provocations; quand cette autorité, autrefois respectée, se voit méconnue, elle double le nombre de ses défenseurs, elle fait sortir de leurs casernes les soldats et les gendarmes, mais comme on a miné peu à peu, sourdement d'abord, ouvertement ensuite, le respect dont ils étaient entourés et qui seul les protégeait, ils ne tardent pas à succomber, et la révolution est faite dans la rue, après avoir été préparée dans les esprits.

Une administration nouvelle succède à l'ancienne; après avoir prêché la révolte à tous, elle se sent mal à l'aise pour conseiller la discipline, et pendant les premiers temps la révolution triomphante est assez embarrassée de son succès; elle se borne à remplacer tous les gens expérimentés par des citoyens qui ont fait leurs preuves de civisme mais non de capacité administrative, et cette complaisance double naturellement le mal dont elle souffre; mais enfin arrive un moment où il faut faire de l'ordre avec le désordre, comme disait Caussidière, et l'on cherche à s'entourer d'une force capable d'assurer l'exécution des décrets révolutionnaires.

Mais voilà que tout naturellement l'administration nouvelle se montre fort inférieure à l'ancienne, par cette double raison que les temps sont plus difficiles et les hommes plus nouveaux; elle sent instinctivement qu'elle n'a pas la confiance des honnêtes gens, elle se voit sur le point d'être ridicule à cause des sottises qu'elle commet, et alors elle se fâche et veut imposer silence aux railleurs. Comment arriver à se faire respecter quand on a perdu tout droit au respect? il n'existe qu'un moyen, c'est la terreur: la milice régulière d'un gouvernement régulier fait peur aux hommes de désordre, la milice accidentelle d'un gouvernement révolutionnaire fait peur aux gens d'ordre.

Dans un pareil milieu et avec l'armée parisienne que nous connaissons, un tribun a sous la main des ressources infinies. Il veut le pouvoir, ou, l'ayant, il sent qu'il va lui échapper, il n'a qu'un moyen de le conquérir ou de le reconquérir : frapper, frapper sans relâche des adversaires qu'il sait prêts à le renverser si on leur laisse quelque répit. C'est la fatalité du mal; plus on frappe, plus on se fait d'ennemis irréconciliables; plus nombreux ils sont et plus forts ils seraient si les coups ne se multipliaient pas : sans les massacres de septembre, Danton était perdu; sans l'échafaud où montèrent les girondins, Robespierre n'aurait pas régné; sans la guillotine en permanence, Marat n'aurait pas eu son tour. Il faut donner à cette armée ignoble du ruisseau, qui tresse et brise les couronnes, des gages de civisme de plus en plus indiscutables.

Enfin, arrive un moment où ces ambitieux, ces vaniteux sanglants qui décorent du nom de liberté la tyrannie qu'ils exercent, se jalousent, s'emportent les uns contre les autres et se déchirent; c'est alors qu'éclate thermidor, c'est alors que les historiens avisés écrivent dans leur sagesse bourgeoise, que la Providence a mis fin à toutes ces horreurs, non point parce qu'elles affligeaient la conscience humaine, non point parce qu'elles étaient le résultat fatal et prévu de la toute-puissance parisienne, mais parce qu'elles n'étaient plus indispensables au salut de la République; comme s'il n'était pas évident que la République en est morte !

CHAPITRE IX

Combats livrés dans Paris à la tyrannie parisienne.

Il ne faut pas s'attarder sur un seul des enseignements que fournit l'histoire de notre Révolution; étudions de nouveau son cours troublé, avec le calme et l'impartialité qui nous sont aujourd'hui si faciles et qu'il était alors impossible de rencontrer chez les acteurs de ce terrible drame.

La Convention avait succédé à la Législative, et les électeurs parisiens, fidèles à une conduite qui ne s'est jamais démentie une seule fois en quatre-vingts ans, nommèrent des députés hostiles à l'opinion dominante dans le reste du pays. Lorsqu'une révolution s'établit en France, les premières élections qui ont lieu dans la capitale sont naturellement d'accord avec le mouvement qui vient de triompher, ce sont pour ainsi dire les révolutionnaires eux-mêmes qui nomment leurs chefs reconnus; mais ce premier vote acquis, le désaccord va s'accentuant chaque jour, de sorte qu'à partir de la deuxième manifestation électorale, Paris est déjà représenté par une députation opposante.

A l'Assemblée législative, le mouvement que nous accusons s'était fait sentir ; aux élections pour la Convention il devint plus significatif encore. Alors que la province nommait une députation girondine, avec mission expresse de résister aux violences de Paris, la capitale répondit par la nomination de Danton, des deux Robespierre, de Marat, de Philippe-Egalité, de Camille Desmoulins ; on comptait encore parmi les élus : David, Fabre d'Eglantine, Legendre, Panis, Sergent, Billaud-Varennes, Manuel, Collot-d'Harbois, Chabot, Fréron et quelques autres moins célèbres.

Les girondins, disons-nous, avaient été envoyés par la province avec la mission expresse de combattre les violences parisiennes ; on sait avec quel courage ils s'acquittèrent de leur tâche, que M. Thiers définit en ces termes : « Telle était la situation des girondins en face de la faction parisienne ; ils avaient pour eux l'opinion générale, qui réprouvait les excès ; ils s'étaient emparés d'une grande partie des députés qui arrivaient chaque jour à Paris; ils avaient tous les ministres, excepté Danton, qui souvent dominait le conseil, mais ne se servait pas de sa puissance contre eux; enfin, ils montraient à leur tête le maire de Paris (Pétion), l'homme le plus respecté du moment; mais, à Paris, ils n'étaient pas chez eux: ils se trouvaient au milieu de leurs ennemis, et ils avaient à redouter la violence des classes inférieures, qui s'agitaient au-dessous d'eux, et surtout la violence de l'avenir qui allait croître avec les passions révolutionnaires. Le premier reproche qu'on leur adressa fut de vouloir sacrifier Paris ; déjà on leur avait imputé de vouloir se réfugier dans les départements et au delà de la Loire. Les torts de Paris à leur égard étant plus grands depuis les 2 et 3 septembre, on leur supposa d'autant plus l'intention de l'abandonner, et on prétendit qu'ils avaient voulu réunir la Convention ailleurs. »

Les girondins, de leur côté, reprochaient à la Commune de s'être rendue souveraine; d'avoir, par ses usurpations, empiété sur la souveraineté nationale et de s'être arrogé à elle seule une puissance qui n'appartient qu'à la France entière. On se rappelle que Roland, le ministre de l'intérieur, déploya un véritable et inutile courage pendant les horribles massacres de septembre ; depuis cette époque, il ne perdit pas une occasion de mettre sous les yeux de l'Assemblée d'abord, de la Convention ensuite, l'état dangereux de la capitale, et d'accuser sa tyrannie en termes très-amers. Les girondins prirent occasion d'un de ces rapports où le ministre dénonçait de nouveaux excès, pour commencer leur lutte contre la Commune, pour remettre entre les mains de la France cette Révolution qu'ils voyaient souillée, et qu'ils prévoyaient devoir être tuée par les violences parisiennes.

Buzot est à la tribune : « Les assassinats, dit-il, sont imités dans les départements ; ce n'est pas l'anarchie qu'il faut en accuser, mais des tyrans d'une nouvelle espèce qui s'élèvent sur la France à peine affranchie. C'est de Paris que partent tous les jours ces funestes inspirations du crime ; sur tous les murs de la capitale on lit des affiches qui provoquent aux meurtres, aux incendies, aux pillages, et des listes de proscription où sont désignées chaque jour de nouvelles victimes ; comment préserver le peuple d'une affreuse misère si tant de citoyens sont condamnés à cacher leur existence ! Comment faire espérer à la France une Constitution, si la Convention, qui doit la décréter, délibère sous les poignards ? Il faut, pour l'honneur de la Révolution, arrêter tant d'excès et distinguer entre la bravoure civique qui a bravé le despotisme au 10 août, et la cruauté servant aux 2 et 3 septembre une tyrannie muette et cachée. » En conséquence Buzot demande :

1° Qu'il soit rendu compte de l'état de la République et de l'état de Paris en particulier ;

2° Que l'on présente un projet de loi contre les provocateurs au meurtre et à l'assassinat ;

3° Qu'il soit mis à la disposition de l'Assemblée une force publique prise dans les quatre-vingt-trois départements.

La Montagne s'irrite, tempête, et finalement demande l'ajournement. « Ajourner « la répression des meurtres, s'écrie Vergniaud, c'est les ordonner. » Que n'eût-il ce beau et grand cri de la conscience au 2 septembre !

La motion de Buzot est enfin votée : on préparera des lois pour la punition des provocateurs au meurtre et pour l'organisation d'une garde départementale.

On avait demandé un rapport sur l'état de Paris; Roland le fit aussitôt; il se terminait ainsi : « Département sage mais peu puissant; commune active et despote; peuple excellent mais dont une partie saine est intimidée et contrainte, tandis que l'autre est travaillée par les flatteurs et enflammée par la calomnie; confusion des pouvoirs, abus et mépris des autorités, force publique faible et nulle par suite d'un mauvais commandement. »

Tel était le triste état de Paris ou plutôt telle était la honte de la France tyrannisée par les basses passions de sa capitale. On devine bien, sans le secours de l'histoire, que les girondins ne réussiront pas dans leur courageuse et sainte entreprise, dans leur lutte à mort contre Paris; car ils prêchent la modération après avoir permis eux-mêmes la violence et, ce qui est plus grave, après en avoir profité.

Buzot faisait, voulait faire une distinction absolument impossible entre le *civisme* qui avait permis ou fait le 10 Août, et *la honte* tardive que l'on ressentait pour les crimes de Septembre. Quand on déchaîne la populace des grandes villes contre les autorités régulières du pays, il faut s'attendre dans un avenir prochain à être emporté soi-même par elle.

Ces malheureux révolutionnaires à courte vue faisaient appel aux sentiments conservateurs du pays, alors qu'ils avaient blessé ces sentiments d'une manière cruelle et que parfois encore ils se vantaient de leurs *exploits*; à ce point que leurs adversaires leur contestaient même *ce titre de gloire* : Louvet attaquait Paris, et par conséquent Robespierre. Chabot lui répond que ce ne sont pas eux, les girondins, qui ont fait le 10 Août, *comme ils s'en vantent.* « Je me souviens, dit-il, que je m'adressai le 9 août au soir, à messieurs du côté droit pour leur proposer l'insurrection et qu'ils me répondirent par un sourire du bout des lèvres. Je ne vois donc pas quel droit ils ont de s'attribuer le 10 Août. »

Chabot avait tort, malheureusement pour les girondins, qui avaient permis le 10 Août, qui s'en vantèrent et cherchèrent à en tirer avantage pour l'accroissement de leur pouvoir; il est trois fois certain que s'ils s'y étaient opposés, cette journée révolutionnaire n'aurait pas eu lieu.

C'étaient aussi d'excellents décrets que ceux qui furent présentés par Barbaroux, et arrachés par l'éloquence et la conviction des girondins à l'apathie de la plaine conventionnelle :

1° Paris devait perdre le droit de posséder la représentation nationale, quand elle n'aurait pas su la protéger contre les insultes et les violences ;

2° Les *gendarmes nationaux* devaient garder la représentation nationale ;

3° La Convention devait se constituer en Haute Cour de justice pour juger les conspirateurs ;

4° La Convention cassait la municipalité de Paris.

Sans doute ces décrets étaient excellents, ils n'avaient que ce tort fort grave assurément, celui de ne pas trouver de force capable de les faire exécuter.

Avant de succomber dans la noble tâche qu'ils avaient entreprise et qu'ils allaient poursuivre bravement dans une circonstance solennelle, ces infortunés bourgeois politiques devaient donner un dernier et funeste exemple de leur incurable indécision.

Le procès de Louis XVI était engagé, que chacun se demandait encore quelle serait dans cette épreuve capitale l'attitude des girondins.

Comme toujours ils hésitaient ; et comme toujours aussi, pleins d'un courage héroïque contre des dangers personnels, ils étaient sans énergie lorsqu'il fallait déployer ce courage civil qui consiste à braver la popularité.

Ils étaient émus de pitié en considérant la grande infortune du Roi, et bien que traversés par la sotte idée que ce prince était un obstacle à la Révolution, ils se laissèrent d'abord aller à leur émotion : Lanjuinais, avec sa fougue accoutumée, occupe la tribune, après le départ du Roi qui venait d'être entendu, et réclame non pas seulement un délai pour la discussion, mais l'annulation de la procédure :

« Le temps des hommes féroces est passé, dit-il, il ne faut pas déshonorer l'Assemblée en lui faisant juger Louis XVI. Personne n'en a le droit en France, et l'Assemblée particulièrement n'a aucun titre pour le faire ; si elle veut agir comme corps politique, elle ne peut prendre que des mesures de sûreté contre le ci-devant Roi, mais si elle agit comme tribunal, elle est hors de tous les principes, car c'est faire juger le vaincu par le vainqueur lui-même, puisque la plupart des membres présents se sont déclarés les *conspirateurs du 10 Août !* »

A ce mot un tumulte épouvantable s'élève dans la salle et dans les tribunes; Louvet essaie de reprendre pied à la tribune en prétendant que ce mot doit être entendu dans un sens favorable et que le 10 Août fut une *conspiration glorieuse*, et il termine en déclarant « qu'il aimerait mieux périr mille fois que de condamner, contre toutes les lois, le tyran même le plus abominable ! »

En décrétant la déchéance du Roi sous le coup de l'émeute qui traversait l'Assemblée, Vergniaud, sans le savoir assurément, avait décrété la mort de ce prince, et tous les efforts que lui et ses amis allaient faire pour l'arracher au péril devaient être vains; ils ne comprenaient pas d'ailleurs, dans toute leur étendue, les conséquences du grand drame qui se passait sous leurs yeux; leur pitié était sincère, sans doute, mais comme elle aurait été plus ardente et plus accusée, non pas plus courageuse, mais plus intelligente, s'ils avaient vu alors ce qu'il était bien facile de voir, c'est que la personne du Roi protégeait encore une masse énorme d'honnêtes gens, et que cette auguste personne disparue, il n'y avait plus aucun obstacle entre ces honnêtes gens et la hache révolutionnaire, et qu'en votant ou laissant voter sa mort, ils votaient eux-mêmes la leur. Cette considération personnelle aurait pu ne pas les arrêter, car, il faut le répéter sans cesse, ces politiques imprévoyants étaient de courageux citoyens, mais en faisant bon marché de leur propre existence est-ce qu'ils ne menaçaient pas celle d'un nombre incalculable de Français?

Après le 21 janvier la hache révolutionnaire s'élèvera et s'abaissera sans relâche, on dirait une machine inconsciente, frappant parce qu'elle a frappé, et mue par des êtres abrutis qui de la folie produite par la vue du sang en étaient arrivés à l'hébètement stupide!

La plupart des défenseurs secrets de Louis XVI étaient dans la plus pénible incertitude, parce qu'ils ne voulaient pas perdre leur popularité en votant pour l'absolution, et qu'ils croyaient par cette faiblesse écarter pour toujours de leur tête les foudres révolutionnaires ; après un tel gage donné à la Révolution, comment être suspecté par elle ? Les pauvres gens ! ils ne savaient pas que, tout compte fait, une révolution quelconque détruit un bien plus grand nombre de ses partisans que de ses adversaires.

Pour se tirer d'embarras, ils inventèrent l'*Appel au peuple* ; Rabaut-Saint-Etienne avait en quelque sorte légitimé cette procédure, en démontrant, comme Louvet, que la Convention était sans droits ; « quant à moi, disait-il, je suis las de ma portion de despotisme ; je suis fatigué, harcelé, bourrelé de la tyrannie que j'exerce pour ma part, et je soupire après le moment où vous aurez créé un tribunal qui me fasse perdre les formes et la contenance d'un tyran... vous cherchez des raisons politiques ; ces raisons sont dans l'histoire... Le peuple de Londres, qui avait tant pressé le supplice du Roi, fut le premier à maudire ses juges et à se prosterner devant son successeur. Lorsque Charles II monta sur le trône, la ville lui donna un superbe repas; le peuple se livra à la joie la plus extravagante et il courut assister au supplice de ces mêmes juges que Charles immola depuis aux mânes de son père. Peuple de Paris, parlement de France, m'avez-vous entendu ? »

Salles avait déjà défendu fortement le système de l'appel au peuple; lorsque Vergniaud entre lui-même en lice, il répond d'abord aux objections soulevées par le projet : « On prétend que c'est la guerre civile que l'on décrète; mais on ne la craint pas en réunissant les assemblées primaires pour sanctionner la Constitution, pourquoi la redouterait-on en les réunissant pour sanctionner le jugement du Roi ?... D'ailleurs dans les départements, poursuit Vergniaud, les agitateurs n'ont pas acquis la prépondérance qu'une lâche faiblesse leur a laissé usurper à Paris; ils ont bien parcouru la surface de la République, mais ils n'y ont trouvé partout que le mépris et on a donné le plus grand exemple d'obéissance à la loi en respectant le sang impur qui coulait dans leurs veines. On dit que la majorité du pays est composée d'intrigants, de royalistes, d'aristocrates; ce n'est pas vrai... mais pour faire une majorité conforme aux vœux de certains hommes, faut-il employer la bannissement et la mort, changer la France en désert et la livrer ainsi aux conceptions de quelques scélérats?... On prétend que nous voulons la guerre civile ! Mais ce sont nos adversaires qui la déclarent ! Oui, ils veulent la guerre civile ceux qui, en prêchant l'assassinat contre les partisans de la tyrannie, appliquent ce nom à toutes les victimes que leur haine veut immoler ; ceux qui appellent les poignards sur les représentants du peuple, et demandent la dissolution du gouvernement et de la Convention ; ceux qui veulent que la minorité devienne arbitre de la majorité, qu'elle puisse légitimer ses jugements par des insurrections et que les Catilina soient appelés à régner dans le Sénat.

... La guerre civile, pour avoir invoqué la souveraineté du peuple ! Cependant en juillet 1791 vous étiez plus modestes, vous ne vouliez pas la paralyser et régner à sa place ; vous faisiez courir une pétition pour consulter le peuple sur le jugement à rendre contre Louis revenu de Varennes ! Alors vous vouliez de la souveraineté du peuple, et vous ne pensiez pas que l'invoquer pût exciter la guerre civile !....

« Puisqu'on parle continuellement d'un grand acte politique, il n'est pas inutile d'examiner la question sous ce rapport ; il n'est pas douteux que les puissances n'attendent que ce dernier prétexte pour fondre toutes ensemble sur la France.... On les vaincra sans doute, l'héroïsme des soldats français en est un sûr garant, mais ce sera un surcroît de dépenses, d'efforts de tous genres. Si la guerre force à de nouvelles émissions d'assignats, qui feront croître dans une proportion effrayante le prix des denrées de première nécessité ; si elle porte de nouvelles et mortelles atteintes au commerce ; si elle fait verser des torrents de sang sur les terres et sur les mers, quels si grands services aurez-vous rendus à l'humanité ? Quelle reconnaissance vous devra la patrie, pour avoir fait en son nom et au mépris de sa souveraineté méconnue, un acte de vengeance devenu la cause ou seulement le prétexte d'événements si calamiteux ?

« ... N'avez-vous pas entendu dans cette enceinte et ailleurs dire : si le pain est cher, la cause en est au Temple ; si le numéraire est rare, si nos armées sont mal approvisionnées, la cause en est au Temple ; si nous avons à souffrir chaque jour du spectacle de l'indigence, la cause en est au Temple... Qui me garantira que ces mêmes hommes ne crieront, après la mort de Louis, et avec une violence plus grande encore : si le pain est cher, la cause en est dans la Convention ; si le numéraire est rare, si nos armées sont mal approvisionnées, la cause en est dans la Convention ; si la machine du gouvernement se traîne avec peine, la cause en est dans la Convention chargée de la diriger ; si les calamités de la guerre se sont accrues par les déclarations de l'Angleterre et de l'Espagne, la cause en est dans la Convention qui a provoqué ces déclarations par la condamnation précipitée de Louis XVI ? Qui me garantira qu'à ces cris séditieux de la turbulence anarchique ne viendront pas se rallier l'aristocratie avide de vengeance, la misère avide de changement et jusqu'à la pitié que des préjugés invétérés auront excitée sur le sort de Louis XVI ? Qui me garantira que de cette tempête, où l'on verra sortir de leurs repaires les tueurs du 2 septembre, on ne vous présentera pas, tout couvert de sang, et comme un libérateur, un défenseur, ce chef qu'on dit être si nécessaire? Un chef! Ah! si telle était leur audace il ne paraîtrait que pour être à l'instant percé de mille coups, mais à quelles horreurs ne serait pas livré Paris! Paris, dont la postérité admirera le courage héroïque contre les rois et ne concevra jamais l'ignominieux asservissement à une poignée de brigands, rebut de l'espèce humaine, qui s'agitent dans son sein et le déchirent en tous sens par les mouvements convulsifs de leur ambition et de leur fureur. Et vous citoyens industrieux dont le travail fait toute la richesse, irez-vous trouver ces faux amis, ces perfides flatteurs qui vous auraient précipités dans l'abîme? Ah! fuyez-les plutôt! Redoutez leur réponse! Je vais vous l'apprendre. Vous leur demanderiez du pain ; ils vous diraient : Allez dans les carrières disputer à la terre quelques lambeaux sanglants des victimes que vous auriez égorgés ; ou bien encore, voulez-vous du sang? prenez-en, voici du sang, des cadavres; nous n'avons d'autre nourriture à vous offrir! Vous frémissez, citoyens! O ma patrie, je demande acte, à mon tour, des efforts que je fais pour te sauver de cette crise déplorable.»

Certes, ce discours était beau, courageux, entraînant, et il fit sur l'Assemblée une profonde impression; mais les improvisations les plus éloquentes obtiennent rarement un effet utile quand l'orateur manque d'autorité; et Vergniaud, par sa conduite de la veille, hélas! semblable à sa conduite du lendemain, était dans une situation absolument fausse. Il avait encouragé la révolution du 10 août, il en avait profité, il avait le premier déclaré la déchéance du Roi, et un mois plus tard, il avait assisté, silencieux et résigné, aux massacres de Septembre, qu'il accusait avec une si louable mais si tardive énergie.

Quelle apparence que les conservateurs auxquels il s'adressait, qu'il conjurait de se fier à lui, eussent confiance en sa conduite future et en le faisant triompher dans cette circonstance capitale lui donnassent un pouvoir qui aurait égalé celui dont Robespierre allait hériter!

Vergniaud n'était qu'un demi-révolutionnaire, il n'était aussi qu'un demi-conservateur, et ces malheureux, si éloquents, si courageux qu'ils puissent être, sont destinés à périr tout entiers, car la postérité elle-même leur est très-sévère.

Au surplus, ni les historiens des girondins, ni les girondins eux-mêmes ne paraissent avoir eu conscience des grands résultats qu'aurait eu l'*appel au peuple,* si chaleureusement défendu par eux. Cette jurisprudence adoptée à l'égard du procès et du sort de Louis XVI arrêtait net la Révolution dans la terrible voie où elle était entrée. Le Roi acquitté se remettait aux mains des Français qui l'auraient protégé, et l'arrachaient aux Parisiens, auxquels on aurait aussi évité un grand crime et une grande faute. Le lendemain de ce jour solennel, la guillotine rentrait au bric-à-brac républicain, et le pays, en possession de lui-même, arrangeait ses destinées comme il lui convenait; et c'eût été justice, car il faut en finir avec cette théorie jacobine qui prétend faire le bonheur d'un immense pays, au gré de ses conceptions tyranniques, et sans se soucier de le consulter sur sa manière à lui d'entendre son bonheur.

Toute autre conduite n'est que de l'empirisme, c'est la théorie commode de la fin qui justifie les moyens. Quand on veut savoir la fin que se propose un peuple et les moyens dont il veut user pour arriver à cette fin, on le consulte.

Il faut encore retenir de ce célèbre et lamentable épisode de notre Révolution une preuve nouvelle de la sagesse de la France, sagesse pressentie et avouée par tous les partis : Pourquoi, en effet, les girondins demandaient-ils l'*appel au peuple?* Parce que, dans leur opinion, le pays ne commettrait jamais la sanguinaire folie de tuer son Roi ; pourquoi les montagnards repoussaient-ils l'*appel au peuple?* parce qu'ils avaient sur son issue la même pensée que les girondins !

Combien de fois ne verrons-nous pas dans le cours de ce récit se vérifier cette constante vérité : La France sage; Paris fou.

S'il était enfin permis, au milieu du récit de ces terribles événements, de reporter ses regards sur notre présente situation et sur l'attitude respective de nos partis politiques, quel ne serait pas notre étonnement de voir nos légitimistes d'aujourd'hui, si fort courroucés contre le *suffrage universel*, dont leur Roi Louis XVI s'était servi pour nommer les députés aux Etats généraux, et si hostiles à *l'appel au peuple* qui, de l'aveu de tous, l'aurait sauvé !

Les derniers combats contre ce fou furieux qui s'appelle Paris venaient d'être livrés par les envoyés de la province; ils avaient été malheureux, mais la victoire restait encore indécise.

CHAPITRE X

Victoire définitive de Paris contre la France.

On sait qu'une partie des girondins, après leurs courageux efforts pour sauver le Roi, avaient, par une inconséquence vraiment extraordinaire, voté la mort de Louis XVI; on sait que le plus célèbre et le plus éloquent d'entre eux avait donné l'exemple de cette faiblesse qui restera éternellement inexplicable, car ce grand orateur avait montré dix fois plus de courage en faisant son discours, qu'il n'en aurait fallu pour voter contre la mort.

Cette attitude singulière ne contribua pas peu à la défaite du parti tout entier qui, à cette époque, représentait à la Convention le parti modéré, celui qui avait reçu de ses électeurs l'ordre formel de venir à bout des forcenés et des assassins de Paris.

Ce fut un grand et irréparable malheur que la chute et la mort de ces braves gens; avec tous les genres de courage et d'éloquence, ils n'avaient aucun sens politique, ou pour être plus exacts, ils ne savaient jamais conformer leur conduite aux justes prévoyances de leur esprit. Ils avaient bien deviné qu'ils ne sauveraient leurs têtes et la Révolution qu'en tuant l'influence tyrannique de Paris, en rendant la France maîtresse de ses propres destinées, mais pour jouer ce grand rôle, il aurait fallu grouper autour de soi toutes les forces vives de l'opinion conservatrice, et ne pas avoir donné des gages éclatants à la cause que l'on allait combattre.

Leurs derniers efforts furent vraiment héroïques; dans la séance du 18 mai, qui avait été des plus orageuses à raison de certaines pétitions envoyées par la province à l'Assemblée, pétitions que la montagne couvrait de huées et que le côté droit accueillait avec transports, Guadet demanda la parole pour une application historique aux circonstances présentes : « Lorsqu'en

Angleterre, dit-il, une majorité généreuse voulut résister aux fureurs d'une minorité factieuse, cette minorité cria à l'oppression, et parvint avec ce cri à mettre en oppression la majorité elle-même. Elle appela à elle les *patriotes par excellence;* c'est ainsi que se qualifiait une multitude égarée à laquelle on promettait le pillage et le partage des terres. Cet appel continuel aux *patriotes par excellence* contre l'oppression de la majorité, amena l'attentat connu sous le nom de *Purgation du Parlement*, attentat dont *Pride*, qui de boucher était devenu colonel, fut l'auteur et le chef. Cent cinquante membres furent chassés du Parlement, et la minorité, composée de cinquante ou soixante membres, resta maîtresse de l'État.

« Qu'en arriva-t-il ? Ces *Patriotes par excellence*, instruments de Cromwell, et auxquels il fit faire folies sur folies, furent chassés à leur tour. Leurs propres crimes servirent de prétexte à l'usurpateur. » — A ce moment Guadet se tourne vers Legendre, Danton, Lacroix et quelques autres députés du même parti. — « Cromwell entra un jour au Parlement, et s'adressant à ces mêmes membres, qui seuls, à les entendre, étaient capables de sauver la patrie, il les en chassa, en disant à l'un : Toi, tu es un voleur; toi, tu es un ivrogne ; à celui-ci, toi, tu es gorgé des deniers publics; à celui-là, toi, tu es un coureur de filles et de mauvais lieux; fuyez donc, dit-il à tous, cédez la place à des hommes de bien : ils la cédèrent et Cromwell la prit. »

Les allusions étaient transparentes et terribles, aussi les cris devinrent tels que personne ne put se flatter de se faire entendre. Cependant Guadet parvint à reprendre la parole, et bien que mille fois interrompu, il réussit à soumettre à l'Assemblée un projet de loi qui prouvait le courage de son auteur et celui de ses amis, qui accusait avec énergie le mal dont souffrait la France, et apportait le vrai et l'unique remède, qui était enfin comme le testament des girondins et leur dernier compte rendu à leurs électeurs :

1° Les autorités parisiennes seront cassées;

2° Les suppléants se réuniront à Bourges et seront prêts à s'y constituer en Convention au premier avis qu'ils recevront de la dissolution de la Convention parisienne.

Nous venons de dire que l'autorité manquait aux girondins pour réaliser leur noble projet, mais il faut bien ajouter que toute force matérielle capable de prêter appui à des décrets de cette nature avait absolument disparu de Paris. Il ne régnait en souverain dans cette immense capitale que cette armée du désordre, dont nous avons dit les éléments, prête à se jeter au moindre signe d'un tribun à la mode du jour, sur tout ce qui restait debout de notre antique civilisation française.

La Commune toute-puissante répondit aux girondins, en faisant délibérer publiquement dans toutes les sections, sur les trois points suivants :

1° L'enlèvement des députés du côté droit;

2° L'établissement d'une nouvelle liste de suspects;

3° L'épuration de tous les bureaux et comités.

Elle eut soin ensuite de venir insolemment demander compte à l'Assemblée de ses desseins.

Le président Isnard reçut cette députation avec la hauteur qui convenait à sa situation et à ses sentiments :

« Magistrats du peuple, il est urgent que vous entendiez des vérités importantes. La France a confié ses représentants à la ville de Paris, et elle veut qu'ils soient en sûreté. Si la représentation nationale était violée par une de ces conspirations dont nous avons été entourés depuis le 10 mars, et dont les magistrats ont été les derniers à nous avertir, je le déclare, au nom de la République, Paris éprouverait la vengeance de la France et serait rayé de la liste des cités. »

Paris ne fut pas rayé de la liste des cités, et la France fut mise à l'index des nations.

Un jour, l'Assemblée insultée, opprimée par les flots du peuple, vote ou croit avoir voté la dissolution du comité des douze (girondins); Lanjuinais fait un dernier et violent effort pour la faire revenir sur cette décision :

« Plus de cinquante mille citoyens ont été enfermés dans toute la France, par vos commissaires; on a fait plus d'arrestations arbitraires en un mois que sous l'ancien régime en un siècle, et vous vous plaignez de ce qu'on ait enfermé deux ou trois hommes qui prêchent le meurtre et l'anarchie à deux sous la feuille? Vos commissaires sont des proconsuls qui agissent loin de vos yeux et que vous laissez agir; et votre commission placée à côté de vous, sous votre surveillance immédiate, vous vous en défiez, vous la supprimez! Dimanche dernier on a proposé dans la jacobinière de faire un massacre dans Paris; on recommence ce soir la même délibération à l'évêché; on vous en fournit les preuves, on vous les offre, et vous les repoussez! Vous protégez les hommes de sang! »

Et cette éloquence enfiévrée ramenait pour quelques moments les esprits indécis et craintifs de l'Assemblée.

Mais la physionomie de ces orageux débats changeait non-seulement de jour en jour, mais d'heure en heure. Héraut Séchelles, qui avait succédé à Isnard au fauteuil de la présidence, accueille avec bienveillance ces flots de pétitionnaires qui rendaient ridicule et impossible toute délibération de l'Assemblée, et s'adressant à la multitude, il la flatte et l'encourage par cette majestueuse sottise :

« Citoyens, la force de la raison et la

force du peuple sont une seule et même chose. »

Le décret qui ordonnait la dissolution *des douze* est rapporté, puis décrété de nouveau; tout dans cette Assemblée est confusion et désordre; quand un gouvernement quelconque siégeant dans une grande ville est privé de ses moyens d'action réguliers, il est littéralement à la merci de la populace, que les moindres courants d'opinion entraînent successivement dans les directions les plus opposées; cette multitude affolée n'a pas plus de sagesse que n'en aurait un enfant; et son caprice du moment revêtu de la sanction de la loi, tient lieu du vœu réfléchi d'un peuple de trente millions d'âmes.

Cependant les préparatifs d'*une journée* se laissaient voir partout; les Parisiens, qui commençaient à être au courant de ces *fêtes révolutionnaires*, ne s'y trompent pas. Dans la nuit du samedi au dimanche 2 juin, la générale est battue dans toutes les rues, le tocsin se fait entendre, le canon d'alarme tonne, et la population, qui ne sait pas au juste ce qu'on lui veut, prend les armes et se rend à ses postes accoutumés; *la plaine* intimidée vote ce que les menaces lui font voter, ou, pour être plus exact, s'abstient; tout comme le vote, l'abstention décide du sort des infortunés girondins; on les arrête, et l'on sait le reste : la prison à cette époque était l'antichambre du bourreau.

Nous nous sommes déjà expliqué sur la conduite politique de ces vaillants champions du droit de la France contre la tyrannie parisienne; on les a accusés sans raison de s'être faits les soutiens d'une cause condamnée d'avance, et d'avoir risqué et perdu leur tête sans profit pour personne. C'est là une erreur; leur opposition aux tyrans du jour, bien qu'elle n'ait pas été couronnée de succès, a été grandement profitable au pays. Avant que le cri de la conscience indignée puisse être écouté, entendu et compris des masses en délire, il faut qu'il ait été poussé en vain un grand nombre de fois par d'honnêtes et courageux citoyens; ces manifestations publiques de la vertu, ces révoltes ardentes contre le crime servent, pour ainsi dire, de marche-pied aux orateurs, aux hommes d'Etat qui succéderont à ces martyrs du bien public. On ne vient pas à bout des passions sans avoir lutté longtemps contre elles; elles ressemblent à un mur solide qui ne cède qu'après dix assauts successifs, il s'effondre sous le dixième, mais le premier, qui paraît aux esprits superficiels n'avoir eu aucun effet, en a eu tout autant que le dernier; ils étaient tous nécessaires au même degré.

Dans la capitale la victoire de Paris contre la France était donc définitive; quelle devait être l'issue de la révolte des villes et des campagnes contre la tyrannie parisienne?

CHAPITRE XI

Révolte impuissante des campagnes et des villes

Comment une population de trente millions d'âmes supportait-elle des mesures qui révoltaient son cœur et blessaient sa juste intelligence de la situation politique? Comment, ne fût-ce que par un légitime amour-propre, ne faisait-elle pas rentrer dans le néant quelques milliers d'émeutiers parisiens, qui s'arrogeaient depuis plus d'un an le droit de parler et d'agir au nom de la France entière ?

Ce problème mérite d'être éclairci, car une inaction volontaire des provinces pourrait paraitre une excuse pour Paris ; il le mérite encore à un autre point de vue, car les faits étant mieux connus et plus sainement appréciés, il sera possible de donner une explication toute naturelle de la résignation, apparente au moins, de tous les partis vaincus au jour où la révolution parisienne triomphe.

Les mesures tyranniques de la Commune produisirent une égale horreur chez tous les honnêtes gens du pays, mais la manifestation de ce sentiment, comme aussi les facilités que trouva la Convention pour les réprimer, varièrent d'une manière sensible, selon qu'il s'agit de populations habitant les grandes villes, ou de populations exclusivement rurales ; dans ces dernières, il faudra d'ailleurs faire une distinction nouvelle entre celles qui étaient agitées seulement par des courants politiques, et celles qui avaient été mortellement froissées dans leurs sentiments religieux.

Dès qu'on apprit l'événement du 2 juin, plus connu dans l'histoire sous le nom de journée du 31 mai, l'émotion en province fut à son comble. On était décidé à venger les députés modérés qui venaient d'être arrêtés, et l'on se résolut en beaucoup d'endroits à voler au secours des girondins que l'on savait en péril. Le département de l'Eure donna le premier le signal de l'insurrection. La Convention, disait-il, n'était plus libre, et le devoir de tous les citoyens était de lui rendre sa liberté; il arrêta qu'une force de 4,000 hommes serait levée pour marcher sur Paris, et que des commissaires envoyés à tous les départements voisins iraient les engager à suivre leur exemple et à concerter leurs opérations. Le département du Calvados fit arrêter les deux commissaires, Rome et Prieur de la Côte-d'Or, envoyés par la Convention, pour presser l'organisation de l'armée des côtes de Cherbourg. Il fut convenu que les départements de la Normandie s'assembleraient extraordinairement à Caen, pour se fédérer; ceux de la Bretagne, tels que les Côtes-du-Nord, le Finistère, le Morbihan, Ille-et-Vilaine, la Mayenne et la Loire-Inférieure, prirent des arrêtés semblables et députèrent des commissaires à Rennes pour y établir une autorité centrale. Les départements du bassin de la Loire, excepté ceux qui étaient occupés par les Vendéens, suivirent l'exemple général et proposèrent d'envoyer des commissaires à Bourges, pour y former une assemblée composée de deux députés de chaque département, et d'aller détruire la Convention usurpatrice des opprimés, siégeant à Paris. (1)

Comme on le voit, la lutte déguisée sous des appellations menteuses, la lutte entre Paris et la province, cette lutte qui est toute la Révolution, se continuait avec acharnement, et les républicains eux-mêmes, aujourd'hui vaincus, adoptaient la mesure dix fois projetée et dix fois délaissée, de transporter à Bourges, c'est-à-dire hors de Paris, le gouvernement de la France confisqué par la capitale.

La Convention répondit immédiatement par deux décrets bruyamment votés ; le premier cassait l'arrêté du département de l'Eure et mettait en accusation les citoyens du Calvados qui avaient mis en arrestation les deux commissaires; ces mesures qui, par elles-mêmes, et à elles

(1) Thiers, *Histoire de la Révolution française*, t. IV.

seules, étaient parfaitement insignifiantes, si le département en question osait résister, eurent cependant un effet véritable sur ces populations qui chérissent avant tout la paix, qui sont habituées, aussi bien par intérêt que par tempérament, à voter pour le gouvernement établi, quel qu'il soit d'ailleurs, et pour lesquelles l'idée d'une querelle avec le pouvoir est fort effarouchante. Cependant les Normands, excités par la présence des députés girondins qui avaient réussi à quitter Paris, maintinrent à Caen le siége du comité central. Les départements de la Bretagne, d'abord confédérés à Rennes, sentirent le besoin d'un centre d'action unique, et envoyèrent aussi leurs députés dans la même ville.

Là, ils se constituèrent en *Comité central de résistance à l'oppression,* promettant de maintenir l'égalité, l'unité, l'indivisibilité de la République, mais jurant haine aux anarchistes, et s'engageant à n'employer leurs pouvoirs que pour assurer le respect des personnes, des propriétés et de la souveraineté du peuple. Après s'être ainsi constitués, ils décident qu'il sera fourni, par chaque département, des contingents destinés à composer une force armée, suffisante pour aller à Paris rétablir la représentation nationale dans son intégrité. Félix Wimpfen est nommé commandant de l'armée départementale. Il accepte, et se revêt aussitôt du titre qu'il vient de recevoir. Mandé à Paris par le ministre de la guerre, il répond qu'il n'y a qu'un moyen de faire la paix, c'est de révoquer tous les décrets rendus depuis le 31 mai; qu'à ce prix les départements fraterniseront avec la capitale, mais que, dans le cas contraire, il ne peut aller à Paris qu'à la tête de 60,000 Normands.

Vers le milieu de juillet on apprit à Caen que les troupes de la Convention s'avançaient en nombre, Wimpfen fit porter son avant-garde à Vernon, et Puisaye, son lieutenant, se porta à Sacy : ce fut là qu'on rencontra les têtes de colonne de l'armée parisienne et qu'après quelques engagements qui paraissaient favorables aux paysans, le gros de l'armée, appuyé par du canon, se mit en bataille et balaya sans grande peine ce ramassis de braves gens, mal armés, dépourvus d'artillerie, qu'une pitié et une indignation commune avaient rassemblés, mais qui étaient dépourvus de toute discipline et de toute instruction militaire.

Le résultat de cette levée de boucliers fut ce qu'il devait être, et ce qu'il sera toujours tant que Paris disposera de toutes les forces gouvernementales; habitué à tout faire et à tout oser, disposant en outre de la force armée, il a pour lui et pour lui seul les deux forces les plus puissantes dont puisse disposer un pouvoir : la force révolutionnaire et la force armée. Les généraux avaient mis leurs soldats en campagne; Danton s'était servi avec son audace accoutumée du levier révolutionnaire; le jour où les nouvelles de l'intérieur et de l'extérieur arrivaient à la Convention, si graves et si nombreuses; il s'écria : « C'est « au moment d'une grande production « que les corps politiques comme les corps « physiques paraissent toujours menacés « d'une destruction prochaine. Eh bien, la « foudre gronde et c'est au milieu de ses « éclats que le grand œuvre qui établira le « bonheur de vingt-quatre millions d'hom- « mes sera produit. »

Puis il demanda que sous les 24 heures tous les départements qui s'étaient soulevés se rétractassent sous peine d'être mis hors la loi; la Convention faisant droit aux colères de son tribun préféré déclara qu'au

31 mai et au 2 juin le peuple de Paris en s'insurgeant avait bien mérité de la Patrie; que les députés arrêtés seraient jugés sans retard, que les absents sans autorisation seraient déchus et remplacés par leurs suppléants; que les autorités départementales ou municipales ne pourraient se déplacer, qu'elles ne pourraient correspondre entre elles, et que leurs commissaires devaient être arrêtés.

Il n'en fallait pas tant pour faire réfléchir ces campagnards honnêtes et paisibles que le malheur des temps obligeait à devenir émeutiers et qui ne se sont jamais sentis aucune aptitude pour ce rôle essentiellement urbain.

Un même sort attendait toutes les populations rurales du centre de la France, de la Bourgogne et des départements situés entre Lyon et Bordeaux. Les mêmes causes amenèrent partout les mêmes effets et tout ce brave monde se courba de nouveau, docile et presque repentant, sous la hache parisienne.

La besogne fut plus longue et plus difficile dans les grands centres comme Lyon, Bordeaux et Marseille. Là les forces révolutionnaires et réactionnaires étaient également considérables et la lutte fut plus acharnée.

En se rappelant la terrible histoire de Lyon on aura une idée de ces multiples tragédies.

Lyon avait comme Paris sa Commune, qui, avec ses clubs, dominait la population conservatrice. Celle-ci s'était réfugiée dans les sections et frémissait de colère et de honte à la nouvelle des ravages causés par la tyrannie parisienne; dans cette grande ville, les passions étaient vivement surexcitées de part et d'autre, et les terribles commissaires de la Convention n'avaient pas qu'à paraître pour être obéis; dans ces milieux pressés, où chaque citoyen a mille moyens de s'instruire, de se tenir au courant des opinions dominantes du jour, de discuter avec ses semblables, de s'emporter contre eux, la lutte est bientôt inévitable, et, de même que les corps physiques vivement frottés les uns contre les autres amènent le feu, de même les esprits se heurtant sans cesse s'enflamment et propagent l'incendie tout autour d'eux.

La bataille commença (mai 1793) un jour où la municipalité, pour se conformer aux ordres de Paris, ordonna une levée de

6,000 hommes et de 6 millions, prescrivit le désarmement des suspects, et l'institution d'un tribunal révolutionnaire ; les honnêtes gens se sentirent gravement menacés et se levèrent en masse pour résister.

Les sections s'étaient déclarées en permanence, et, le 29 mai, on en était venu aux mains ; victorieuses après un combat sanglant où plusieurs centaines de citoyens restèrent sur le carreau, elles prirent l'hôtel de ville et l'arsenal, destituèrent la municipalité, fermèrent le club des jacobins et nommèrent des députés pour se concerter avec Marseille, Bordeaux et Caen. La Convention irritée envoya un de ses membres (Robert Lindet) à Lyon, mais sa présence ne produisit pas, comme elle l'aurait fait sur les populations campagnardes, un effet terrifiant ; les révoltés prêtèrent le serment fédéraliste connu : *Unité, indivisibilité de la République, haine aux anarchistes et représentation nationale tout entière;* on n'envoya pas à Paris les patriotes arrêtés, on continua au contraire les poursuites commencées contre eux, l'on décréta enfin l'organisation d'une force armée capable de tenir tête aux troupes de la Convention.

Celle-ci, continuant son rôle à outrance, ne voulut entendre à aucune composition et donna l'ordre à l'armée des Alpes de marcher sur la cité rebelle.

Deux citoyens courageux, Rambaud et Précy, dirigeaient la population de Lyon, et les historiens qui croient être impartiaux en ne blâmant que les excès des excès, en ne s'indignant que du grand nombre de victimes sacrifiées, de manière à faire croire que si ces victimes avaient été moins nombreuses les bourreaux auraient eu toutes leurs sympathies, ces historiens ont reproché à ces deux champions du droit, de la justice et de la pitié également outragés, d'avoir amené sur leur cité, par leur résistance impolitique, les désastres qu'elle subit quelques mois plus tard ; c'est toujours la même querelle que l'on fit aux girondins : on les chassait, on les emprisonnait, on les tuait, au mépris de la souveraineté populaire, bafouée en leur personne, et on leur reprochait leur *maladresse*.

Rambaud et Précy firent donc ce que tous les honnêtes gens auraient fait à leur place ; et parce que, dans un combat avec des bêtes fauves, il se peut qu'on soit dévoré, ce n'est pas une raison pour se laisser déchirer sans résistance.

Le siége de Lyon fut enfin décidé et le sort de cette grande ville dépendit des hasards d'une véritable bataille ; c'était Dubois-Crancé qui conduisait l'opération avec 5 à 6,000 hommes de troupes régulières et avec un nombre à peu près égal de conscrits. Ne se trouvant pas de ressources suffisantes pour réduire une place aussi forte, il se borna pendant un mois à la serrer de près, à l'affamer et à l'incendier ; enfin le 27 septembre, l'assaut fut donné; il se continua avec des chances diverses pendant quelques jours, et le 7 octobre, les premières colonnes républicaines pénétrèrent dans les faubourgs.

Couthon, qui était venu au secours de Dubois-Crancé, prit, aussitôt qu'il fut entré, les mesures que lui prescrivait *sa verve révolutionnaire* ; il institua d'abord une commission populaire pour juger militairement les rebelles et écrivit à Paris son triomphe et sa gloire ; il distinguait, à Lyon : 1° les riches coupables; 2° les riches égoïstes ; 3° les ouvriers ignorants.

Pour les premiers, il demandait la guillotine et la destruction de leurs maisons ;

aux seconds, il fallait prendre toute leur fortune ; quant aux troisièmes, on devait les exiler et les remplacer par une colonie républicaine.

La Convention répondit par son célèbre décret : *Art.* 1ᵉʳ. — Il sera nommé par la Convention nationale, sur la présentation du Comité du salut public, une commission de cinq représentants du peuple qui se transporteront à Lyon sans délai, pour faire saisir et juger militairement tous les contre-révolutionnaires qui ont pris les armes dans cette ville.

Art. 2. — Tous les Lyonnais seront désarmés ; les armes seront données à ceux qui seront reconnus n'avoir point trempé dans la révolte et aux défenseurs de la patrie.

Art. 3. — La ville de Lyon sera détruite.

Art. 4. Il ne sera conservé que la maison du pauvre, les manufactures, les ateliers des arts, les hôpitaux, les monuments publics, et ceux de l'instruction.

Art. 5. — Cette ville cessera de s'appeler Lyon, elle s'appellera *Commune affranchie*. Sur les débris de Lyon sera élevé un monument où seront lus ces mots : Lyon fit la guerre à la liberté ; Lyon n'est plus !

La liberté! quelle dérision! *la liberté* représentée par la Convention! Comme si cette assemblée n'avait pas exercé, pendant toute sa carrière, la tyrannie la plus abominable dont les hommes aient gardé le souvenir!

Les représentants du peuple arrivèrent et donnèrent le premier coup de marteau sur une des maisons des condamnés : on guillotinait et on fusillait cinquante à soixante hommes par jour, puis comme on trouvait que la répression n'allait pas assez vite, on imagina de faire sauter les maisons avec la mine et de mitrailler avec du canon les *rebelles* désarmés.

Au surplus, Collot-d'Herbois ayant à faire son rapport à la Convention se vanta plutôt qu'il ne s'excusa de ses *exploits*. « Les lyonnais, dit-il, étaient vaincus, mais
« ils disaient hautement qu'ils prendraient
« leur revanche. Il fallait frapper de ter-
« reur les rebelles encore insoumis, et avec
« eux ceux qui voudraient les imiter; il
« fallait un exemple prompt et terrible.
« L'instrument ordinaire de mort n'agis-
« sait point assez vite, le marteau ne dé-
« molissait que lentement; la mitraille a
« détruit les hommes, la mine a détruit les

« édifices ; ceux qui sont morts avaient
« tous trempé leurs mains dans le sang
« des patriotes ; une commission populaire
« les choisissait *d'un coup d'œil prompt et
« sûr* dans la foule des prisonniers et l'on
« n'a lieu de regretter aucun de ceux qui
« ont été frappés. »

Dans les grandes villes, comme on le voit par l'exemple de Lyon, la défaite arriva, comme elle était arrivée pour les populations rurales ; la victoire des conventionnels fut plus chèrement achetée, parce que les moyens de résistance étaient plus grands, mais elle était encore inévitable. Que peut, en effet, une ville isolée, contre l'effort militaire de tout un pays ? Que peuvent des troupes mal armées, réunies à la hâte, sans liens, sans discipline, contre des troupes aguerries ? Que peuvent, enfin, de paisibles bourgeois, pleins de scrupules honorables, se levant au nom du droit menacé ou violé et n'osant à leur tour ni le violer ni même le menacer ; que peuvent ces innocents révoltés contre des agents révolutionnaires, qui ont l'habitude de tout oser, auxquels les violences les plus atroces paraissent permises puisqu'elles leur sont ordonnées par le gouvernement lui-même, et qu'elles s'abritent derrière ce drapeau menteur qu'on appelle le salut public ?

Que de moyens d'action d'un côté, que de causes d'inaction de l'autre !

CHAPITRE XII

Révolte de l'esprit religieux contre l'impiété parisienne.

Les masses urbaines pas plus que les masses campagnardes n'avaient pu résister au gouvernement parisien ; mais il existait un coin de la France où les pensées et les pratiques religieuses étaient plus en honneur que sur tout autre point du territoire. La Vendée résista longtemps aux troupes les mieux aguerries et, pendant que des millions d'êtres humains consternés se résignaient, après avoir essayé une lutte inutile, parce qu'elle était disproportionnée, des campagnards se battant pour leur foi firent trembler souvent la République et les républicains.

Les guerres de religion sont, entre toutes celles que les hommes se font, les plus atroces, les plus acharnées ; mais dans les champs de la Bretagne et de la Vendée on ne rencontrait pas deux religions différentes ; d'un côté, c'était bien le sentiment religieux qui armait les paysans; mais de l'autre, il n'y avait que la passion politique; malgré cette différence qui était toute en faveur de ces paysans et qui semblait devoir leur assurer la victoire, ils furent vaincus.

Il semble que, dans les secrets desseins de la Providence, cette défaite mémorable ait eu pour but de démontrer aux hommes combien est terrible leur imprévoyance, quand ils abandonnent le gouvernement tout entier aux mains enfiévrées et sans scrupules de la population d'une grande ville.

Ce sera un éternel honneur, pour cette race privilégiée, d'avoir résisté aux agents de la tyrannie parisienne; non pas que leur conduite fût *politique*, car tous les politiques de profession auraient pu prédire à coup sûr la fin de cette lamentable *révolte* et déconseiller de l'entreprendre, puisqu'elle devait succomber; mais la politique entendue ainsi est étroite et méconnaît les droits de la conscience : il est bon pour l'homme, quand même il doit être vaincu, de faire entendre sur le champ de bataille sa voix fière et libre, il est nécessaire qu'il n'accepte pas trop tôt la honte et l'humiliation qu'on veut lui faire subir, il est sain et rassurant, pour un peuple, de n'avoir pas docilement accepté la persécution et le meurtre de ses prêtres, le pillage et l'incendie de ses autels.

Quand, depuis des siècles, des populations nombreuses ont coutume de se faire assister, dans tous les actes de leur vie et jusqu'au jour de leur mort, par des hommes qu'ils regardent comme les ministres de Dieu, ces prêtres sont à leurs yeux devenus des saints ; on ne peut toucher à leur personne sans impiété, et si on les poursuit et qu'on les tue, ce sont des martyrs qu'on veut venger et qu'on venge en risquant sa vie ; pour l'homme religieux toutes les pratiques habituelles du culte sont sacrées. C'est devant l'autel que le paysan encore enfant a fait sa première communion et qu'il s'est revêtu pour la première fois de beaux habits neufs ; c'est là qu'a été bénite son union avec la belle fille qui est devenue sa femme; c'est là que les petits ont été baptisés et que l'*ancien* a passé avant de dormir au cimetière.

Le paysan ne pleure qu'à l'église;

Le peuple n'a qu'une poésie, c'est la religion.

Sans doute ces braves gens n'ont pas été vainqueurs, mais qui pourrait vouloir que cette lutte n'ait pas eu lieu? Tout n'est pas dans le succès. Pourquoi, avec une conscience de juste milieu et un tempérament moyen, blâmer ces cris héroïques qui sont la manifestation de l'âme même d'un peuple? Il y aura toujours assez de prudents et de casuistes dans ce monde, et n'est-il pas plus heureux, pour nous autres Français, de recueillir dans l'histoire cette protestation magnifique que d'y trouver la triste preuve d'une servilité toute *politique* ?

Il n'y a aucune nécessité d'épouser les querelles des Vendéens et d'être de leur couleur pour les admirer; on peut être juste pour eux sans cesser de l'être pour Marceau, Kléber et Hoche qu'ils eurent pour adversaires. Mais ces chouans ont prouvé qu'il n'y avait pas à cette époque que des républicains tyranniques et des brutes pour les servir. La foi de millions d'hommes avait été attaquée brutalement, c'eût été une honte si elle n'avait pas été défendue. En quoi donc l'homme serait-il différent d'un vil animal s'il ne prenait les armes que pour la satisfaction de son estomac !

Les historiens qui trouvent nos grands Vendéens des gens *peu pratiques* oublient trop facilement qu'il y a, en présence de chaque événement, deux politiques à suivre : celle qui amène un petit résultat immédiat, et celle, plus haute, qui vise des résultats lointains mais durables. L'échafaud de Carrier à Nantes et ses bateaux défoncés, la guerre d'extermination de Rossignol et de Ronsin, dans les champs de la Vendée, ont maîtrisé *la révolte*; mais Hoche vint et il fallut rentrer dans les voies de la conciliation et de la civilisation. Est-ce que la Révolution — celle de la France et non celle de Paris — avait demandé qu'on renversât le Roi et les autels ? Les gars qui se battaient pour la monarchie et pour la liberté du culte étaient assurément plus rapprochés des sentiments de l'immense majorité de leurs concitoyens que ne l'étaient les républicains.

Cette guerre de la Vendée n'était pas

terminée que Thermidor vint montrer le néant de toutes ces folies sanglantes; on remonta peu à peu la pente révolutionnaire sur laquelle on s'était laissé rouler et on envoya à l'échafaud tous ceux qui l'avaient dressé et maintenu. Pourquoi livrer le sort de la France à Danton, si le lendemain on fait monter Danton sur l'échafaud? Pourquoi couronner Robespierre, si sa sanglante couronne devait être éphémère? La vérité historique prouve que ces révolutionnaires ne représentaient aucun des principes de la Révolution, qu'ils ont été des obstacles et non des auxiliaires pour elle; toute leur œuvre philosophique et législative a disparu sans retour et leur politique a été celle du jour même, sans prévoyance et sans but; ils avaient accumulé de formidables obstacles, et ils ont demandé à la France de les renverser, voilà tout leur rôle. La France s'est bien battue contre la coalition, mais il eût été plus sage de ne pas donner à cette coalition d'excellentes raisons pour se former et de ne pas ameuter contre la Révolution un siècle, peut-être deux siècles, de haines et de préventions; il eût été plus humain et plus politique de ne pas salir son berceau non pas avec un *sang impur*, mais avec le sang de fort honnêtes gens!

Pour deviner le point faible des Vendéens et trouver la cause de leur défaite, il faut rappeler en quelques mots les événements qui se déroulèrent dans ce poétique pays.

Dès le 10 mai 1792, les *insurgés* de la Vendée avaient déjà pris Loudun et Montreuil et touchaient à la Loire. Enhardis par ce début, Lescure et la Rochejacquelein se portent sur Fontenay; d'abord repoussés ils reparaissent au nombre de 15 à 20,000 et, malgré Marceau, s'emparent de cette ville où ils trouvent de nombreuses ressources pour continuer la guerre; puis, suivant la coutume, ces héros en sabots retournent à leurs champs se donnant rendez-vous pour le 1er juin. Dans la basse Vendée où régnait Charette, les succès avaient été balancés et les paysans avaient aussi regagné leurs chaumières.

Pendant ce temps de repos nécessaire, puisque ces soldats improvisés devaient veiller aux soins de leurs moissons, les républicains n'étaient pas inactifs et organisaient sans relâche leurs bataillons qui laissaient, il est vrai, beaucoup à désirer.

Le général Biron commandait à Saumur, Niort et les Sables ; Canelaux à Angers et à Nantes, et Wimpfen sur les côtes de Cherbourg. Le plan arrêté entre les généraux et les commissaires de la Convention consistait à former quatre colonnes de 10,000 homme chacune et à les faire converger de la circonférence vers un centre commun. Les quatre points de départ étaient : les Ponts-de-Cé, Saumur, Chinon et Niort.

Les Vendéens, fidèles au rendez-vous donné, s'étaient réunis le 1er juin et résolurent de prendre Saumur. Après avoir occupé Doué le 7, ils étaient le 9 devant cette grande ville qu'ils prirent après plusieurs combats, et malgré la résistance de Berthier. Les Vendéens venaient ainsi de se rendre maîtres du cours de la Loire et pouvaient marcher aussi bien sur Nantes que sur Paris ; c'était l'avis de Bonchamps de courir sur la capitale et c'était là, en effet, l'objectif sérieux et le seul vrai de tous les efforts demandés à ces campagnards. Comme les Normands, comme les Bordelais, comme les Picards, comme les Lyonnais, comme les Girondins, les Vendéens devaient marcher droit à l'ennemi, et l'ennemi pour eux comme pour la France, c'était Paris ; mais on rencontrait devant ce projet les objections les plus sérieuses qui tenaient au caractère même de cette guerre : les Vendéens ne voulaient et ne pouvaient se battre que chez eux, essayer de transporter 40,000 hommes jusqu'à la capitale était une entreprise impossible. Eût-on voulu d'ailleurs tenter cette expérience périlleuse, qu'on aurait été arrêté par le défaut de ressources matérielles destinées à faire vivre une armée aussi nombreuse ; en guerroyant dans le pays on trouvait partout le nécessaire, et d'ailleurs, la guerre elle-même n'étant qu'un coup de main suivi de repos, il n'était pas indispensable d'avoir de grands approvisionnements. *Les insurgés* de Bretagne et de Vendée, s'ils avaient pour eux les défenses naturelles de leur pays et l'ardeur religieuse qui les enflammait, avaient aussi contre eux ces habitudes sédentaires qui permirent aux troupes républicaines de venir à bout de leurs adversaires.

Charette, maître de la basse Vendée, avait promis son concours pour marcher sur Nantes et il s'engageait à attaquer cette ville par la rive gauche de la Loire, tandis que ses compagnons, de Saumur fileraient par la rive droite jusqu'à Angers, et de là vers le but commun. L'armée de Saumur, qui venait de se donner pour chef Cathelineau, était déjà fort diminuée, parce que bien des paysans redoutaient une entreprise d'une longue durée, mais elle comptait encore près de 30,000 hommes. Ayant quitté Angers le 27, cette petite armée se trouva devant Nantes le 28, et le 29, l'assaut fut résolu ; Charette donna, Cathelineau fit son devoir et fut tué ; mais après dix-huit heures de combat, les républicains conduits par Canclaux restèrent maîtres de la place.

Après cet exploit, les républicains dédaignèrent les précautions les plus élémentaires à la guerre, et Westermann, qui commandait une petite armée de 5 à 6,000 hommes bien disciplinés, ce qui était rare à cette époque, voulut, par une pointe audacieuse, enlever Châtillon, qui était au cœur même du pays insurgé. Sa témérité fut rudement châtiée, et les bataillons d'Orléans, partis de Tours pour réparer cette défaite, éprouvèrent le même sort, de sorte qu'à la fin de juillet les Vendéens étaient maitres de toute la surface de leur pays.

Ces succès exaspèrent la Convention, et comme les mesures militaires ne paraissaient pas amener de grands succès, on se résolut, suivant l'habitude, à la guerre de sauvages, c'est-à-dire à une application nouvelle de la terreur.

Le 1ᵉʳ août 1793 parut un décret qui mit hors la loi les Bourbons, les étrangers et la Vendée tout entière. Le ministre de la guerre reçut l'ordre d'envoyer dans les dépôts des matières combustibles pour incendier le pays. « Les forêts seront abattues, les repaires des rebelles seront détruits, les récoltes seront coupées par des compagnies d'ouvriers, les bestiaux seront saisis et le tout transporté hors du pays, les vieillards, les femmes, les enfants seront conduits hors de la contrée, et il sera pourvu à leur subsistance avec les égards dus à l'humanité. »

On se demande ce que vient faire l'humanité dans un pareil décret, et si en massacrant le chef de la famille, en détruisant sa propriété et son gagne-pain, on restait suffisamment humain pour ces femmes, ces vieillards, ces enfants, à la subsistance desquels on s'engageait à pourvoir ? Cette contradiction ne mériterait pas d'être relevée si elle était isolée, mais il est remarquable que plus les temps sont troublés, plus les hommes aiment à s'entourer d'images souriantes ; plus ils se déchirent, plus souvent ils rendent un hommage hypocrite à l'humanité. Quand on feuillète le *Moniteur* de l'époque, on voit accolé à la troisième page deux paragraphes qui, au premier aspect, semblent peu faits pour être réunis. Le premier, c'est la liste des exécutions quotidiennes ; le second, c'est l'annonce des pièces de théâtres du jour ; on ne joue plus de tragédies, les hommes en sont rassasiés, on ne lit sur l'affiche que des œuvres sentimentales, des berquinades, des marivaudages, où dominent des pensers aimables, purs, et même un peu enfantins. Ce contraste est de tous les temps, et Mme Sand a écrit ses romans champêtres en plein 1848.

Rossignol et Ronsin, les agents du gouvernement, choisis pour exécuter cette horrible besogne, se montrèrent dignes de leur mission.

Les Vendéens, de leur côté, avaient fait de grands préparatifs ; d'Elbée, la Rocheacquelein, Lescure et Charette, parvinrent à réunir 40,000 hommes et le 14 août se décidèrent à attaquer, aux environs de Luçon, le général Juncq, qui n'avait guère plus de 6,000 hommes ; les chouans, mal dirigés et foudroyés par une artillerie supérieure, perdirent pied, se sauvèrent et abandonnèrent une grande partie de leurs armes.

La différence de forces entre l'insurrection et le gouvernement s'accusait cette fois avec une rigueur qui mit la joie au cœur des républicains et la consternation dans l'âme de leurs adversaires.

Cependant, la Révolution commençait à avoir des généraux capables, et parmi eux, l'un des plus illustres était assurément Kléber, qui arrivait sur ce champ de bataille de la Vendée à la tête des célèbres Mayençais. Ce n'est pas sans peine que ce guerrier vint à bout des résistances de Roussin et de Rossignol ; mais le temps des généraux improvisés, courageux et ignorants, commençait à passer ; on sentait le besoin impérieux de chefs expérimentés et Kléber fut maintenu.

Le 6 octobre, ce dernier rencontre à Saint-Symphorien avec 4,000 hommes l'armée de Bonchamps et de d'Elbée, et la met en déroute après un combat sanglant ;

quant aux colonnes de Saumur et de Thouars, elles marchaient sur Bressuire. Les troupes républicaines voyant ce mouvement se décidèrent à se réunir à Bressuire même pour y déjouer le plan ennemi ; une première rencontre eut lieu entre les colonnes en marche, et Lescure fut battu et tué.

Le 14 octobre, au matin, les deux armées ennemies étaient toutes entières réunies aux environs de Cholet. Les Vendéens, qui l'occupaient, l'évacuèrent pour se retirer sur Beaupréau ; Kléber y entre aussitôt et défend le pillage sous peine de mort ; la colonne commandée par Marceau venait de prendre Mortagne et avait également ordonné à ses troupes d'éviter tout excès. Le décret de la Convention n'était pas exécuté par ces deux excellents généraux, c'était une nouveauté heureuse, qui devait avoir encore, à quelques jours de là, une heureuse contre-partie.

La bataille étant résolue (15 octobre), les Vendéens s'avancent dans la plaine, et les républicains, accablés par le nombre, commencent à plier. Kléber ramène au combat ses bataillons hésitants et à son tour repousse l'ennemi. Au centre, les *insurgés* font contre Marceau un mouvement hardi et couronné de succès, Kléber recommence alors sa tentative du matin, et bientôt tous ces paysans braves, mais sans discipline, capables d'un coup de main rapide, mais décontenancés par l'opiniâtreté des troupes aguerries et sachant se reformer après un insuccès, cèdent, lâchent pied partout et la déroute commence. D'Elbée et Bonchamps sont tués; la Rochejacquelein, qui ne s'était pas plus ménagé que ses camarades, restait seul; ce grand et décisif combat n'avait duré que quatre heures.

Au milieu des tristesses que ressent l'histoire devant de pareils spectacles, elle est heureuse d'avoir à enregistrer une belle et grande action.

Bonchamps, lui aussi, avait été mortellement blessé; son armée en fuite trainait après elle quatre mille prisonniers républicains qu'on allait fusiller. Bonchamps avant d'expirer avait sollicité et obtenu leur grâce; rendus à la liberté et à la vie, ces prisonniers firent retentir l'air des cris mille fois répétés et singulièrement associés de : *Vive la République, vive Bonchamps!* C'était la réponse à la modération de Kléber et de Marceau, et la preuve que si le mal engendre le mal, le bien appelle le bien.

Les restes de l'armée vendéenne passèrent sur la rive droite de la Loire, et les commissaires de la Convention, enthousiasmés, annoncèrent à Paris que la Vendée était détruite. Cependant ces masses nombreuses en se portant sur la Bretagne, qui était mal défendue par les troupes républicaines, n'eurent pas de peine à s'emparer de villes à peine protégées par quelques bataillons de garde nationale : Condé, Château-Gontier et Laval tombèrent successivement en leur pouvoir. Les républicains se mirent à leur poursuite et, enivrés par leurs récents succès, attaquèrent imprudemment Laval, avec des troupes exténuées de fatigue. Ils furent repoussés après un combat très-sanglant.

Il fallait à toute force réparer cet échec, mais la Convention avait placé au-dessus de Kléber un certain Léchelle, général aussi lâche qu'imbécile, et qui n'avait pour toute tactique et pour toute réponse aux objections, que cette phrase stupide : *Il faut marcher majestueusement et en masse.* Cet imbécile avait ordinairement la prudence de laisser agir ses lieutenants, mais ce jour-là il voulut se montrer et obligea tout le monde à adopter le plan le plus capable de faire battre ses troupes : les républicains furent en effet battus à plate couture et Léchelle devança les fuyards de toute la vitesse de son cheval.

Kléber, délivré de son prétendu supérieur, alla reformer à Angers ses troupes harassées ; quant aux Vendéens, ils ne savaient que faire de leur victoire. Iraient-ils en Normandie, ou en Bretagne ? Il y avait de grands avantages à recueillir de l'une ou de l'autre de ces résolutions, mais le désordre était si grand dans ces masses dont presque tous les chefs avaient été tués, les ordres étaient si difficilement exécutés par ces rassemblements d'hommes ressemblant beaucoup plus à un peuple qui émigre qu'à une armée régulière, que l'on passa près d'un mois dans l'inaction : preuve nouvelle et surabondante de l'infériorité absolue et inévitable de ces insurgés, auxquels la victoire elle-même n'apportait aucun profit.

Cependant ils se décident à marcher sur Fougères, dans l'intention d'attaquer et de prendre Granville ; arrivés devant cette ville, ils firent ce qu'ils ne manquaient jamais de faire, ils se précipitèrent sur les fortifications avec un courage héroïque; ces ouvrages, bien que peu forts par eux-mêmes, mais défendus par du canon, eurent bientôt raison d'eux, et ils se retirèrent à Avranches. Là, les gars demandèrent à retourner chez eux, et la Rochejacquelein ne parvint pas à les retenir; à peine resta-t-il 2,000 hommes à ses côtés.

Ces masses d'hommes armés, bien qu'en déroute, étaient encore redoutables, et Kléber se mit à leur poursuite pour les achever; les mauvais plans des commissaires et de Rossignol amenèrent encore quelques fâcheuses rencontres pour les républicains, et les Vendéens, sinon vainqueurs, furent enfin libres de rentrer chez eux.

Mais ils étaient dans une bien triste situation, et arrivés devant Angers qu'il leur fallait emporter pour regagner leurs foyers, ils subirent le sort qu'ils avaient eu à Granville.

Alors ne sachant plus sur quel point se diriger pour traverser la Loire, ils se débandent tout à fait; une grande partie d'entre eux s'enferment au Mans, qui est pris par Marceau après une lutte opiniâtre ; une autre colonne de ces malheureux courant jusqu'à Savenay y est exterminée par les troupes envoyées à sa poursuite.

De ce jour, la guerre de la Vendée peut être regardée comme finie ; Kléber et Marceau rentrèrent triomphants à Nantes, (22 décembre 1793).

CHAPITRE XIII

Les Vendéens vaincus et leur cause triomphante.

Près d'un an se passa avant que ces adversaires intraitables de la République eussent la possibilité ou le goût de recommencer la guerre qui ne pouvait plus d'ailleurs être qu'une affaire de partisans.

La Convention, mieux inspirée (on était alors sorti des griffes sanglantes des tyrans parisiens), envoya pour pacifier le pays l'homme qui assurément était le plus capable de venir à bout de cette campagne d'un nouveau genre. Hoche possédait, avec tous les talents d'un guerrier, tous les instincts supérieurs de l'homme d'Etat; il suffit de parcourir les lettres qu'il adressa soit à des officiers, soit à la Convention, pour être assuré qu'il mérite cet éloge. « Il faut, disait-il, ne mettre à la tête de nos colonnes que des hommes disciplinés qui puissent se montrer aussi vaillants que modérés, et être des médiateurs autant que des soldats..... Ne perdons jamais de vue que la politique doit avoir beaucoup de part à cette guerre; employons tour à tour l'humanité, la vertu, la probité, la force, la ruse, et toujours la dignité qui convient à des républicains..... Il faut des prêtres à ces paysans, laissons-les-leur puisqu'ils en veulent. Beaucoup ont souffert et soupirent après leur retour à la vie agricole; qu'on leur donne quelques secours pour réparer leurs fermes. Quant à ceux qui ont pris l'habitude de la guerre, les rejeter dans leur pays est impossible, ils se troubleraient par leur oisiveté et leur inquiétude. Il faut en former des légions et les enrôler dans les armées de la République, ils feront d'excellents soldats d'avant-garde, et leur haine de la coalition qui ne les a pas secourus nous garantit leur fidélité. D'ailleurs, que leur importe la cause, c'est la guerre qu'il leur faut. »

Ces sages et profondes instructions concordaient d'ailleurs avec les prescriptions nouvelles du gouvernement, prescriptions qui consacraient la liberté des cultes, la sécurité et la protection des églises, l'élargissement des prêtres, et la punition des guillotineurs assermentés.

Dans une instruction d'avril 1795, Hoche disait encore : « Quant aux habitants, il faut se servir auprès d'eux des prêtres, et donner quelques secours aux plus indigents. Si l'on parvient à répandre la confiance par le moyen des prêtres, la chouannerie tombera sur-le-champ... Répandez la loi salutaire que la Convention vient de rendre sur la liberté des cultes; prêchez vous-même la tolérance religieuse; les prêtres, certains qu'on ne les troublera plus dans l'exercice de leur ministère, deviendront vos amis, ne fût-ce que pour être tranquilles; leur caractère les porte à la paix; voyez-les, dites-leur que la continuation de la guerre les exposera de nouveau à être chagrinés, non pas par les républicains qui respectent les opinions religieuses, mais par les chouans qui ne respectent ni Dieu, ni loi, et veulent dominer et piller sans cesse..... Parmi ces prêtres il y en a de pauvres, ne négligez pas de leur offrir quelques secours, mais sans ostentation et avec toute la délicatesse dont vous êtes capables... Vous sentez que pour parvenir à notre but, il faut de la douceur, de l'aménité, de la franchise; engagez quelques officiers et soldats à assister respectueusement à quelques-unes de leurs cérémonies, en ayant grand soin de ne jamais les troubler. La Patrie attend de vous le plus grand dévouement, tous les moyens sont bons pour la servir lorsqu'ils s'accordent avec les lois, l'honneur et la dignité républicaine. »

En relisant ces belles pages, l'esprit compare le but que poursuivait les terroristes et celui auquel on arrivait; il était donc vrai qu'il ne fallait détruire ni la religion ni ses ministres; qu'il était absurbe de piller les autels et de braver les sentiments profondément respectables de plusieurs millions d'hommes; à quoi bon toutes les violences ordonnées par Paris, si la Révolution elle-même s'arrêtait à l'égalité de tous les citoyens et proclamait comme nécessaire la conciliation, la clémence et de bons procédés envers le clergé ?

On sait comment finit cette horrible guerre civile de la Vendée. On se rappelle les émouvantes péripéties de l'expédition de Quiberon, et les reproches fort immérités adressés par certains historiens à ces révoltés d'essence divine qui ont combattu pour leur foi, aussi vaillamment pour le moins que les croisés leurs ancêtres. Les Turcs ne s'étaient pas montrés plus ennemis de la religion catholique que ne le furent les inventeurs de la déesse Raison et les coupe-têtes du Comité de salut public.

Le grand grief fait aux Vendéens et aux Bretons, c'est de s'être mis dans le cas, s'ils avaient été vainqueurs, d'amener l'étranger sur le territoire français.

Sans doute, une victoire complète en Vendée eût pu ramener en France un grand nombre d'émigrés aidés par quelques vaisseaux anglais ; c'eût été un malheur.

Mais est-ce que les Normands, quand ils se proposaient, sur les ordres de Wimpfen, de marcher sur Paris, n'ouvraient pas la frontière aux Prussiens et aux Autrichiens, s'ils avaient réussi dans leur entreprise ? Est-ce que les girondins et le Midi soulevé ne donnaient pas des chances aux Espagnols en armes de pénétrer dans le Roussillon ? Est-ce que l'attitude de Marseille ne permit pas la prise de Toulon par les Anglais ? Est-ce que la défense heureuse de Lyon contre les généraux de la Convention n'aurait pas amené l'entrée en France des bataillons savoisiens ?

Oui, incontestablement c'eût été un malheur que l'étranger pénétrât chez nous, mais il ne faut pas faire porter ce reproche sur les seuls Vendéens, car dans tout le pays, la révolte était générale ; c'est donc le pays entier qu'il faudrait accuser.

Or, ce n'est pas lui qui est coupable, ce sont ceux qui ont forcé les Français les plus partisans de la Révolution et même de la République à prendre les armes contre elle, ce sont ceux dont les crimes aussi atroces qu'inutiles ont révolté l'honneur et soulevé la pitié de tous les contemporains. Ceux-là seuls ont vraiment menacé la France de l'invasion étrangère qui ont efficacement favorisé toutes les réactions, qui ont inventé le *massacre*, réputé *fortifiant* pour le courage de nos braves soldats que l'on calomnie ainsi de la manière la plus sotte.

En définitive, qui était dans le vrai? Carrier à Nantes ou Hoche précédé de ses belles instructions? et si tout le monde fait la même réponse, à quoi bon commencer par Carrier?

Le Vendéen s'était levé pour défendre sa foi ; il avait été vaincu, mais sa cause était triomphante, et elle ne l'aurait pas été si personne n'avait pris les armes pour la défendre; c'est en présence et sous la dictée de l'héroïsme de ses adversaires que Hoche écrivait ses belles instructions, et c'est dans le souvenir qu'avait laissé cette lutte opiniâtre que Napoléon trouva la possibilité de relever les autels et de faire respecter la religion.

Mais il faut résumer les trois chapitres précédents qui se proposaient de démontrer la même vérité.

Nous avons dit en effet et prouvé que la révolte contre la tyrannie parisienne était impuissante soit que les populations révoltées fussent campagnardes, ou urbaines; les motifs de leur défaite sont aujourd'hui parfaitement visibles pour l'historien ; d'un côté le manque de cohésion, de discipline, de ressources matérielles, augmenté du vice originel de tous les conservateurs, qui se soulèvent parce que leur conscience est indignée, mais qui, par cela même, sont incapables d'employer pour vaincre les violences dont leur adversaire abuse sans aucun scrupule ; de l'autre côté toutes les facilités qui font défaut à ces honnêtes gens : argent, soldats aguerris, chefs entreprenants et soutenus par les forces dont dispose un gouvernement très-centralisé.

La lutte était donc fort inégale et elle se termina comme elle devait se terminer. Lorsque nos campagnards se levèrent au nom de leur foi menacée, ils ne furent pas plus heureux, bien que le noble sentiment dont leur âme était pénétrée leur donnât individuellement une grande supériorité sur le soldat qui ne se battait que pour la victoire d'un principe politique. Nous venons de voir que les Vendéens, aussi bien que les Bretons, attachés à leur sol, obligés de cultiver leurs terres pendant les courts instants que la guerre laissait libres, mal vêtus, imparfaitement nourris, obéissant à des chefs fort braves, mais qui ne s'entendaient pas entre eux, nous les avons vus capables d'un élan sublime, mais inhabiles à réparer un premier échec avec la constance du soldat de profession ; aussi bien en rase campagne que derrière leurs haies, soit qu'il s'agit de prendre une ville ou de l'attaquer, ils finirent toujours par être vaincus, et quand parfois ils obtenaient un décisif avantage, ils s'arrêtaient comme étonnés de leur victoire, ne sachant en profiter faute de plans stratégiques et de moyens de communication avec leurs camarades éloignés.

La conclusion des faits que nous venons de rappeler se tire d'elle-même : quand un mouvement politique quelconque agite notre pays, il faut se garder d'en laisser à Paris seul la direction, car l'espérance conçue par des esprits superficiels d'arracher le pouvoir à ce tyran, armé jusqu'aux dents, est absolument chimérique ; la France entière soulevée l'a essayé ; la révolte a été générale ; les villes, les campagnes, l'étendard de la foi, tout le monde a fait son devoir de chrétien et d'honnête homme ; et les chrétiens comme les honnêtes gens ont été vaincus.

CHAPITRE XIV

Les élections de Paris et celles de la France.

Depuis l'élection des membres de la Convention, la France n'avait été consultée sur aucun des actes révolutionnaires qui avaient eu pour but et pour effet de confisquer absolument son action politique.

La Convention, touchant à la fin de son existence, vota la seconde constitution qui devait, comme son aînée et toutes ses sœurs cadettes, faire le bonheur du pays ; elle consacrait la République, et portait remède à deux dangers dont on n'avait que trop souffert pendant ces dernières années.

Il avait été facile de voir les inconvénients capitaux d'une seule Assemblée, aussi on en créa deux : les *Cinq-Cents* et les *Anciens ;* ces derniers n'étaient que 250. Ces corps politiques étaient dominés ou, pour être plus exact, surmontés par un *directoire* exécutif composé de cinq membres.

On se souvint aussi de l'importance exagérée qu'avait eue Paris, des horribles cruautés qu'il avait ordonnées ou permises, et de cette incessante domination de la populace sur les législateurs ; on décida donc que *le pouvoir législatif désignerait lui-même sa résidence et pourrait se transporter dans la commune où il lui plairait* de siéger.

C'était là un article sage, écrit pour ainsi dire sous la dictée des événements, mais malheureusement encore fort incomplet.

C'était une liberté nécessaire pour nos corps politiques délibérants, mais, comme disent les mathématiciens, elle n'était pas suffisante. Décréter en effet qu'une Assemblée, normalement assise à Paris, aura la faculté de se transporter dans un coin quelconque de la France, c'est s'exposer à ce que cette Assemblée n'use jamais de la faculté qu'on lui donne ; à Paris, elle est la proie des Parisiens, qui s'arrangeront toujours pour ne pas la laisser échapper ; il faudrait de bien grands malheurs — que cette disposition a justement pour but d'éviter — pour que la translation pût être exécutée, et encore convient-il d'ajouter que

11

ce déménagement tardif ne peut avoir aucun des bons effets qu'on s'en promet. Pour qu'une révolution parisienne soit étouffée, la raison aussi bien que l'expérience veulent que le gouvernement puisse se réfugier dans un centre provincial entouré et protégé par les troupes, muni par avance de tous les moyens de communication utiles avec le pays, et pouvant servir de point d'appui à toutes les vaillances qui veulent continuer à être fidèles, et de refuge à ces âmes timides qui détestent et subissent toutes les révolutions, avec une égale apathie.

Cette Constitution de 1795 avait été suivie des deux décrets des 5 et 13 fructidor (août) qui décidaient qu'on ne renommerait qu'un tiers des membres de la Convention et que ce tiers serait élu par les assemblées primaires ; la Constitution et les deux décrets devaient être soumis à la ratification populaire. Le jour solennel de ce vote universel arriva, et l'attitude de Paris fut ce qu'elle a toujours été, c'est-à-dire absolument contraire à celle du pays.

En thermidor, la capitale, qui n'a jamais d'autre préoccupation politique que celle d'être en opposition ouverte avec le gouvernement du jour, abjura tout à coup son passé résolûment républicain, et se laissant conduire jusqu'à nouvel ordre par les passions royalistes, vota avec ensemble, on pourrait dire avec unanimité, contre les deux décrets complémentaires, tout en adoptant la Constitution. Il y avait certainement de bonnes raisons à donner en faveur de ce vote, et puisqu'on s'en remettait au pays du soin de nommer un tiers des nouveaux législateurs, on pouvait trouver illogique de ne pas se fier à lui pour la nomination de tous les membres de cette Assemblée; on pouvait craindre aussi, et sans trop d'exagération, de laisser ainsi, par cette réserve, le pouvoir aux mains d'hommes qui s'étaient compromis dans tous les excès de la Terreur. Cependant, il y avait une raison plus haute et vraiment politique à donner en faveur de ces décrets si violemment discutés :

Il est bien évident que la France n'avait ni souhaité ni voté la République. Mais ce gouvernement existait, et il était manifeste qu'il n'avait au moment du vote aucun successeur possible. Les royalistes qui occupaient Paris, comme les terroristes l'avaient dominé, ne comptaient encore, dans le reste du pays, ni des chefs ni des soldats prêts à défendre leur cause ; la Révolution d'ailleurs n'était pas fixée, elle avait fait naître bien des intérêts nouveaux, encore peu sûrs d'eux-mêmes, qui exigeaient des garanties, on pouvait craindre que le retour subit et violent du gouvernement royal ne les leur accordât pas.

D'ailleurs, si la capitale aime à n'être jamais de l'avis du gouvernement, la France, par contre, a toujours montré de la tendance à le consolider.

Quoi qu'il en soit des raisons invoquées de part et d'autre, ce qu'il importe de remarquer ici, c'est que Paris vota contre l'établissement politique nouveau, et que la France vota non pour la République dont le principe ne lui était pas soumis, mais pour une amélioration à la Constitution républicaine. A y regarder de plus près, et en se rappelant les votes ultérieurs de Paris, on se convaincra qu'il est resté constamment fidèle à sa politique, qui n'a d'autre visée que l'opposition constante, invariable à tous les gouvernements établis, quels que soient les principes sur lesquels ils reposent.

Nos Parisiens, nouvellement convertis

au royalisme, avaient trop de fois subi les violences de la rue, pour ne pas y faire appel à leur tour.

Suivant une coutume déja ancienne, quand la France avait parlé, Paris s'insurgeait. Il s'insurgea de nouveau; la Convention fut au moment d'être balayée par l'émeute (15 vendémiaire), avant de résigner pacifiquement ses pouvoirs. Elle demanda au général Bonaparte de lui venir en aide, et ce général, toujours heureux, fit respecter à coups de canon sur les marches de Saint-Roch, le vote de la France.

Le parti républicain était extrêmement irrité contre l'incartade des royalistes, et se croyant sûr désormais du concours du pays, parce qu'il venait d'accepter la nouvelle Constitution, ne démêlant pas avec assez de pénétration d'esprit ce qui appartenait dans ce vote à la sympathie ou à une sage résignation, résolut de tirer parti de sa victoire et lança dans le pays une circulaire destinée à faire voter les campagnes dans un sens qui lui fût favorable. Ces électeurs parurent se conformer au sentiment qui avait dicté cette adresse, et envoyèrent au Corps législatif, comme renouvellement du premier tiers des conventionnels, des hommes en général obscurs, n'ayant pas pris part aux événements, et résolus presque tous à ne pas laisser reparaître les violences dont ils avaient été les victimes ou les témoins ; ils ne cherchaient pas à détruire le gouvernement nouveau, et voulaient de bonne foi le consolider, tout en n'étant pas assez perspicaces pour voir et comprendre sa faiblesse originelle.

Paris, au contraire, fidèle à son infidélité traditionnelle, nomma presque tous les royalistes un peu marquants, et tous ceux qu'il pouvait supposer hostiles au nouvel ordre de choses.

Lorsqu'il s'agit du second tiers (février 1797), la capitale se surpassa. Les électeurs réunis pour entendre les candidats, rédigèrent un programme que ceux-ci devaient adopter pour se concilier les voix des Parisiens. Les questions à adresser au futur député, rédigées dans le goût du jour, étaient les suivantes : *As-tu acquis des biens nationaux ? As-tu été journaliste ? As-tu écrit ou fait quelque chose pendant la Révolution ?* Si sur l'un de ces trois points la réponse était affirmative, le candidat n'était pas adopté. On se figure difficilement qu'une population aussi instruite, aussi riche, que celle qui domine les résolutions d'une grande ville comme Paris, puisse, à si peu d'intervalle, changer aussi complétement d'allure politique; on ne peut expliquer ce véritable phénomène qu'en se rappelant ce que nous avons dit de la composition sociale de cette immense agglomération d'hommes, ayant à sa tête une bourgeoisie non politique, et pour base, une fourmilière humaine ne rêvant et ne voulant que le renversement de ce qui est, parce que, toujours mécontente de son sort, elle n'espère le bien-être que du changement.

La province, qui avait eu à nommer la plus grande partie des 250 nouveaux législateurs, avait envoyé des députés assurément moins républicains que ceux du premier tiers, mais, relativement aux élus parisiens, ils pouvaient passer pour des réactionnaires fort tièdes; si le pays, toujours sage, paraissait vouloir se séparer peu à peu, et sans secousses, du Directoire, c'est que ce gouvernement n'avait pas réalisé ses espérances, c'est qu'il se montrait faible et entraîné par des courants contraires; c'est aussi que la France n'avait jamais été républicaine, et qu'à supposer que la République dût disparaître sans bruit et sans éclat, elle aurait volontiers aidé à cette révolution pacifique.

Comme il arrive toujours, la majorité nouvelle, très-certainement peu favorable au gouvernement mais non moins ennemie des moyens violents, fut entraînée par les courants dominants à Paris, et sans vouloir le renversement du Directoire permit toutes les mesures qui devaient hâter sa chute; il n'est guère de décrets révolutionnaires dont on ne recherchât bruyamment le rappel; les lois sur les cultes, les finances, les émigrés, les biens nationaux furent réformées; on toucha à tout, et on y toucha non sans raison, mais peut-être sans mesure. Le Corps législatif était parfaitement dans son droit; et si, siégeant à Paris, il semblait dépasser le mandat qu'il avait reçu de ses électeurs, il faut s'en prendre à la température de cette fournaise politique, qui ne permet pas d'y vivre sans être fort échauffé.

Les jeunes gens qui peuplaient le Conseil des Cinq-Cents, à l'exeption d'un ou de deux royalistes qui conspiraient comme Pichegru et Marbé-Barbois, étaient restés dans la plus stricte légalité et quand ils proposèrent de reconstituer la garde nationale parisienne avec l'espérance fondée de la voir remplie par l'élection d'officiers favorables à leur cause, ils réussirent au Parlement, mais ne furent pas obéis par le Directoire qui se sentait perdu, si cette garde se réunissait. Loin de presser l'organisation de la milice civique, le gouvernement prenait pour prétexte l'expédition d'Irlande, rassemblait à Reims une grande quantité de troupes, et se disposait ouvertement à la lutte qu'il pressentait.

Le 18 fructidor (septembre 1797) à minuit, Augereau se mit à la tête des troupes, entoura le Corps législatif, vint facilement à bout des gardes qui avaient mission de le défendre, et lorsque le lendemain matin les députés arrivèrent pour prendre séance, on leur intima l'ordre de se retirer ; mais parmi eux il y avait les *bons* et les *mauvais* ; les premiers se réunirent dans deux salles qui avaient été préparées à cet effet (les Cinq-Cents à l'Odéon, les anciens à l'Ecole de médecine).

Là, on cria bien fort que la patrie était en danger, qu'une horrible conspiration royaliste venait d'être découverte, qu'il fallait songer avant tout au salut public et réduire les conspirateurs à l'impossibilité de nuire ; les mesures proposées et votées à l'instant même, consistaient à annuler la représentation de quarante-huit départements ; à choisir dans le nombre des députés ainsi privés de leurs droits ceux qui paraissaient les plus dangereux, et à les déporter. — Tous les fonctionnaires nommés par les départements frappés d'interdiction étaient cassés.

Quarante-deux membres des Cinq-Cents furent déportés; vingt-deux dans le Conseil des Anciens eurent le même sort; on usa de la même rigueur envers les *propriétaires rédacteurs et éditeurs* de quarante-deux journaux.

C'était un nouveau 31 mai, à la mode du jour; au lieu de girondins républicains les victimes étaient royalistes, ou supposées telles.

Il est absolument superflu de se lamenter sur un fait aussi déplorable mais aussi fatal, et il ne faut non plus admettre l'explication qu'en ont donnée leurs auteurs, explications dont des historiens par trop complaisants se sont contentés. Il y a, à l'instant où s'accomplit un mouvement révolutionnaire quelconque, une raison sotte que les meneurs font courir dans les masses : quand on se prépare aux massacres dans les prisons, il n'est bruit dans Paris que de l'exécrable projet des aristocrates qui vont égorger les femmes et les enfants des patriotes requis pour le service militaire; quand on médite le meurtre des girondins, on crie dans la rue la grande trahison des factieux qui veulent la fédération de la France; lorsqu'il s'agit de porter la main sur une moitié du pays et de lui enlever tous ses droits électoraux, lorsqu'il s'agit de se débarrasser des journalistes et des fonctionnaires incommodes, on parle de conspirations royalistes. Sans doute il y avait des gens qui conspiraient; mais il était si simple et si utile à la cause républicaine d'arrêter les conspirateurs et d'instruire leurs procès! On répond que c'était trop lent et que d'ailleurs il n'existait que des preuves *morales* de cette conspiration. C'est là une excuse tout au moins singulière et qui amène le sourire sur les lèvres.

Pourquoi donc ne pas avouer la vérité ? Si les députés peu amis du Directoire envoyés par la province avaient été réunis dans un autre milieu que Paris, ils seraient restés tel que le pays les avait envoyés, souhaitant sans doute la modification pacifique du gouvernement, mais n'allant pas au delà ; entourés, sollicités par ce club *clichien* qui dictait ses lois comme autrefois le club des jacobins ; enivrés par les compliments de femmes belles et intelligentes qui détestaient la République et méprisaient tous ceux qui s'étaient compromis pour elle ; vivant journellement dans un milieu où tout est excessif, où les discours, les projets, les actes ne cherchent en toutes choses que l'extrême, où la raison elle-même est forcée d'être tapageuse si elle veut se faire écouter, ces jeunes gens avaient d'ailleurs sous la main, prêtes à leur obéir, une armée : la garde nationale, et une population ardente toujours disposée aux coups de main.

Dans de pareilles circonstances, on peut comprendre et l'on doit excuser une politique peu mesurée et qui, d'ailleurs, s'abritait derrière la loi et la Constitution ; il faut comprendre aussi, mais sans l'excuser, la conduite du gouvernement ; il se sentait perdu, puisque la province lui avait envoyé des députés hostiles, et que Paris, ce Paris qui avait été tout jusqu'alors, exagérait son hostilité; il céda à la tentation, comme aurait peut-être cédé à sa place un autre gouvernement s'il avait eu en mains toutes les forces centrales du pays, et il en usa contre lui : Ainsi il en sera éternellement, tant que nos Parlements n'auront pas été mis à l'abri des mauvaises passions de notre capitale.

Supposons, pour un moment, que, même à cette époque critique, le Corps législatif eût délibéré ailleurs qu'à Paris, est-ce que la province aurait fait prendre aux nouveaux députés cette allure légale sans doute, mais vive jusqu'à l'imprudence, que nous lui avons vue? Est-ce que ce Parlement pouvait compter, pour la réalisation de ses vœux, sur une garde nationale dévouée, sur les ardeurs enflammées de la population? et sans ces deux appuis, aurait-elle conçu l'idée de pousser le gouvernement jusqu'à lui donner des craintes pour son existence même? Assurément non ; et alors le 18 fructidor n'aurait pas eu lieu, pas plus que le 18 brumaire qui en fut la réplique obligée.

Une Assemblée siégeant en province n'a ni le goût ni le moyen de faire des révolutions, tandis qu'à Paris on se bat à coups de discours jusqu'au moment où on se bat à coups de fusil.

Le 18 fructidor avait eu ses résultats prévus; la violence du gouvernement avait intimidé un grand nombre d'électeurs, et ceux d'entre eux qui, plus courageux, persistaient à se rendre au scrutin avaient pris presque partout l'habitude d'émettre leurs votes dans un local séparé: des actes arbitraires exercés presque partout par les *patriotes* expliquaient cette attitude, de sorte qu'un très grand nombre d'élections avaient été doubles. Le gouvernement se tira assez maladroitement de cette situation difficile : ratifier partout le choix des majorités, c'était assurément légal, mais cette conduite ne tenait aucun compte de l'état d'effarement où se trouvait le corps électoral après le coup d'Etat; le Directoire se résolut à la pire des mesures, c'est-à-dire au choix arbitraire entre les majorités et les minorités ; néanmoins, le résultat de cette nouvelle élection fut en général favorable aux républicains et déplaça une fois de plus la majorité dans les corps délibérants.

Quant aux élections de l'an VII (avril 1798) elles furent à peu près semblables à celles de l'an VI, et ramenèrent sur la scène un nombre plus grand de républicains.

Ces derniers reprochaient naturellement au Directoire sa mollesse, tandis que les royalistes, bien qu'abattus et ne disposant plus de leur ancienne influence, le regardaient comme le dernier vestige et le dernier rempart de la République, et à ce double titre voulaient le renverser.

Il tomba, en effet, le 30 prairial (juin 1799) sous la coalition de ces deux partis opposés.

Si le Directoire, si le pouvoir exécutif avait été violenté et changé dans la personne de ses membres, la Constitution républicaine de l'an III existait encore de nom, car en fait, elle était journellement outragée par tous les partis.

La décomposition arrivait rapide et effrayante pour tous les honnêtes gens; les partis, le pouvoir exécutif, le parlement, tout était usé par la violence des luttes qu'ils avaient soutenues les uns contre les autres : le pays cherchait un homme capable de mettre de l'ordre dans ce chaos; le 18 brumaire le lui donna.

L'histoire impartiale a dû souvent être

blessée d'entendre les partisans de Danton, de Robespierre et de Marat, les panégyristes du Comité de salut public, du 18 fructidor et du 30 prairial, c'est-à-dire les tyrans les plus absolus et les plus cruels que le monde ait connus, reprocher à Bonaparte d'avoir tué la liberté !

CHAPITRE XVI

Conclusion 1789-1800

L'histoire de notre grande Révolution est renfermée dans ces deux mots : tyrannie de Paris, esclavage de la France.

Les premiers révolutionnaires ayant pour excuse légitime leur inexpérience, ont confié à la capitale le sort de la Révolution ; cette faute terrible par ses conséquences explique tout, et sans cette explication rien ne se comprend. Au jour éclatant de cette vérité, on suit dans ses grandes péripéties le duel gigantesque de Paris contre la province; on comprend les résistances du Roi, de Mirabeau, de Lafayette, de Bouillé, des girondins, de Lyon, de Marseille, de Bordeaux, de la Vendée, des Bourguignons et des Normands. Tous ont voulu réparer la grande erreur du début; tous, royalistes, constitutionnels, républicains, habitants paisibles des campagnes, croisés en sabots ou citoyens ardents des grandes cités, tous ont voulu marcher contre Paris, et secouer le joug honteux qui pesait sur eux, et ils ont échoué, parce que le gouvernement, fortement centralisé dans la capitale, mettait à la disposition de la populace et de ses chefs toutes les ressources du pays.

Alors la Convention a régné seule sur la France humiliée; et des torrents de sang ont coulé. Elle se présente devant l'histoire avec une excuse que ses partisans croient capable de lui faire tout pardonner : elle a purgé de ses ennemis le sol de la patrie!

L'histoire sera cependant sévère pour elle, car s'il est honorable de faire tous ses efforts pour chasser l'étranger de son pays, il est blâmable de l'y attirer par des violences sans exemple; il n'est d'ailleurs jamais permis à une fraction quelconque de citoyens de se substituer à un peuple entier, et de faire même ce que l'on croit bon et utile, sans l'avoir consulté.

Chemin faisant, nous avons décrit la formation, le développement et la mise en œuvre de l'armée du désordre à Paris; nous avons vérifié, par des faits nombreux, que la France est absolument impuissante à vaincre par la force la tyrannie parisienne; enfin, nous avons entrevu le danger que présente, au point de vue militaire, cette toute-puissante capitale que l'étranger convoite, car l'ayant prise, il a vaincu le pays.

Les faiseurs d'hypothèses risquent fort de se tromper; il est donc difficile de prévoir et de décrire les événements qui se seraient déroulés si le sort de la Révolution n'avait pas été confié à Paris, ou si les tentatives faites pour la lui arracher avaient été couronnées de succès. Ce que l'on peut affirmer, sans crainte d'être démenti par aucun des acteurs de ce drame historique, c'est que la France maudissait les violences que l'on exerçait en son nom; qu'elle était, qu'elle voulait rester sage, et que tous les partis en détresse ont reconnu implicitement cette sagesse, en lui faisant un appel désespéré.

En continuant le récit sommaire de nos

malheureuses révolutions, nous verrons si ces conclusions sont infirmées ou aggravées par les faits.

CHAPITRE XVI

La France détrône Paris

Il n'entre pas dans le plan de ce livre de refaire après tant d'autres, et même en abrégé, l'histoire du Consulat et de l'Empire; il nous importe seulement de constater la reprise par la France de son droit légitime, et la coïncidence de cet heureux événement avec l'établissement de la constitution impériale.

Le 20 mai 1802, la France tout entière fut consultée sur la question de savoir si elle voulait confier au général Bonaparte le consulat à vie . 3,577,259 citoyens prirent part au vote; 3,568,885 répondirent *Oui!*

« Jamais, dit M. Thiers, un gouverne-
« ment n'avait obtenu un tel assentiment
« et ne l'avait mérité au même degré.
« Quelques dissidents républicains ou roya-

« listes avaient exprimé leur vœu négatif,
« et par leur présence avaient attesté la
« liberté laissée à tout le monde. Du reste,
« adhérents ou refusants se montraient
« fort calmes et produisaient par leur con-
« cours un mouvement à peine sensible,
« tant la population était calme et satis-
« faite. »

Nos anciens rois, et Louis XVI, le dernier d'entre eux, avaient eu recours au suffrage universel, dans les circonstances graves de la vie de leur peuple. Napoléon suivit leur exemple. La République n'a jamais osé et n'osera jamais faire comme eux (le vote de 1793 ne pouvant compter).

Son audace se borne à solliciter et à obtenir le concours de députés qui se disent républicains sous la République, comme ils se disent monarchistes sous la monarchie; quant à consulter le peuple sur le choix du gouvernement et non sur le choix des personnes, elle ne s'y résoudra pas, malgré les avantages considérables et tout à fait déterminants qu'elle retirerait de cet avis, s'il devait lui être favorable.

Ce mode de consultation populaire, malgré son antique origine et les applications modernes qu'on en a faites, soulève encore beaucoup d'objections, plutôt, il est vrai, théoriques que pratiques; en effet, si certains esprits, fort distingués d'ailleurs, regardent le suffrage universel comme la source de tous nos maux passés et à venir, ils avouent assez ingénument que c'est un mal nécessaire, la France leur paraissant définitivement attachée au droit d'être consultée.

Rien ne peut faire revenir ces récalcitrants contre la sottise qu'ils découvrent à donner par le vote une puissance égale à l'homme instruit et à l'homme ignorant, et ils se démandent avec désespoir comment irait une maison de commerce ou une usine où l'on conférerait les mêmes droits au patron et aux commis ! Et puis, quelle aberration de confier le sort et la garde d'un trésor à des gens, non-seulement incapables, mais affamés ! Comme si ce n'était pas une offense suffisante à la logique que donner le même poids à des votes d'une qualité si différente : on charge ceux qui ont tout intérêt à troubler une société, — parce qu'ils n'y ont pas prospéré, — de la mission expresse de la défendre. C'est le renversement du sens commun et la plus plate et la plus dangereuse des flatteries aux mauvais instincts des masses !

L'expérience a prouvé la logique et le bon sens de cette prétendue aberration : c'est le bourgeois lettré des villes qui est, en France, et malgré tous les motifs qu'il aurait de ne pas l'être, l'apôtre constant de l'opposition ; c'est le paysan, malgré le peu de fortune qu'il a, mais à cause du grand intérêt qu'il trouve à garder ce qu'il possède, à ne le risquer dans aucune aventure, c'est lui, c'est ce campagnard, qui ne brigue aucune place dans l'établissement politique du jour ou du lendemain, qui n'a ni ambition, ni jalousie, c'est lui qui vote constamment en faveur de tous les gouvernements réguliers et assis.

Quant aux friands de logique, qui s'approprient les réflexions de ces grands seigneurs du temps d'autrefois sur les collègues indignes qu'on leur donnait et ne voient dans les paysans que des valets, il suffit pour les apaiser de leur demander si la différence n'était pas aussi grande entre M. Guizot et l'épicier du coin, qui payaient tous deux le même cens, qu'elle peut l'être entre un bourgeois quelconque et un paysan.

A voir les choses de près, on s'assure que tous les modes électoraux, malgré les inégalités apparentes qu'ils consacrent, ne peuvent rien contre la force des choses qui donne à un citoyen connu par ses lumières, par sa conduite, par ses services passés, une influence exactement proportionnelle à sa situation. Par ses conseils, par son exemple, il entraîne légitimement un nombre considérable de ses concitoyens dans la voie qu'il suit, et dispose ainsi, en réalité, d'un grand nombre de votes. Quand on brigue le mandat de député, on ne s'arrête pas sur le seuil de tous les habitants d'une commune, on se rend chez les deux ou trois notables de l'endroit, et l'on croit avec raison s'être concilié la majeure partie des électeurs du village, si on a réussi à convaincre ses deux ou trois interlocuteurs. Si la loi avait la prétention de taxer arbitrairement la qualité des citoyens, et de concéder à chacun d'eux un nombre de votes équivalant à leur importance présumée dans la société, elle ne manquerait pas de faire de nombreuses erreurs, car tous les moyens d'appréciation feraient défaut au législateur. La nature fait donc merveilleusement ce que la loi ne ferait que sottement.

D'ailleurs, quand on envisage l'électorat

au point de vue de l'instruction politique, on commet une étrange erreur. L'électeur n'est pas fait pour donner son avis sur les questions brûlantes de la politique du jour : il peut très bien remplir son rôle sans avoir de parti pris sur la question d'Orient ou les mérites de l'impôt progressif ; lui demander de résoudre de pareils problèmes, est et sera éternellement un non-sens.

La mission de l'électeur est plus modeste, et en tous temps, et par tous pays, on ne lui a jamais demandé que de voter pour un conservateur ou pour un opposant ; or le plus mince des paysans sait parfaitement faire ce choix.

Il ne s'agit pas ici de conférer à tout le monde la qualité d'électeur sous prétexte que le citoyen rentre ainsi dans l'exercice d'un droit dont il aurait été abusivement privé, c'est l'utilité que l'on trouve à cette libéralité qui en constitue seule la convenance. Dans une société où le suffrage universel donnerait de mauvais résultats, on aurait toutes raisons de le proscrire ; il y a si longtemps que les Français se moquent du droit divin en matière politique, qu'il serait comique de les voir réclamer l'électorat par droit de naissance. Ce qui fait la force de ce mode électoral, c'est son utilité incontestée; c'est la preuve qu'il peut fournir historiquement de ses succès constants et de son aptitude à préserver la société qu'on lui confie. Le suffrage universel, non-seulement en temps calme, mais même en temps révolutionnaire, a toujours amené à la surface du pays des majorités conservatrices; le suffrage restreint, au contraire, a constamment fait échec au gouvernement établi, en grossissant chaque jour la masse de ses opposants. Cette différence s'explique fort naturellement par le fait que l'un donne la supériorité à la province et que l'autre la cherche et la trouve dans les centres urbains.

Dans toutes les civilisations connues, le vote urbain est mobile, ardent, violent, et contraire aux pouvoirs établis, et le vote campagnard est fidèle à lui-même et au gouvernement; le paysan est ennemi du changement, et le bourgeois l'adore. Qu'on soit bien convaincu que le droit électoral est légitimement conféré, non à l'instruction probable, mais au sentiment conservateur avéré, et cet éternel problème de la loi électorale sera définitivement résolu.

Au surplus, toutes ces critiques s'attaquent bien plus à l'exercice, pour ainsi dire quotidien, du suffrage universel qu'à la consultation populaire à titre exceptionnel, et pour le cas de grandes transformations à apporter à la constitution d'un peuple. A ce dernier point de vue, elle paraît à nos contradicteurs peut-être plus logique sans cependant cesser d'être aussi périlleuse.

L'histoire à la main, il est facile de prouver que c'est au moyen de la consultation populaire que le pays est sorti de toutes les crises révolutionnaires qu'il a eu à traverser, et qu'elle n'aurait été périlleuse que pour les partis qui n'ont jamais osé lui demander un avis, parce que cet avis eût été un *ordre*.

Ce moyen d'asseoir une constitution en France associe tout le pays dans la défense et la préservation du gouvernement établi, il a aussi l'avantage de laisser Paris à sa méchante humeur, ou à ses mauvais penchants politiques, et de ne le compter dans le pays que pour sa part proportionnelle de votants, de noyer son opposition dans un grand et irrésistible courant conservateur, et, pour tout dire en un mot, de le détrôner.

Ce n'est pas là un mince mérite, la grandeur et la richesse de la France ayant toujours été en raison inverse du pouvoir politique accordé à sa capitale.

Mais à tous ces avantages, il faut en ajouter d'autres peut-être plus considérables encore que les premiers, quoique beaucoup moins aperçus jusqu'ici.

En effet, le prince, mis par ce procédé à la tête d'un pays, est investi d'une autorité telle qu'il peut servir et sert en effet d'arbitre autorisé entre ses sujets, dans les querelles les plus vives qu'ils se font. Qui pouvait avoir, en 1804, la vaillance du Concordat, si ce n'est un prince que des millions de suffrages venaient d'élever jusqu'au ciel ? Qui pouvait avoir, en 1860, la féconde hardiesse du libre échange, si ce n'est un chef, puisant dans l'unanimité des suffrages de ses concitoyens le droit de représenter et la force de défendre les intérêts de ces masses qui n'ont et ne peuvent avoir d'autre représentant utile qu'un roi élu ?

Cette élection, ce choix, ont aussi à l'étranger des effets considérables, dont on ne tient pas assez de compte.

Ce n'est pas une petite affaire pour un

pays de trouver chez ses voisins des facilités et non des résistances, une bonne ou une mauvaise volonté; sans aller jusqu'aux extrêmes, qui peuvent amener des complications, la reconnaissance rapide d'un gouvernement nouveau est un élément d'activité et de prospérité commerciales; si cette reconnaissance tarde, le pays est mal à l'aise et bientôt souffrant.

Quand la France n'a pas parlé par la bouche de tous ses enfants, l'Europe se croit en droit de faire attendre ou même de refuser son assentiment à l'établissement politique nouveau. Si nos diverses républiques n'ont point été vues d'un œil favorable par les monarchies européennes, cela tient sans doute à la contradiction des principes, mais cet antagonisme serait forcément mis de côté et la diplomatie n'oserait pas l'invoquer si ces républiques s'étaient présentées dans le monde avec un état civil régulier.

Cet asssentiment de l'intérieur et de l'extérieur donne naturellement beaucoup de force au gouvernement qui l'a obtenu, et lui permet, comme nous venons de le dire, de résoudre de graves questions qui seraient éternellement débattues, sans l'intervention de ce plus grand commun diviseur politique qu'on appelle l'empereur.

Mais ces avantages, si considérables qu'ils puissent être, pâlissent devant un dernier, dont tous les hommes d'Etat ont saisi l'importance.

Quand le suffrage universel a parlé, les partis se taisent, et la discussion quotidienne des affaires de l'Etat n'est plus éternellement précédée et embarrassée par la question politique. — Parmi les gouvernements qui ont cru pouvoir se passer de l'assentiment du peuple français, il y a d'un côté nos trois républiques, et de l'autre la monarchie de Juillet ; il ne serait pas équitable de parler de la Restauration, puisque la légitimité rejette aujourd'hui, et contrairement à sa tradition, le principe même de la consultation populaire.

Sous le roi Louis-Philippe, sous ce prince dont on a coutume de mal parler, et dont il ne nous déplait pas de rappeler les éminentes qualités, sous ce prince qui ramassa sa couronne sur un des pavés de Paris et la laissa broyer par un autre, on se battit ouvertement pendant plusieurs années dans les rues, et le désordre violent apaisé, on tomba dans l'ère des assassinats : ne pouvant se défaire du gouvernement en l'enlevant par un coup de force, l'opposition eut recours au couteau ou au fusil des fanatiques. On comprend bien que dans une pareille situation, en présence d'ennemis si ardents et si peu dissimulés, les discussions législatives fussent toujours opprimées par la question politique. Comment risquer, même pour faire une bonne loi, de donner quelques avantages à des adversaires puissants et opiniâtres? Comment hésiter à en présenter et à en soutenir une médiocre, si elle devait avoir pour résultat de châtier ses ennemis ou d'en diminuer l'autorité? Montrer quelque fierté à l'intérieur, c'était se mettre d'accord avec les libéraux de l'époque, et par conséquent accepter leur domination; protéger l'Eglise, il n'y fallait pas penser en face des légitimistes; et qu'aurait dit, grands dieux! cette bourgeoisie couronnée, si on avait parlé devant elle de ces engins impérialistes et républicains qu'on appelle le suffrage universel et le libre échange? Toutes les solutions raisonnables et justes, toutes les solutions honnêtes à donner aux affaires, étaient journellement entravées, modifiées par la crainte toute-puissante de donner trop de force à des adversaires qu'aucun grand fait populaire et universel n'avait pas réduits au silence.

En république, c'est bien pis encore ; sous la première, *l'une et l'indivisible*, il ne faisait pas bon contester le principe du gouvernement ; il y allait de la tête d'en mal parler, voire même d'en mal penser. Mais, au grand honneur de notre fière nation, on en parlait avec vérité et dédain, malgré le péril, et l'on se fût montré respectueux si elle avait su se concilier les suffrages du pays tout entier et donner ainsi officiellement la preuve de son assentiment. Pas plus en 1848 qu'en 1793, on ne parvint à discuter honorablement un projet de loi administratif, politique ou religieux ; souvent on montra, dans la discussion, de grands talents oratoires et un véritable courage ; mais ces projets avaient tous une préface politique, et la préoccupation constante était non pas de faire une loi sage, mais une loi agréable aux amis et désagréable aux ennemis.

Quant à l'établissement politique actuel, qu'il nous faut environner d'autant plus de respect qu'il est plus fragile, il **nous** donne tous les jours la preuve la plus complète des ennuis et des graves difficultés que subit un pouvoir mal assis. Depuis sept ans qu'il existe, il serait absolument impossible de citer un projet de loi présenté et arrivé à la discussion publique sans la préface obligatoire de la lutte des partis. A quel point de vue s'est-on placé pour discuter la loi sur la presse, la loi municipale, les traités de commerce, la loi électorale, les chemins de fer, la loi sur l'armée, l'organisation des pouvoirs délibérants et celle du pouvoir exécutif ? S'est-on borné à rechercher la vérité, sans se soucier d'amis trop exigeants ou d'adversaires trop puissants ? Assurément non ; et on ne le pouvait, et il eût été déraisonnable d'exiger un pareil désintéressement de la part de nos gouvernants ; ils se sentent attaqués et ils se défendent, et ils font dans ce but de mauvaises lois, des lois de circonstance, des lois de tendance, comme on aurait dit autrefois, des lois dans lesquelles on devine bien facilement, ici la crainte des impérialistes ou des légitimistes, là, le désir de plaire aux intransigeants ou aux orléanistes.

Au surplus, à quoi bon insister sur des faits dont nous avons quotidiennement la preuve ? Que les incrédules, s'il pouvait y en avoir, aillent passer quelques jours à Versailles, ils en reviendront édifiés ; il ne se met pas dans l'urne un bulletin qui ne soit un vote exclusivement républicain ou contre-républicain ; et quand cette malheureuse et inévitable politique n'est pas dans la coulisse, elle s'étale sans pudeur à la tribune, qui devient le théâtre des plus tristes excès.

Ainsi il en sera toujours des gouvernements qui n'auront pas satisfait à la plus légitime exigence du temps présent. Ils croient échapper au verdict du peuple en négligeant de le consulter, et leur vie se traîne misérablement, harcelée par tous les partis auxquels ils n'ont pas su imposer silence.

En se rappelant ce qu'ont été nos diverses républiques et la monarchie parlementaire de Juillet, on se rappellera du même coup nos deux Empires : tous deux ont été calmes et grands, tous deux ont fait des lois sages, utiles, fécondes, hardies, des lois étudiées pour elles-mêmes, et non en vue des partis qui n'étaient plus à craindre ; des lois qui sont restées dans nos codes et que les adversaires de la constitution impériale sont réduits à copier.

La différence entre ces pouvoirs de formes diverses n'est pas seulement dans leurs institutions respectives, elle est surtout dans l'assentiment du peuple, ici demandé et obtenu, là négligé par crainte de ne pas l'obtenir.

La France avait donc détrôné Paris en créant l'Empire, mais Paris essaya bientôt de reprendre son trône en jetant l'Empire à terre.

CHAPITRE XVII

La Conspiration de Malet.

Le 22 octobre 1812, à la nuit tombante, un prisonnier s'échappe d'une maison de santé, située près de la porte Saint-Antoine ; il porte, cachée sur sa poitrine, une délibération du Sénat fabriquée par lui dans sa prison ; délibération imaginaire rétablissant la République, Napoléon étant supposé mort dans la campagne de Russie.

L'échappé de prison se rend dans une chambre où l'attendaient deux complices qu'il avait mis dans le secret de ses espérances, mais auxquels il n'avait pas avoué son imposture ; ces jeunes gens revêtent les uniformes d'aides de camp, et l'auteur de cette tragi-comédie prend à son tour son habit de général et court à la caserne Popincourt occupée par une cohorte de la garde nationale ; il réveille le commandant Soulier, lui raconte que Napoléon est mort d'un coup de feu à Moscou le 7 octobre dernier, que le Sénat assemblé secrètement a rétabli la République, et que le général Malet est nommé commandant de la force publique dans Paris. L'imposteur réussit a merveille et la 11º cohorte de la garde nationale est mise à la disposition du gentilhomme franc-comtois, devenu général sous la République, et un peu maniaque sous l'Empire. A la tête de cette petite armée, il se rend, toujours pendant la nuit, à la prison de la Force où étaient enfermés les généraux Lahorie et Guidal et obtient leur élargissement ; après leur avoir annoncé la grande nouvelle, et les trompant comme il avait trompé tous ses complices, il distribue à chacun son rôle,

Lahorie court chez le duc de Rovigo, ministre de la police, le réveille malgré les ordres donnés aux serviteurs et lui annonce ces étonnantes nouvelles : l'Empereur est mort ; l'Empire est aboli ! le Sénat a rétabli la République. Savary, qui connaît Lahorie, lui riposte qu'il est insensé, qu'on a reçu la veille une lettre de l'Empereur, mais Lahorie avait la force avec lui ; on saisit la personne du ministre et on l'envoie à la Conciergerie, où il se trouve déjà dans la compagnie de son préfet de police.

Malet n'était pas resté inactif ; environné de ses soldats de la caserne Popincourt, il se rend chez le commandant de la place de Paris, le général Hulin. Admis en sa présence, Malet raconte sa fable, à laquelle on ne croit que pour moitié. Napoléon est tué, rien de plus admissible ; mais le rétablissement de la République par le Sénat semble bien extraordinaire ; on demande des ordres précis et signés avant d'agir ; Malet, acculé, tire son pistolet et étend à ses pieds son interlocuteur. Au milieu de la confusion produite par cet événement tragique, beaucoup d'officiers accourent ; l'un d'eux reconnaît le général Malet, devine qu'il s'agit d'une conspiration, finit par convaincre le détachement de la garde nationale qu'il a été dupé par un maniaque ; on s'empare du général, on lui lie les mains et on le reconduit à sa maison de santé.

A midi, tout était rentré dans l'ordre ; mais, en même temps, un fait considérable avait eu lieu : la France était donc encore à la merci de Paris, puisqu'une conspiration aussi sotte aurait pu réussir !

Le ridicule de cette tentative était un argument de plus contre l'instabilité d'un régime que tout le monde imaginait si puissant et qu'un fou avait été sur le point de renverser. Quelques heures de plus, et la France, qui avait installé Napoléon et le régime impérial, pouvait se trouver tombée de nouveau en République par la complicité ou l'apathie de Paris le tyran.

Napoléon, en apprenant cette triste échauffourée au milieu des neiges de Moscou, se montra pensif. L'éclat incomparable de sa gloire passée, toutes les grandes choses qu'il avait faites, toutes celles qu'il méditait encore, le repos de la France et celui du monde, tout cela était donc à la merci de Paris ; car une révolte en France ne pouvait naître qu'à Paris.

Sans doute alors apparut à la clairvoyante pensée de l'Empereur la grande réforme que nous étudions ; mais ce ne pouvait être qu'un éclair, l'éclair du génie qui devance les événements et en prévoit les conséquences les plus lointaines. Il ne nous est que trop facile, hélas ! à nous qui avons vu toutes les conséquences de la suprématie parisienne, d'être complétement édifiés à ce sujet.

La conspiration de Malet a été naturellement décrite par les adversaires du régime impérial de manière à mettre en lumière les imperfections qu'ils croient rencontrer dans ce régime politique; M. Thiers, le plus illustre et le plus constant d'entre eux, fait suivre le récit de cet événement des considérations suivantes :

« Tant de crédulité à admettre les choses
« les plus étranges, tant d'obéissance à les
« exécuter, accusaient non pas les hommes
« toujours si faciles à tromper, et si prompts
« à obéir quand ils en ont pris l'habitude,
« mais le régime sous lequel de telles cho-
« ses étaient possibles. Sous ce régime de
« secret, d'obéissance passive et aveugle,
« où un homme d'Etat était à lui seul le
« gouvernement et la constitution; où cet

« homme jouait tous les jours le sort de
« la France et le sien dans de fabuleuses
« aventures, il était naturel de croire à sa
« mort, et sa mort admise, de chercher une
« sorte d'autorité dans le Sénat, et de con-
« tinuer à obéir passivement, sans examen,
« sans contestation, car on n'était plus ha-
« bitué à concevoir, à souffrir une contra-
« diction. On n'aurait pas surpris par de
« tels moyens un Etat libre, parce qu'il
« y a mille contradicteurs à rencontrer à
« chaque pas, dans un pays où tout homme
« raisonne et discute ses devoirs. Dans un
« Etat despotique, le téméraire qui met la
« main sur le ressort essentiel du gouver-
« nement est le maître, et c'est ce qui donne
« naissance aux conspirations de Palais,
« signe honteux de la caducité des empires
« voués au despotisme. Il existait pourtant
« un héritier de Napoléon, et on n'y avait
« pas même songé ! »

La bonne foi de l'illustre historien est hors de doute ; mais cette bonne foi n'est admissible que dans le cas où ce passage aurait été écrit sous la Restauration (et nous croyons être dans le vrai en admettant cette hypothèse). Il est évident, en effet, que si notre auteur avait pris la plume après le règne du roi Louis-Philippe, après ce règne qui ne fut certes pas celui d'un tyran, après cette ère qui, pour M. Thiers, est l'ère de la liberté par excellence, sous un prince que son âge, comme ses principes, éloignaient des hasards de la guerre, sous un prince qui n'avait pas seulement un héritier, mais cinq, tous charmants à cette époque, tous instruits, tous courageux; en pleine jouissance d'une constitution politique, qui, loin de se résumer en un seul homme, exigeait le concours quotidien et même bruyant d'un grand nombre d'orateurs forts éloquents; en pleine possession d'une presse, d'abord un peu trop libre, mais bientôt ramenée à ce point précis où, disait-on alors, elle ne peut plus faire que du bien (1835); à cette époque bénie, où la France possédait, aux yeux du moins de notre historien, toutes les libertés nécessaires et toutes les libertés suffisantes, il y eut en France plus de guerres civiles, de complots, d'assassinats, qu'à aucune autre époque de notre histoire (si, comme de raison, on met de côté nos Républiques, qui n'ont jamais été que des provisoires, et par conséquent des interrègnes).

Les légitimistes et les républicains tour

à tour et plus tard les républicains seuls prirent Paris pour théâtre de leurs exploits séditieux, comme Malet l'avait fait avant eux et comme on le fera éternellement tant qu'un parti abattu pourra espérer, par une heureuse témérité, mettre la main sur Paris, sur ce Paris qui lui livre du même coup la France tout entière. Ce n'est pas la constitution politique impériale, ce ne sont pas les dangers personnels que Napoléon pouvait courir à la guerre, ce n'est pas l'habitude de l'obéissance passive chez ses serviteurs qui ont rendu cette conspiration redoutable, c'est la crainte conçue alors et devenue plus tard une certitude que les conspirateurs disposant de la capitale disposaient du pays tout entier.

Si l'on devait faire, au point de vue qui nous occupe, une comparaison entre les gouvernements prétendus despotiques et les gouvernements prétendus libres, il faudrait dire que les premiers ont contenu Paris par leur seul ascendant moral, aidé de quelques compagnies de vétérans; et que les seconds n'ont pu soutenir la lutte avec la capitale qu'avec de véritables armées; que Napoléon pouvait s'absenter de Paris, des mois, des années entières (1811-1812) sans que la grande ville bougeât, et que le roi Louis-Philippe n'aurait pu en faire autant sans imprudence; que sous le règne des *Césars* on ne connut pas la guerre civile, et que l'assassinat fut un accident; tandis que de 1830 à 1848, la guerre civile, l'émeute, l'assassinat furent, hélas! la règle, et comme l'habitude de cette époque.

Ce sont les pouvoirs faibles et non les forts que l'on tente de renverser.

Ce n'est pas *la tyrannie* qui amène les conspirations. C'est Paris qui les permet, les conseille et les fait réussir.

CHAPITRE XVIII

Paris but de la coalition.

Nous avions vaincu l'Europe; l'Europe était victorieuse à son tour, et l'Empire devait, par deux fois, sombrer sous ses coups.

Pourquoi ces victoires de l'étranger

eurent-elles pour effet de changer la constitution politique? Pourquoi sur l'invasion greffait-on nécessairement une révolution? Comment expliquer que des désastres semblables, fondant sur tous les autres peuples, n'aient pas amené de bouleversements intérieurs, de changements de dynastie? Est-ce que la Russie, l'Autriche, la Prusse, l'Espagne, ont modifié leurs institutions après Austerlitz et Friedland, après Wagram, après Iéna, après la prise de possession de la Péninsule par nos armées?

Ce problème mérite assurément d'être éclaici, et c'est la connaissance exacte du rôle de Paris pendant la guerre qui nous permettra de le résoudre.

La machine gouvernementale étant fortement centralisée permet à un émeutier de mettre la main sur la France en mettant la main sur Paris. La coalition a fait le même raisonnement que nos émeutiers, et s'est comportée de même. Les preuves de ce fait abondent non pas seulement dans le développement des opérations militaires des coalisés, mais dans la pensée intime de ceux qui dirigeaient cette coalition.

M. de Talleyrand, qui fut l'homme d'Etat

français le plus écouté par l'étranger, dès le mois de février (1874), avait pris le parti de trahir son maitre et son pays, comme tant d'autres, hélas! devaient le faire après lui. Quand on est réduit à compter parmi les nouveaux adversaires de Napoléon des soldats comme Marmont et Ney, il faut se voiler la face en silence et dire comme le grand guerrier vaincu : « Les événements « étaient plus forts que les hommes. »

« M. de Talleyrand, raconte M. Thiers, se permettait les conversations les plus hardies, et n'avait encore avoué qu'au duc de Dalberg son désir de secouer un joug insupportable.; ils en cherchaient tous deux les moyens, et ne les trouvaient guère ; tenter quelque chose à Paris tant que les armées étrangères étaient loin leur semblait impraticable. Une idée les frappait surtout, c'est qu'en tâtonnant entre la Seine et la Marne, et en négociant à Châtillon, les coalisés ménageaient à Napoléon les seules chances qu'il eût de se sauver. Rompre toute négociation avec lui, le présenter dès lors à la France comme l'unique obstacle à la paix, profiter de l'une de ses allées et venues pour percer jusqu'à la capitale, était à leurs yeux l'unique manière d'en finir. A peine les coalisés paraîtraient-ils aux portes de Paris qu'on ferait une levée de boucliers, qu'on proclamerait Napoléon déchu et qu'on briserait ainsi dans ses mains l'épée qu'il était presque impossible de lui arracher. »

C'était aussi l'avis des Prussiens, des Autrichiens, des Anglais et des Russes, et bien que leur manière de voir différât parfois, Paris restait le but commun de chacun d'eux. Dans cette grande lutte entre la France et l'Europe les alliés ne comptaient pour rien la France, le roi de Rome, l'Empire et Napoléon, au cas où Paris serait pris. Les célèbres conseils donnés à la coalition par le comte Pozzo di Borgo au moment où ses troupes, s'étant rapprochées des murs de la capitale, hésitaient encore à y entrer, ces avis si éclairés et si fâcheux pour nous, sont encore dans toutes les mémoires :
« *Le but de la guerre*, disait-il, *est à Paris*.
« Tant que vous livrerez des batailles vous
« courrez la chance d'être battus, parce
« que Napoléon les livrera toujours mieux
« que vous, et que son armée même mé-
« contente, mais soutenue par le senti-
« ment de l'honneur, se fera tuer à côté
« de lui jusqu'au dernier homme ; tout

« ruiné qu'est son pouvoir militaire, il
« est grand, bien grand encore, et son
« génie ardent, plus grand que le vôtre ;
« mais son pouvoir politique est détruit,
« les temps sont changés. Le despotisme
« militaire, accueilli comme un bienfait au
« lendemain de la Révolution, mais con-
« damné depuis par le résultat, est perdu
« dans les esprits. Si vous donnez nais-
« sance à une manifestation, elle sera
« prompte, irrésistible ; et Napoléon écarté,
« les Bourbons, que la France a oubliés,
« aux lumières desquels elle n'a pas con-
« fiance, les Bourbons deviendront tout à
« coup possibles et de possibles nécessai-
« res. C'est politiquement et non pas mili-
« tairement qu'il faut chercher à finir la
« guerre, et pour cela, dès qu'il se fera
« entre les armées belligérantes une ouver-
« ture quelconque à travers laquelle vous
« puissiez passer, hâtez-vous d'en profiter,
« *allez toucher du doigt Paris, du doigt*
« *seulement* et le *colosse sera renversé.* »

Il y avait bien des exagérations dans de pareils discours, et ce n'est pas ici le cas de les relever. Ce prétendu despotisme militaire était une constitution très-libérale, la plus libérale que le monde eût connue, appuyée sur un Code réglant fort équitablement les droits des citoyens entre eux, et ceux des citoyens dans leurs contestations avec l'autorité ; c'était une constitution telle qu'aucun des Etats qui nous faisaient la guerre n'aurait pu en produire de pareille. Sans doute il y avait eu des souffrances très-réelles en France, à la suite de guerres prolongées, mais tout le monde sait que ces souffrances ont été aussi fortes dans tous les Etats d'Europe, et que, pour les besoins d'une lutte qui n'était pas assurément une lutte en faveur de la liberté, pour les besoins d'une cause qui se vantait d'être avant tout hostile aux conquêtes de la Révolution, on avait demandé aux peuples nos rivaux des sacrifices en hommes et en argent tout aussi étendus et tout autant répétés qu'on l'avait fait dans notre pays. On ajoutait que le prestige politique de ces institutions était détruit; quelle illusion après ce que notre génération a vu, lorsque trente ans après ces événements le peuple français a rétabli l'Empire! On ajoutait, il est vrai, que Paris était, lui, mobile, capable de faire une révolution et de l'imposer à la France; c'était, par contre, la vérité entière, absolue; mais représenter tout le pays comme animé des mêmes sentiments, c'était une exagération à laquelle les princes alliés ne crurent assurément pas, car les rapports quotidiens qui leur étaient adressés constataient l'ardeur et l'audace désespérées des paysans contre les ennemis qu'ils pouvaient surprendre. Aucun de ces princes qui prétendaient ne faire la guerre qu'à un ambitieux et non à un pays généreux, qui répétaient partout qu'ils ne voulaient pas imposer à la France un gouvernement quelconque, que c'était à elle, à elle seule à décider sur ce point; aucun de ces souverains n'aurait osé consulter le pays, bien certain à l'avance de la réponse qu'il en aurait reçue.

Ils avaient mieux à faire : ils suivirent les conseils avisés de Pozzo di Borgo, prirent Paris, y fomentèrent la révolte, qui y est toujours à l'état latent, et vainquirent la Révolution dans la personne de son représentant le plus illustre. César découronné, c'était la Révolution décapitée.

CHAPITRE XIX

Pourquoi Marie-Louise et le roi de Rome abandonnèrent Paris.

Le 28 mars 1814, les armées étrangères frappant aux portes de Paris, le conseil de régence s'assembla aux Tuileries; présidé par l'Impératrice, il était composé de Joseph, Cambacérès, Lebrun, Talleyrand, des ministres, des présidents du Sénat, du Corps législatif et du conseil d'Etat.

Clarke, ministre de la guerre, fit un exposé fort triste de la situation : 25,000 hommes mal armés, c'est tout ce dont Paris disposait pour résister à 200,000 ennemis victorieux. Sa conclusion était le départ de l'Impératrice et du roi de Rome sur les bords de la Loire, hors des atteintes de l'ennemi.

Boulay (de la Meurthe) était fort opposé à cette conduite; selon lui, abandonner la capitale, c'était la désespérer, lui ravir le gage que présentait pour sa sécurité la présence de la fille et du petit-fils de l'empereur d'Autriche; on aurait l'air de fuir, et un pareil exemple serait immédiatement suivi ; c'était ouvrir les portes à l'ennemi et créer un vide immédiatement rempli par la révolution.

M. de Talleyrand fut de cet avis. Clarke revint à la charge, en disant que tout n'était pas dans Paris, tout ne devait pas y être, et que, Paris pris, il restait encore à défendre la France. Il fallait, suivant lui, se rendre avec l'Impératrice et son fils dans les provinces qui n'étaient pas envahies, y appeler tous les Français fidèles et courageux et se faire tuer avec eux pour la défense de la patrie; cette lutte prolongée était manifestement impossible, si on laissait l'Impératrice et le roi de Rome à Paris; à le quitter on pouvait craindre les reproches des Parisiens, mais à ne pas se confier à la France, on la mécontentait et on se privait des derniers efforts que pourraient tenter le pays et Napoléon.

Ce dernier avis prévalut, non pas parce qu'il était celui de la majorité des membres présents, mais parce que c'était un ordre de l'Empereur, ordre que Clarke et Joseph, qui le connaissaient, avaient peut-être eu tort de ne pas montrer au début de cette mémorable séance.

Le lendemain 29 mars au matin, les voitures de la cour remplissaient le Carrousel, et les Parisiens qui se trouvaient présents et que l'étiquette ne contenait plus, répétaient tout haut que le départ de Marie-Louise était une désertion, une véritable trahison ; quelques officiers de la garde nationale, pénétrant auprès de l'Impératrice, lui adressèrent même des reproches, en ajoutant qu'ils sauraient bien la défendre. La pauvre femme n'avait pour réponse que ses larmes : elle obéissait, disait-elle, comme c'était son devoir, aux ordres de son conseil et de son mari. On partit donc, et l'on se dirigea sur Rambouillet.

Les alliés entrèrent le lendemain dans Paris et furent accueillis froidement par le peuple et chaudement par la bourgeoisie. Le 1er avril, M. de Talleyrand demanda au Sénat (ils étaient seulement 70 sur 140) de venir au secours d'un peuple *délaissé*, de créer un gouvernement provisoire indispensable, puisque le gouvernement impérial avait *abandonné* le pouvoir. Le 2 avril, le Sénat ne se contente plus d'un gouvernement provisoire, et proclame la déchéance de Napoléon.

Le 12 avril (la logique marche grand train en temps de révolution) Monseigneur le comte d'Artois entrait à Paris. « La sage bourgeoisie de Paris, dit M. Thiers, cette bourgeoisie, expression toujours juste du sentiment public, longtemps attachée à Napoléon qui lui avait procuré le repos avec la gloire, et détachée de lui uniquement par ses fautes, avait bientôt compris que, Napoléon parti, les Bourbons devenaient ses successeurs nécessaires et désirables, que le respect qui entourait leur titre au trône, que la paix dont ils apportaient la certitude, que la liberté qui pouvait se concilier si bien avec leur antique autorité, étaient pour la France des gages d'un bonheur paisible et durable ; cette bourgeoisie était donc animée des meilleurs sentiments pour les Bourbons et prête à se jeter dans leurs bras, s'ils lui montraient un peu de bonne volonté et de bon sens. La figure si avenante de M. le comte d'Artois était tout à fait propre à favoriser ces dispositions et à les convertir en un élan universel. »

L'attitude de la bourgeoisie de Paris, pendant ces tristes événements, ne nous paraît pas mériter ces éloges. Pas plus dans cette circonstance que dans toutes les autres elle ne peut être regardée comme le vrai représentant des sentiments du pays ; on peut affirmer, au contraire, que le pays, dans sa masse énorme, voulait être fidèle aux Napoléon, et n'entendait nullement lier son sort à celui des Bourbons.

Cette bourgeoisie de Paris n'était pas sage alors, pas plus qu'elle ne le fut depuis, pas plus qu'elle ne l'avait été avant cette époque. En 1789 elle fut girondine et républicaine ; aux élections générales qui suivirent Thermidor, elle devint royaliste, alors que le pays envoyait à l'Assemblée nouvelle des républicains qu'il supposait modérés; au retour d'Egypte, elle acclama Bonaparte, elle vota l'Empire en 1802 et le délaissa en 1814; de nouveau partisan de l'Empereur après le retour de l'île d'Elbe, elle le délaissa derechef pour la seconde Restauration.

En 1830, elle renversait la légitimité dont elle s'était vite dégoûtée ; et, toujours *sage*, laissait ensevelir sous les barricades de 1848 le prince qu'elle avait élevé sur celles de 1830.

Quant à l'opinion du pays, dans tous ces

bouleversements, on ne s'en inquiétait guère ! Est-ce qu'on n'avait pas pour se guider, pour suppléer à cet avis imbécile d'un peuple de 40 millions d'âmes, les lumières toujours si éclatantes, les décisions toujours si sûres et si constantes de la *sage* bourgeoisie parisienne?

Mais c'est trop s'arrêter à un mot : cette petite, toute petite fraction de la nation, a donné les preuves de la plus grande versatilité dans ses opinions politiques, et de la plus grande arrogance en les imposant au pays tout entier. Il nous est plus utile de tirer nos conclusions des faits douloureux de 1814.

Constatons que Paris, siége unique du gouvernement, est un grand danger, un péril mortel pour la France en cas d'invasion : cette ville n'est pas seulement la plus grande et la plus importante du royaume et, comme telle, très-recherchée par l'ennemi, elle est encore un centre révolutionnaire permanent qui, en permettant de changer le gouvernement, met le pays à la merci de l'étranger.

Mais quel remède peut-on apporter à une situation politique aussi périlleuse ? Peut-on se défaire de la centralisation politique établie à Paris ? Veut-on, au mépris de la sagesse, rompre dans les mains d'un gouvernement quelconque le faisceau de forces qui le fait obéir, sûrement et rapidement, sur toute la surface du territoire ? Veut-on essayer de reconstruire une aristocratie en France, et chercher dans des autorités morales et locales, ainsi reconstituées, un contre-poids à la toute-puissance parisienne ? Tout cela est vain ; on ne peut lutter contre le courant des choses; on ne peut pas plus refaire une aristocratie qu'on ne peut briser toutes les routes, tous les canaux, tous les chemins de fer, tous les télégraphes qui convergent sur Paris.

Faut-il cependant mépriser les leçons les plus terribles de l'histoire ? Pourquoi Napoléon avait-il voulu que l'Impératrice et le roi de Rome quittassent Paris ? Parce qu'il sentait bien que la place d'un gouvernement n'est pas dans une ville assiégée. Pourquoi Talleyrand et Boulay de la Meurthe disaient-ils qu'en quittant la capitale, le gouvernement allait faire un vide qui ne serait comblé que par la révolution ? Parce que ce gouvernement n'avait de siége connu, habituel, préparé d'avance, que le palais des Tuileries ; parce que ce gouvernement, au lieu de devenir français, de se confier à la France, se confinait dans son rôle de pouvoir parisien, exposé à tous les revers, à toutes les humiliations que permet de craindre un pareil milieu.

La garde nationale criait à la désertion, et c'était tout naturel et presque légitime. Si, au contraire, on avait eu la sagesse de préparer en un coin quelconque de la France un refuge contre la révolution parisienne, si Bourges, ou quelque plaine d'au delà de la Loire, avait reçu pendant les années paisibles du règne les corps délibérants; si leurs délibérations avaient été entourées de tout l'éclat qui leur est dû; si l'armée avait donné à ce refuge si précieux la grandeur de sa pompe sévère; si, enfin, il y avait eu une halte entre Paris vaincu par l'étranger ou par l'émeute, et la soumission inévitable du pays, le pays se serait redressé et contre l'ennemi et contre l'émeute; car à voir les choses de près, il n'a jamais été trahi que par Paris. Alors, comme Napoléon le voulait, l'Impératrice et son fils auraient pu éviter les inconvénients et les périls d'une ville assiégée; alors, comme le disait Clarke, la population tout entière de la France aurait pu se grouper autour du gouvernement et le défendre, et se défendre elle-même avec lui ; alors, comme le disait Boulay de la Meurthe, on n'aurait pas créé à Paris un vide bientôt rempli par la révolution, car la révolution ne pouvait naître tant que le gouvernement régulier était puissant et respecté en un coin quelconque de la surface du pays ; alors, comme le disaient les gardes nationaux, le départ de ces augustes personnages n'aurait pu être regardé comme une désertion, car, en se transportant sur les bords de la Loire, dans un lieu depuis longtemps consacré, on n'aurait plus parlé d'abandon ; alors enfin, Talleyrand n'aurait pu proposer au Sénat d'établir un gouvernement provisoire, le peuple ayant été *délaissé* par les pouvoirs réguliers.

Ce sont là les réflexions sommaires que provoque l'abandon forcé de la capitale par Marie-Louise. Nous allons voir combien ces réflexions acquièrent de force et de justesse par le récit des événements suivants.

CHAPITRE XX

Imprévoyance de la bourgeoisie de Paris.

Quand les Parisiens ne font pas de révolutions, les étrangers maîtres de Paris en font naître à leur profit. Mais ce ne devrait pas être une raison pour que ces Parisiens s'en montrent aussi satisfaits qu'ils le laissèrent voir en 1814, à moins que la révolution ne soit pour eux comme un besoin naturel et qu'ils l'acceptent de toutes les mains qui veulent leur faire ce présent.

Avec un peu de prévoyance politique, *cette grande, cette sage, cette incomparable bourgeoisie* qui règne dans notre capitale, et qui a disposé de la France en toute liberté depuis 1789, excepté sous le règne des Napoléon, cette classe politique, toute puissante, ne tarda pas à se repentir de la joie qu'elle avait témoignée du retour des Bourbons et des applaudissements déplacés dont elle avait été si prodigue envers les souverains étrangers foulant en vainqueurs le sol de la patrie.

Deux mois ne s'étaient pas écoulés que bien des illusions étaient perdues. Dans ce court espace de temps, toutes les passions contenues par la main puissante de Napoléon, et mieux encore par les Constitutions impériales et le Code civil, qui avaient fait œuvre de grande et profonde sagesse en donnant à tous les partis ce qu'ils avaient raisonnablement droit d'espérer, en faisant ainsi la France entière complice de l'Empire, toutes les anciennes passions s'étaient tout à coup réveillées et faisaient passer le pays sans transition d'un calme absolu à l'anarchie morale et matérielle.

Au début, et comme il arrive à tous les partis, surtout aux partis victorieux, les royalistes se partagèrent bruyamment en modérés et en ultras ; le Roi était le chef des premiers, et le comte d'Artois se flattait d'être à la tête des seconds, de sorte que la cour elle-même donnait l'exemple et comme le signal d'interminables querelles.

A côté de la cour, M. le duc d'Orléans se faisait aussi une situation particulière, en donnant discrètement la main aux royalistes comme aux révolutionnaires, aux bonapartistes comme aux libéraux. Les maréchaux de l'Empire avaient été les uns froissés par un accueil très-froid, les autres froissés malgré le bon accueil qu'on leur avait fait, parce qu'ils n'avaient pas tardé à s'apercevoir, comme l'Empereur le leur avait tant de fois prédit, qu'ils seraient bientôt des étrangers dans ce milieu où tout leur serait hostile, aussi bien les hommes que les mesures nécessitées par une politique contre-révolutionnaire.

Paris était donc agité par des mésintelligences sérieuses que d'ordinaire on n'aperçoit pas à l'origine même des gouvernements, il l'était aussi par l'arrivée de bon nombre de soldats rapatriés qui n'avaient oublié ni l'Empire ni leur Empereur, et qui, au risque de s'attirer des querelles avec les ultras, ne ménageaient à personne l'expression bruyante de leurs sentiments; il faut ajouter enfin que les nouvelles de la province étaient des moins rassurantes; contrairement à l'opinion des optimistes qui entouraient à leur entrée dans Paris les souverains alliés, il fallut bien avouer que les Bourbons ne venaient pas faire succéder en France le calme à l'anarchie, et que c'était tout le contraire, rigoureusement le contraire, qui se faisait voir.

En Bretagne et en Vendée, les chouans avaient repris leurs armes et se jetaient sur les *bleus*, et les acquéreurs de biens nationaux, qui, très-nombreux dans cette province, comme dans tout le reste du pays, étaient pleins d'anxiété pour leurs personnes et leurs propriétés.

La vieille querelle des prêtres assermentés et des prêtres non assermentés se réveillait avec une intensité redoutable, et les évêques qui avaient prêté serment à l'Empereur se voyaient abandonnés d'une partie de leur clergé; quant au Concordat, c'était, disait-on, une œuvre révolutionnaire par excellence, et digne de tous les mépris des gens vraiment pieux. Nantes, en haine de la chouannerie, se prononçait contre la Restauration; Bordeaux ne voulait plus acquitter l'impôt des droits réunis; à Toulouse, les nobles en venaient aux mains avec les révolutionnaires; à Nîmes et à Montpellier, la lutte prenait le caractère d'une querelle purement religieuse, les catholiques et les protestants en étaient à craindre mutuellement pour leurs vies;

dans quelques villes du Midi on avait chassé les acquéreurs de biens nationaux et installé à leur place les anciens propriétaires. A Marseille, toutes les passions étaient déchaînées à la fois, on ne voulait pas plus de la Charte que des révolutionnaires; on s'exemptait sans hésitation du paiement des impôts et on pétitionnait ouvertement pour devenir une ville libre, commerçant avec le monde entier, en dehors de tous les droits requis dans les autres ports. A Lyon, à Valence, en Franche-Comté, dans l'Alsace, la Lorraine, la Bourgogne et la Champagne, les sentiments hostiles à la Restauration et favorables à l'Empire se dissimulaient à peine, et il est remarquable que les provinces les plus maltraitées par les guerres de l'Empire soient constamment restées fidèles à son souvenir : c'est un enseignement pour ces politiques à courte vue qui croient mener les hommes par les satisfactions de leurs appétits matériels : il y a des appétits moraux qui sont tout aussi éveillés, tout aussi actifs et bien autrement redoutables quand on les froisse.

La bourgeoisie *éclairée* ne vit pas (ce qui était évident pour tout homme sérieux), que les Bourbons auraient, sur toutes les questions qu'il faudrait résoudre, un avis très-sensé, très-sage, à leur point de vue, et parfaitement insensé au point de vue de la société nouvelle issue de la Révolution. Chacun était dans son rôle; il aurait fallu seulement prévoir que celui du gouvernement et celui de la nation allaient être différents.

On avait peu d'argent à donner aux malheureux soldats qui rentraient en France, et dont la solde était en retard; mais on avait aussi bien des secours à accorder à ces vieux compagnons d'armes, qui s'étaient montrés si fidèles pendant le malheur. Etait-il possible de les abandonner complétement? Et d'un autre côté, du nôtre, du côté de la société nouvelle, on récriminait avec violence, et l'on disait bien haut que s'il restait un morceau de pain, on devait le donner au soldat victorieux en vingt batailles, qui avait passé sa vie à défendre la France, et non à ce soldat de hasard qui n'avait porté les armes que contre elle.

Il en était de toutes les questions comme de celle-là : Etait-il possible de confier la garde du Roi à la garde impériale; n'y avait-il pas là quelque chose de choquant pour les officiers de la noblesse, pour les serviteurs fidèles qui avaient entouré et protégé les princes pendant l'émigration? Donner à garder aux mêmes troupes la personne de Napoléon et celle de Louis XVIII, paraissait en effet impossible, et cependant la garde impériale fut et devait être offensée de cette marque de défiance.

La Charte avait décidé le maintien de la Légion d'honneur; mais il était absurde et inconvenant que les princes de la maison de Bourbon eussent sur la poitrine l'image de l'Empereur; il fallut donc remplacer ce portrait et par quoi? On disputa longtemps et l'on finit par y placer l'image de Henri IV, ce qui était absolument ridicule, aussi ridicule que si on avait décrété que le code Napoléon s'appellerait désormais le Code Louis XIV.

On se heurtait à chaque pas à l'impossible, au douloureux, au ridicule, et on s'y heurtait fatalement. Qui pouvait faire un crime à Louis XVIII de faire célébrer un service funèbre en souvenir et en honneur du roi Louis XVI, de Marie-Antoinette et de tant d'autres illustres victimes de la

Révolution? Lui contester ce droit eût été pour ainsi dire de l'impiété; et cependant il y avait là comme une menace pour bien des gens compromis dans les excès de la Révolution, et des gens fort haut placés; comme si ce n'était pas assez que d'être obligé de froisser un si grand nombre de personnages, on se mit, du côté des royalistes, à tout exagérer, et la famille de Georges Cadoudal, l'assassin de l'Empereur, fut l'objet des prévenances de tout le monde officiel, et de la faveur même du Roi.

La Charte, qui avait parlé de la Légion d'honneur, n'avait pas mentionné le Concordat, aussi tous les prêtres assermentés furent-ils déclarés suspects, et dans dix ou douze départements les évêques qui devaient leur siége à cette grande œuvre de conciliation furent obligés de le quitter pour faire place à des membres du clergé non assermentés; il y avait schisme avoué, patent, et encouragé par toutes les forces du parti politique nouvellement appelé au pouvoir; les petits ennuis faisaient cortége aux grands. Les princes avaient été blessés, en rentrant en France, de voir le dimanche religieux si peu observé, ce qui était fort naturel de leur part; par une conséquence aussi naturelle, ils firent prendre par la police une ordonnance prescrivant la rigoureuse observation du jour du Seigneur et des jours de fêtes : Les boutiques devaient être fermées tout le jour et les chantiers d'ouvriers déserts. Il ne faut pas demander si ce décret fut du goût de la population parisienne, qui remplit les églises quand on fait mine de persécuter la religion, mais qui les délaisse complétement quand les pratiques religieuses paraissent officiellement exigées.

Il y avait évidemment incompatibilité d'humeur entre les deux nouveaux époux : la France et les Bourbons. La *sage* bourgeoisie parisienne aurait bien dû le comprendre.

CHAPITRE XXI

Le refuge en France fait défaut à Louis XVIII comme à Marie-Louise.

Napoléon vaincu, sans armée, presque sans escorte, un jour mit le pied sur les côtes de France et la France se jeta dans ses bras.

C'est la révolution la plus extraordinaire dont les annales du monde fassent mention. C'est aussi une preuve que les alliés qui prétendaient n'être venus en France que pour permettre au pays de choisir librement son gouvernement, avaient fort sagement fait de ne pas le consulter, car il aurait certainement relevé par ses votes le trône qu'ils voulaient abattre.

Réunis au congrès de Vienne, les plénipotentiaires de l'Europe étaient sur le point d'achever leur œuvre. Lorsqu'ils apprirent l'étonnante nouvelle, ils ne prirent pas le temps de se lamenter et, comme si l'extraordinaire était le domaine naturel du grand homme qu'ils avaient cru abattre, ils ne parurent pas fort étonnés de ce qui arrivait ; ils se séparèrent à la hâte après avoir pris toutefois la résolution virile de recommencer la lutte jusqu'à ce qu'elle eût une issue favorable pour eux.

Les princes qui habitaient les Tuileries étaient épouvantés des nouvelles et de la marche triomphale de Napoléon traversant le pays, aux cris délirants de vive l'Empereur. Ils avaient d'abord envoyé pour le combattre toutes les troupes dont ils pouvaient disposer. Le comte d'Artois, le duc d'Angoulême, le duc de Berry s'étaient partagé les rôles, et le maréchal Ney lui-même s'était chargé d'arrêter son ancien maître. On sait ce qu'il advint de ces précautions et comment tous les soldats envoyés pour combattre leur Empereur se bornèrent, dès qu'ils furent en sa présence, à grossir son armée.

Napoléon était arrivé à Fontainebleau; il fallait prendre un parti. Rester à Paris? personne autour du roi n'y pensait, car on n'avait rien pour résister, au milieu d'une population qui ne sait que détruire les trônes et jamais les défendre. On songea à la France, on se dit, comme se l'étaient dit les conseillers de Marie-Louise, que Paris n'était pas tout, que la France restait; on la croyait dévouée à la cause des Bourbons, illusion fort pardonnable chez les partisans de ces princes, et on s'irritait de ne pas trouver de point d'appui pour la soulever contre la toute-puissance parisienne. On pensa sérieusement à la Vendée, qui, depuis dix mois, avait donné des gages à la cause de la Restauration; on se flatta que cette province fidèle serait une halte et un refuge pour ces malheureux princes réduits à fuir une seconde fois, et le projet fut abandonné, parce que ce refuge, cette halte n'avaient pas été préparés d'avance, parce que personne ne la connaissait, parce que aucun des fonctionnaires ou des chefs d'armée n'avait pu y courir d'avance pour recevoir et entourer la famille royale, parce que le roi n'avait pu y donner rendez-vous par avance aux représentants de toutes les forces morales et matérielles qui auraient été tentés de défendre le trône de leur souverain.

Les Chambres, le Corps législatif comme le Sénat, étaient si faibles et s'étaient montrées si hostiles à l'Empire défaillant, qu'elles n'auraient pas mieux demandé que de prouver au monde et de se prouver à elles-mêmes qu'en abandonnant l'Empereur, elles n'avaient obéi qu'à des sentiments politiques sérieux et réfléchis ; en fait, elles se montrèrent fidèles à la royauté jusqu'au dernier moment, et nul doute que si elles avaient été réunies normalement et par avance dans une province quelconque de la France, elles n'eussent offert à leur cause un point d'appui très-efficace. Napoléon, rentré aux

Tuileries, au lieu de trouver la place nette et libre, aurait eu à combattre une autorité régulière disposant du plus redoutable des prestiges, celui de dicter des lois au pays et de donner des ordres à l'armée.

Mais puisqu'il était convenu que Paris, occupé par un pouvoir quelconque, la France n'a plus qu'à obéir, Napoléon étant rentré aux Tuileries, les Bourbons retournèrent en exil.

CHAPITRE XXII

Le Parlement parisien et révolutionnaire de 1815.

L'Empereur, rentré à Paris, fut entouré de tous les représentants les plus accrédités de la bourgeoisie française, toujours exclue du pouvoir depuis la chute des girondins et volontairement oubliée dans la Constitution impériale.

Puisque les jacobins avaient succombé sous leurs propres excès et l'Empire sous la puissance des armées étrangères, il était assez naturel que l'esprit public cherchât une combinaison nouvelle.

Ce fut là un fait naturel, mais fort regrettable ; d'abord, parce que le moment était déplorablement choisi pour tenter un essai de cette nature, et ensuite parce que la Constitution anglaise n'est pas applicable à notre pays. Tout Parlement souverain suppose une aristocratie capable de le conduire, et la bourgeoisie française n'a pas et ne peut pas avoir les vertus politiques d'une aristocratie. Napoléon comprenait cette différence capitale; mais sachant, comme tous les hommes d'Etat, faire la part des exigences et de la mode du jour, il consentit à signer l'acte additionnel qui créait deux Chambres, dont l'une héréditaire, avec des ministres responsables devant elles.

Cette Constitution nouvelle devait être ratifiée par le suffrage universel et ensuite les colléges électoraux devaient être convoqués pour nommer les députés.

Tandis que les scrutins ouverts pour l'institution du consulat à vie et pour l'institution de l'Empire avaient donné chacun 3,500,000 suffrages approbatifs, le vote sur l'acte additionnel ne réunit que 1,300,000 *oui*, et la plupart de nos historiens tirent de ce fait la preuve que l'astre du grand homme avait bien pâli, que les populations commençaient à être lasses, aussi bien de leur Empereur que de l'Empire.

Il est bien difficile de savoir au juste les sentiments qui animaient les citoyens venant déposer dans l'urne leur bulletin de vote; il est aussi malaisé de savoir pourquoi dans cette circonstance deux ou trois millions de citoyens n'ont pas voté.

Le pays était las de la guerre, il n'en faut pas douter; mais, après l'épopée du retour de l'ile d'Elbe, il est difficile d'admettre qu'il fût las de son Empereur et de la Constitution impériale. Le nombre de voix, relativement petit, que l'acte additionnel a obtenu, ne peut-il s'expliquer par le peu de goût des électeurs pour une Constitution dont ils comprenaient fort mal le mécanisme ingénieux, et qui avait à leurs yeux l'inévitable inconvénient de rejeter Napoléon au second rang, alors que tous les esprits sensés avaient compris la nécessité de se presser autour de l'incomparable guerrier qui seul pouvait tenir tête à l'Europe. Le peuple, pris en masse, a un bon sens que l'on trompe difficilement. L'Europe se préparait à nous écraser une seconde fois ; un Parlement nouveau ne paraissait à personne capable de venir à bout de la coalition, et fort capable, au contraire, de gêner singulièrement l'action militaire du pays.

Si ce fut là la cause du peu d'empressement de la nation à voter une Constitution qui devait entraîner de si grands malheurs, il faut avouer qu'elle a eu à cette époque un juste pressentiment des choses.

La bourgeoisie politique triomphante se remuait avec la fougue excusable chez les nouveaux venus au pouvoir, et menée par M. de Lafayette, M. Benjamin Constant et les habitués du salon de Madame de Staël, elle répétait avec obstination qu'il fallait convoquer de suite le Parlement, bien que la constitution nouvelle donnât le droit de ne la réunir qu'après l'issue de la guerre prochaine.

Cette classe peu prévoyante, mais avide d'assurer son pouvoir, redoutait, non pas un revers de Napoléon, ce revers la débarrassait du grand homme, mais un succès possible de l'incomparable guerrier, et alors elle tremblait pour elle et pour son frêle édifice parlementaire. Ce mouvement politique, qu'on appelait alors libéral, pour cacher derrière un mot toujours bien accueilli une pensée vraiment antinationale, prit, grâce au milieu parisien où il était né, une telle puissance, qu'il fallut céder.

Se battre avec un Parlement parisien dans le dos, parlant, gesticulant, affolé, pendant que le canon gronde, est et sera toujours en France la plus condamnable des sottises.

Il est à peine besoin de dire que Napoléon, mieux et plus que personne, était convaincu de cette vérité. Mais, lui répétaient tous les grands bourgeois, on ne croira à la conversion de Votre Majesté que lorsqu'on verra, réunis autour d'Elle, les représentants de la nation. Etait-ce bien là le cri du cœur du pays ? N'était-ce pas plutôt une de ces violences de paroles que se permettent les Parisiens avant de permettre les violences de la rue ? Le peu de grâce que montra le pays à la ratification de l'acte additionnel autoriserait à le croire. Quoi qu'il en soit, puisqu'on était à Paris, que Paris avait son Parlement, la France et Napoléon n'avaient plus qu'à se courber.

La veille de son départ pour l'armée, l'Empereur, aussi préoccupé de l'attitude politique des Chambres pendant son absence que de ses combinaisons stratégiques, disait à ses ministres rassemblés autour de lui : « Comment ferez-
« vous pour conduire les Chambres en
« mon absence? M. Fouché croit qu'en
« gagnant quelques vieux corrompus, en
« flattant quelques jeunes enthousiastes,
« on domine les Assemblées ; mais il se
« trompe, c'est là de l'intrigue et l'intrigue
« ne mène pas loin. En Angleterre, sans
« négliger absolument ces moyens, on en
« a de plus grands et de plus sérieux ;
« rappelez-vous M. Pitt, et voyez aujour-
« d'hui lord Casttereagh ! Les Chambres en
« Angleterre sont anciennes et expérimen-
« tées : elles ont fait depuis longtemps con-
« naissance avec les hommes destinés à
« devenir leurs chefs ; elles ont pris de la
« confiance ou du goût pour eux, soit à
« cause de leurs talents, soit à cause de
« leur caractère, elles les ont en quelque
« sorte imposés au choix de la couronne,
« et après les avoir fait ministres, il fau-
« drait qu'elles. fussent bien inconsé-
« quentes, bien ennemies d'elles-mêmes et

« de leur pays pour ne pas suivre leur
« direction. C'est ainsi qu'avec un signe
« de son sourcil, M. Pitt les dirigeait et que
« les dirige encore aujourd'hui lord
« Castlereagh. Ah! si j'avais eu de tels
« instruments je ne craindrais pas les
« Chambres. Mais ai-je rien de pareil!
« Voilà, parmi ces représentants, des
« hommes venus de toutes les parties de la
« France, avec de bonnes intentions sans
« doute, avec le désir que je me tire
« d'affaire et que je les en tire eux-mêmes,
« mais n'ayant, pour la plupart du moins,
« jamais vécu dans les Assemblées, n'ayant
« jamais eu le souci, la responsabilité des
« événements, inconnus de mes ministres
« et n'en connaissant pas un, personnelle-
« ment du moins; qui voulez-vous qui les
« dirige? Certainement je ne pouvais mieux
« choisir mes ministres que je ne l'ai fait;
« je les ai pris, pour ainsi dire, dans la
« confiance publique, le pays me les aurait
« lui-même donnés au scrutin, si je les lui
« avais demandés; aurait-on pu, en effet,
« m'indiquer un meilleur ministre de la jus-
« tice que le sage Cambacérès, un plus impo-
« sant ministre de la guerre que le laborieux
« et sévère Davoust, un plus rassurant mi-

« nistre des affaires étrangères que le grave
« et pacifique Caulaincourt, un ministre de
« l'intérieur plus capable de rassurer et d'ar-
« mer les patriotes que cet excellent Carnot?
« Les gens de finances ne m'auraient-ils pas
« signalé eux-mêmes la probité, l'habileté
« du comte Mollien? Et le public ne croit-il
« pas avoir l'œil du gouvernement toujours
« ouvert sur lui, lorsque M. Fouché est mi-
« nistre de la police? Et pourtant lequel de
« vous, Messieurs, pourrait se présenter
« aux deux Chambres, pour leur parler, s'en
« faire écouter, les conduire? J'ai tâché d'y
« suppléer au moyen de mes ministres
« d'Etat, au moyen de Regnaud, de Boulay
« de la Meurthe, de Merlin, de Defermore;
« certainement Regnaud a du talent, mais
« croyez-vous que dans un cas grave il pour-
« rait dominer les orages? non, ce n'est pas
« d'une position secondaire qu'on impose
« aux hommes, qu'on s'en empare et qu'on
« s'en fait suivre. Hélas! ce n'est pas dans
« notre paisible Conseil d'Etat qu'on se
« forme aux tempêtes des Assemblées...
« Non, non, vous ne gouvernerez pas les
« Chambres, et si bientôt je ne gagne une
« bataille elles vous dévoreront tous, quel-
« que grands que vous soyez... Si je suis

« victorieux, nous obligerons tout le monde
« à se renfermer dans ses attributions, et
« nous aurons le temps de nous habituer à
« ce nouveau régime. Si je suis vaincu, qui
« sait ce qui arrivera de vous et de moi ?...
« Mais que les amis de la liberté y pensent
« bien, si par leur maladresse ils perdent la
« partie, ce n'est pas moi qui la gagnerai,
« ce sont les « Bourbons » ! »

La Chambre, dans son immense majorité, n'était pas disposée à commettre cette *maladresse;* mais les chefs de cette Assemblée fort inexpérimentée étaient tout disposés à la commettre, et la prévision des Bourbons sur le trône n'était pas faite pour ralentir leur ardeur.

La nouvelle de notre défaite à Waterloo était arrivée comme un coup de foudre à Paris, et y avait naturellement surexcité les esprits; la bourgeoisie parisienne, qui n'a jamais été remarquée pour la ténacité de ses opinions politiques, s'emporta la première: Arrière ce conquérant, qui ne savait plus même se défendre! Il venait, par une tentative des plus téméraires, de rentrer en France et de bouleverser l'Europe, il n'avait qu'une manière d'excuser sa témérité : c'était la victoire! et puisqu'il était vaincu, il fallait l'abandonner !

Les royalistes étaient naturellement charmés d'entendre un pareil langage dans la bouche de leurs anciens adversaires et ne demandaient pas moins que la déchéance immédiate de Napoléon.

Les gens sages, aussi nombreux en temps révolutionnaire qu'en temps régulier, mais dont la voix est moins écoutée, pensaient et disaient qu'on ne pouvait sortir des périls présents qu'en s'attachant fortement à la personne de Napoléon; qu'il restait des ressources pour continuer la guerre, et que remises entre ses mains ces ressources pouvaient être efficaces; qu'avec lui pour chef, la résistance à l'ennemi était possible, mais avec tout autre impossible; que l'espérance de traiter avec l'Europe, en sacrifiant l'Empereur, était non-seulement peu honorable mais chimérique; que l'Europe en voulait tout autant à la France qu'à Napoléon; qu'elle ferait les plus belles promesses du monde, et qu'ensuite, lorsqu'on aurait eu la faiblesse de les écouter, Dieu seul sait ce que deviendraient le pays, son sol, et la liberté !

Sieyès et Carnot, non par affection pour l'Empereur, mais par une vue nette des intérêts du pays, soutenaient cette thèse avec chaleur; Sieyès, en relations fréquentes avec les membres de la nouvelle Chambre des députés, leur répétait souvent : Pensez bien à ce que vous allez faire ; vous n'avez que cet homme pour vous sauver; ce n'est pas un tribun qu'il vous faut, mais un général, lui seul tient l'armée et peut la commander. Brisez-le après vous en être servi, ce n'est pas moi qui le plaindrai ; mais sachez vous en servir auparavant; mettez dans ses mains toutes les forces de la nation et vous échapperez peut-être au péril qui vous menace ; autrement vous perdrez infailliblement la Révolution et la France avec elle! Mais que peut-on raisonnablement attendre d'une réunion d'hommes inexpérimentés comme l'étaient les nouveaux députés et surtout quand ils se débattent au milieu de cette fournaise parisienne, qui prend les allures d'un volcan, quand elle est rudement secouée par de graves événements?

Ces malheureux, qui ont réellement trahi et perdu la France, ne croyaient assurément pas assumer devant l'histoire une aussi lourde responsabilité; et c'est de bonne foi qu'ils souhaitaient, demandaient, exigeaient enfin la déchéance de Napoléon en croyant, par cette lâcheté, apaiser le courroux de l'Europe et vivre paisibles sous le sceptre constitutionnel de Napoléon II.

Le fidèle Regnaud vint rapporter à l'Empereur les fâcheuses dispositions de la Chambre. — « Expliquez-vous, lui dit-il, ne dissimulez rien, il ne s'agit pas de ma personne que je suis prêt à sacrifier et dont, il y a trois jours, j'ai tout fait pour vous débarrasser; mais il s'agit de l'Etat et de son salut. Qu'est-ce qui peut sauver l'Etat aujourd'hui? est-ce la Chambre des représentants, est-ce moi? Est-ce que la France connaît un seul des individus qui composent cette Chambre nommée d'hier et où il n'y a ni un homme d'Etat ni un militaire? Pourriez-vous me désigner, dans son sein ou ailleurs, un bras assez ferme pour tenir les rênes du gouvernement? La France ne connaît que moi, n'attache d'importance qu'à moi. L'armée, dont les débris ralliés peuvent être imposants encore, l'armée, croyez-vous qu'elle obéisse à une autre voix qu'à la mienne? et si, comme à Saint-Cloud, je jetais tous ces

16

discoureurs par la fenêtre, l'armée applaudirait et la France laisserait faire. Pourtant je n'y songe point; j'apprécie la différence des temps et des circonstances; mais il ne faut pas qu'avec de fausses notions sur l'état des choses on rompe l'union qui est aujourd'hui notre dernière ressource. Sans doute, si moi seul je puis sauver l'Etat, par ce motif je suis l'objet apparent de la haine de l'étranger, et on peut croire que, moi écarté, l'étranger sera satisfait. On vous dit que le roi de Rome avec la régence de sa mère serait admis : c'est une fable perfide imaginée à Vienne pour nous désunir et propagée à Paris pour tout perdre. Je sais ce qui se passe à Vienne, et à aucun prix on n'accepterait ma femme et mon fils; on veut les Bourbons, les Bourbons seuls, et c'est tout naturel; moi écarté, on marchera sur Paris, on y entrera, et on proclamera les Bourbons. En voulez-vous? Pour moi, je ne sais pas trop s'ils ne vaudraient pas mieux que tout ce que je vois; mais l'armée, mais les paysans, mais les acquéreurs de biens nationaux, tous ceux qui ont applaudi à mon retour en veulent-ils? »

Vous tous, serviteurs de la famille impériale, peut-il vous convenir de laisser rentrer l'émigration triomphante? Personnellement, je n'ai plus d'intérêt dans tout cela; mon rôle est fini quoi qu'il advienne, et une dictature même heureuse le prolongerait à peine de quelques jours..... Mais, croyez-vous qu'en manœuvrant avec 120,000 hommes entre la Marne et la Seine et en avant d'une capitale bien défendue, je n'aurais pas encore bien des chances pour moi ? Enfin, la France apparemment ne nous laisserait pas battre tout seuls. En deux mois, j'ai levé 180,000 gardes nationaux d'élite, ne puis-je en trouver 100,000 autres ? Ne peut-on me donner 100,000 conscrits ? Il y aurait donc encore derrière nous de bons patriotes qui viendraient remplir les vides de nos rangs, et quelques mois de cette lutte auraient bientôt lassé la patience de la coalition, qui, les traités de Vienne et de Paris maintenus, ne soutient plus qu'une lutte d'amour-propre. Que faut-il donc pour échapper à notre ruine? de l'union, de la persévérance, de la volonté. »

Oui, il aurait fallu s'inspirer de ces beaux sentiments, mais le *parti libéral*, secrètement mené par Fouché, prenait intrépidement ses folles et sottes espérances pour base de sa politique, et allait se jeter tête baissée dans les bras des Bourbons, en croyant naïvement et jusqu'au dernier moment élever Napoléon II sur le trône glorieux de son père.

Peut-être M. de Lafayette qui conduisait ce parti ne fut-il pas dupe au même degré que ses partisans; on voudrait qu'il en fût ainsi, car s'il ne s'est pas trompé, sa mémoire encourrait de bien grandes responsabilités : c'est déjà bien fâcheux que d'errer dans des circonstances aussi capitales pour son pays, mais prendre résolûment l'initiative d'une révolution politique, se mettre au-dessus de la légalité pour aboutir à ce que l'on sait, ce serait plus triste encore. Espérons que ce grand cœur, ce vaillant homme, ce citoyen honnête et probe entre tous, a été, comme tant d'autres, la dupe de sa propre passion ; le rôle des Talleyrand et des Fouché ne pouvait convenir à Lafayette.

Ce fut le 24 juin que ce dernier fit à l'Assemblée les propositions suivantes : 1° La patrie est en danger; 2° Les deux Chambres siégent en permanence ; 3° Coupable de trahison qui voudrait les dissoudre ou les proroger; 4° Les ministres de la guerre, des relations extérieures, de l'intérieur et de la police, sont mandés à la barre de l'Assemblée; 5° Les gardes nationales sont levées dans toute l'étendue de l'Empire. Adopter de pareilles résolutions, c'était consommer une véritable révolution, car il n'y en a pas une sur les cinq qui ne fût une illégalité flagrante. La Chambre, en effet, n'avait pas le droit de déclarer la patrie en danger; elle pouvait être légalement dissoute par l'Empereur; et déclarer ce dernier traitre, s'il usait d'un droit à lui conféré par la Constitution, c'était ajouter l'injure à la trahison; les députés n'avaient pas d'ordres à donner aux ministres; enfin, la mise sur le pied de guerre des gardes nationales était une attribution exclusive du chef du pouvoir exécutif.

Quand on est sur cette pente, on roule bien vite jusqu'au bout. La commission de la Chambre nommée pour s'entendre avec les ministres de l'Empereur sur les mesures à prendre, n'hésita pas à nommer des commissaires pour conclure directement la paix avec les alliés. A partir de ce moment la révolution devant l'ennemi était consommée par des mains qu'on désire ardemment ne croire qu'imprudentes. Napoléon, qui n'était pas encore officiellement renversé de son trône, l'était en réalité ; la coalition n'avait plus à trembler ; le grand, l'incomparable guerrier, qui seul pouvait essayer de lutter avec elle, était à terre, couché dans la poussière par des mains qu'on appelait alors libérales. Notre bourgeoisie politique, qui avait si bravement et si tristement fini avec les girondins la première partie de son règne, ne rentrait pas glorieusement en scène.

M. Thiers peint très-finement et, sans aucun doute, fort impartialement les sentiments qui assaillirent les membres de l'Assemblée lorsqu'elle eut enfin arraché aux mains résignées de l'Empereur sa seconde abdication. « Qui le croirait ? après
« avoir manifesté tant d'impatience, l'As-
« semblée, soit la noblesse de langage de
« Napoléon, soit la grandeur de l'homme
« et de son infortune, soit détente des
« esprits à la suite du succès obtenu, l'As-
« semblée, naguère si courroucée, demeura
« d'abord muette et puis fut tout à coup
« saisie d'un attendrissement profond et
« universel. On employa quelque temps à

« échanger des expressions de compas-
« sion, de gratitude, de regret, et dans
« plus d'un esprit entra cette pensée, que
« si le salut de l'Etat était presque impos-
« sible avec Napoléon, il serait tout à fait
« impossible sans lui. On avait été poussé,
« pour ainsi dire malgré soi, à ce qu'on
« avait fait et on sentait confusément que
« ce n'était pas le triomphe de la Révo-
« lution et de la dynastie impériale qu'on
« venait d'assurer, mais celui des Bour-
« bons... Ce n'était pas, ajoute M. Thiers,
« une calamité pour la France ni pour
« la liberté, mais c'était une œuvre singu-
« lière accomplie de la main de ses repré-
« sentants, tous complices ou partisans de
« la révolution du 20 mars. »

Ils votèrent donc avec enthousiasme pour Napoléon II, et quelques jours plus tard, grâce à eux, à leur maladresse, à leur inexpérience qu'il faut croire aussi grande que possible pour n'avoir pas à parler de trahison, il ne restait rien de ce grand empire des Francs, rien! rien qu'un impérissable souvenir, capable à lui seul d'enfanter encore bien des événements extraordinaires dans notre pays!

Ce douloureux épisode de notre histoire

nationale n'aurait pas son vrai caractère si nous ne rappelions que dans la convention militaire, ou pour parler plus franchement dans la capitulation du 3 juillet 1815, il n'est question que de *l'armée* et de *la ville de Paris*, et que le nom de la France n'y est même pas mentionné ; si nous n'ajoutions encore que c'est une triste destinée de nos Parlements français d'être à la fois la cause et le théâtre de toutes nos révolutions politiques : celui de 1815 renversa l'Empire et la Constitution impériale, et comme tous ses successeurs il fit cette révolution sans le savoir et sans l'avoir voulu.

CHAPITRE XXIII

Du mépris de la gloire.

Quand Napoléon revint de Waterloo, il n'y eut qu'un cri dans le peuple qui assiégeait le palais de l'Elysée; l'enthousiasme pour le héros vaincu, la pitié pour son malheur, la haine de l'étranger, tous ces sentiments trouvaient leur satisfaction dans un cri formidable de : Vive l'Empereur. La haute bourgeoisie parisienne n'entendait pas se mêler à la foule de ces *fanatiques imbéciles*; elle avait, disait-elle, assez de la gloire de ce soldat de fortune, elle était rassasiée de gloire! La gloire ne fait vivre personne et oblige au contraire à conduire à une mort certaine un nombre considérable de braves gens. L'idéal pour elle, c'est de vivre en honnête homme, d'élever en paix sa petite famille dans un état où le travail soit plus en honneur que la guerre. Arrière donc les conquêtes et les conquérants! La paix, la paix, le repos tout de suite, et coûte que coûte!

On eût bien étonné la plupart des citoyens, fort recommandables d'ailleurs, qui tenaient un pareil langage, si on leur eût prouvé que chez un peuple toute prospérité vient de sa gloire et que sans gloire il ne faut espérer aucune prospérité; que le pain qu'il mange, le vin qu'il boit, le vêtement qui le couvre, le palais qu'il habite, la route qu'il suit, la parure de la femme qu'il aime, l'aisance ou le luxe dont il entoure ses enfants, tout cela lui vient directement de la gloire, de cette gloire que, dans son ignorance, il croit si inutile!

En effet, on ne conçoit ni routes, ni canaux, ni industrie perfectionnée, ni travail assuré, ni sécurité pour l'épargne dans une agglomération quelconque d'hommes, sans que cette agglomération soit devenue ce qu'on appelle un peuple. Des milliers de grains de sable n'auraient aucune forme ni aucune cohésion et se répandraient à terre au hasard et dans toutes les directions, s'ils n'étaient pressés par les parois d'un vase ; de même un peuple ne serait qu'un ramassis d'hommes sans lois, sans religion, sans industrie, sans travail, se dévorant sans cesse les uns les autres, si de grands hommes, et parmi eux de grands guerriers, n'avaient pas fait battre à la fois le cœur de toutes ces âmes que rien jusque-là n'avait rattachées les unes aux autres : une grande entreprise guerrière a donné à ce troupeau d'hommes des souvenirs communs, les joies du triomphe et même les regrets cuisants de la défaite. Oui, les amertumes mêmes que ressentent des millions de vaincus fait plus pour la formation d'un peuple que les petits bonheurs individuels qu'ils peuvent rencontrer sur le chemin de la vie. Il est parfaitement vrai, parfaitement incontestable que les récits de l'horrible Waterloo, faits à voix basse ou d'une voix attendrie, dans toutes les chaumières, ont créé plus de Français que les joies délirantes d'Austerlitz. Chez les peuples comme dans les familles, la prospérité, le luxe relâchent les liens de l'affection; on ne se connaît et on ne s'aime véritablement qu'après la pénible épreuve du malheur supporté en commun. Il n'y aurait donc pas de peuple, c'est-à-dire pas de lois, pas de sécurité, c'est-à-dire pas de prospérité s'il n'y avait eu de grands hommes et de grandes gloires qui ont fait à ces masses d'hommes une âme commune, un cœur qui bat à l'unisson, des souvenirs, et enfin une tradition.

Le guerrier a fait son œuvre, le poëte fait la sienne après lui, et ses chants racontant les hauts faits des aïeux éveillent l'émulation et le courage des jeunes gens.

Un bon bourgeois ne se doutera jamais du nombre fabuleux de coups de sabre qu'il a fallu donner et recevoir autrefois pour que sa jeune femme puisse aujourd'hui emprisonner ses pieds dans d'élégantes bottines et ses mains dans des gants de couleur tendre. Cependant, avec un peu de réflexion, il aurait pu apercevoir une loi constante de nos sociétés, et cette découverte, s'il l'avait faite, l'aurait aussitôt converti.

Il est certain, en effet, que chez tous les peuples qui n'existent, ainsi que nous venons de le voir, que grâce à une tradition, c'est-à-dire à des faits glorieux accomplis en commun, la prospérité matérielle marche du même pas que la gloire, s'augmentant et s'abaissant avec elle.

L'histoire à la main, ce fait peut être facilement prouvé. Où en est aujourd'hui la richesse de l'Espagne? Au point juste où en est sa grandeur. Quelle est l'heure de sa grande prospérité, de son éclat, de sa richesse? Sous Charles-Quint, c'est-à-dire à une époque de guerres incessantes, en France, à Rome, à Naples, à Mülberg, en Afrique, dans les Pays-Bas, à une époque où l'on venait d'essayer et de réussir les immenses conquêtes de l'Amérique du Sud, du Mexique, du Pérou, du Chili, de la Nouvelle-Grenade, de Buenos-Ayres; les monuments célèbres de l'Espagne, les manufactures de toutes espèces, les voies de communication par terre ou par eau datent de ce grand règne; et dans tous les arts, le même épanouissement existe. N'est-ce pas à cette ère fortunée pour l'Espagne que Cervantès, Lopez de Vega, Calderon écrivirent leurs éminents ouvrages; n'est-ce pas alors que Velasquez, Murillo, le Tintoret, peignirent ces toiles que le monde admire depuis trois siècles? Et cependant que de batailles pendant que les fabriques marchaient et prospéraient!

Venise, au quinzième siècle, était assurément la ville la plus commerçante et la plus industrielle de l'Europe; et c'est aussi l'époque de sa plus grande gloire guerrière; ses combats avec les Italiens et avec les Turcs sont incessants; il semblait qu'on ne put trouver de débouchés pour ses glaces et ses velours qu'à grands coups de canons.

La Hollande fut un jour l'émule de Venise pour l'éclat et la richesse de ses productions industrielles, et cette grande prospérité est contemporaine des hommes de guerre qu'on appelle Ruyter et Tromp.

Louis XIV se battit tout le long de son règne. Il conquit la Franche-Comté, mais il éleva les Invalides, les Gobelins et la Savonnerie. Il avait Condé, Turenne,

Vauban, Duguay-Trouin et Duquesne, mais il avait aussi Colbert et Louvois; ses campagnes incessantes ne l'empêchèrent pas de transformer Paris, de donner un développement extraordinaire au commerce maritime, de tracer et de construire le réseau de nos routes royales, de creuser ce grand canal du Midi, qui fut la plus grande entreprise du siècle. Le plus magnifique épanouissement du génie humain dans les lettres et les arts fut alors contemporain de la gloire de la France.

Mais descendons jusqu'à nous. La loi nouvelle, bien loin d'être infirmée, prend un caractère d'évidence fort accusé.

Depuis 1789, nous avons traversé, hélas! toutes les constitutions politiques sans nous arrêter à aucune. Ce n'est rien avancer de blessant pour aucun parti de prétendre que les deux Empires ont été les règnes les plus éclatants au point de vue guerrier; cette prétention nous sera d'autant plus vite pardonnée que ces guerres mémorables ont été reprochées avec une grande amertume aux deux Napoléon. Comparons ce qui s'est fait en industrie, en commerce, en créations utiles à ces deux époques et sous les règnes plus pacifiques de la Restauration et de Louis-Philippe Ier. Il serait peu généreux de parler ici de nos diverses républiques, dont l'existence fut toujours compromise par le peu de sympathies qu'elles ont rencontré en France, et qui, par suite, n'ont laissé sur le sol de notre pays que des ruines. Tout le grand outillage de notre industrie et de notre commerce date des Napoléon : routes, canaux, chemins de fer, le Simplon et le canal de Suez, la traversée souterraine des Alpes, les paquebots transatlantiques, la transformation et l'assainissement de Paris; nous ne parlons pas ici des créations de Napoléon Ier dans toutes les branches du droit et de l'administration. Il n'y a rien de mieux à en dire que de rappeler le respect forcé qu'ont montré les gouvernements les plus hostiles pour le Code civil, pour l'Université, pour la comptabilité publique, pour toute notre organisation administrative.

Quand on pense à ces phénomènes moraux, on sourit de la prétention de certains économistes à trouver dans les faits d'ordre purement matériel la cause du développement ou du ralentissement de la richesse publique; quand on lit dans un ouvrage célèbre que l'importateur de la pomme de terre a plus fait pour le bonheur de l'humanité que Napoléon et tous les grands hommes du monde réunis, on ne sait si l'on doit se fâcher d'une si grande imposture ou s'apitoyer sur une aussi grande ignorance. S'il n'y avait pas eu de génies sur la terre, de grands maniers et conducteurs de peuples, l'homme serait resté un animal et tous les mangeurs de pommes de terre, hommes ou bêtes, n'auraient été que des pourceaux.

Il est possible que nous voyions dans quelques années se produire, au profit de la Prusse victorieuse, les effets de la loi que nous étudions ; c'était jusqu'ici une nation fort médiocrement riche ; si, ce que nous ne croyons pas, les conquêtes qu'elle a faites sont dans les desseins de Dieu, c'est-à-dire justes et raisonnables, elle se les assimilera et la richesse viendra par surcroit. Le temps, le climat, l'aridité naturelle du sol, ne sont pas plus un empêchement à la prospérité d'une nation que tous les dons du ciel réunis ne sont une raison d'activité agricole ou industrielle ; le seul engrais qui féconde le sol d'une nation, c'est la gloire ; sans elle, il n'y a que la matière première; l'ouvrier qui sait la mettre en valeur, l'homme, le citoyen manquent. Est-ce qu'en Turquie, en Egypte, dans les Indes, dans l'Amérique du Sud, en Afrique, il n'y a pas des millions d'hectares de terres admirables, prêtes à récompenser magnifiquement le moindre effort de l'homme, et cependant délaissées par lui ? Est-ce qu'au contraire, en France, en Angleterre, en Hollande, à Venise, il n'a pas fallu lutter contre toutes les inclémences du ciel et du sol avant d'atteindre à la richesse ? C'est l'homme qui fait dans ces deux cas toute la différence.

Sans doute, quand un peuple, glorieusement occupé chez lui ou au dehors, crée par la guerre et la conquête des sources nouvelles pour son commerce ou son industrie, il augmente matériellement et presque immédiatement sa prospérité; toutefois, les sacrifices qu'il faut faire en hommes et en argent pour obtenir ces grands résultats et pour en conserver le bénéfice sont parfois si onéreux qu'on pourrait croire à une situation peu améliorée.

Aussi n'est-ce pas ce côté tout matériel de la question qu'il faut envisager, si on veut la résoudre. Les grandes entreprises, es grandes actions faites en commun par ous les enfants d'un même pays, habituent les esprits à penser avec activité, avec justesse, avec grandeur.

Au retour d'une expédition lointaine et heureuse, alors que nos soldats de Sébastopol et de Magenta traversent glorieusement nos boulevards, on est fortement ému ; ces drapeaux qui viennent de si loin, dont les boulets ont déchiré la soie, et dont la poudre a noirci les couleurs ; ces braves gens, si mal vêtus, le grondement majestueux et vainqueur des canons qui roulent sur le pavé, tout cet attirail de la gloire porte au cœur, et dans la crainte de ne pas trouver de paroles bien claires pour exprimer son émotion, on se contente de serrer convulsivement la main d'un ami qui passe.

Acteurs et spectateurs de ces scènes magnifiques grandissent tout à coup. On ne veut, on ne recherche que les grandes actions, et comme il n'y en a plus à accomplir sur les champs de bataille, on porte sa fièvre et son ardeur sur les champs de bataille de l'industrie ; on est prêt à la lutte, et puisqu'il n'y a plus d'hommes à combattre, on combattra la nature. Elevé à ces hauteurs, emporté par ce désir impatient de vaincre, l'homme voit, veut de grandes victoires et se passionne pour elles : c'est pour un peuple l'époque des plus belles moissons; les gouvernements bien bourgeois et bien sages percent la rue de Rambuteau et s'essuient le front; les gouvernements que les méchantes langues disent aventureux font Paris, ce qu'il est devenu sous Napoléon III.

Les esprits dont cette théorie contrarie les intérêts politiques ne manqueront pas de crier au paradoxe et de démontrer, à l'aide de nombreux et faciles arguments, qu'une nation loin de s'enrichir se ruinerait rapidement à faire éternellement la guerre. Qui pourrait mettre en doute une proposition si évidente? Ce qui nous importe, c'est d'avoir prouvé que sans grandes actions faites en commun, il ne saurait exister de peuple, que sans peuple il n'y a pas de civilisation et par conséquent pas de prospérité possible, et enfin que pour une nation constituée, la guerre, qu'il ne faut pas rechercher, mais qu'on ne peut pas toujours éviter, éveille et grandit les esprits, et que cet état mental de plusieurs millions d'hommes est la cause immédiate d'une hauteur de vues et d'une activité qui, appliquées aux travaux du pays, deviennent la source de bien des richesses.

CHAPITRE XXIV

Le Parlement bourgeois et parisien de 1815.

Le moment de juger définitivement le règne de notre bourgeoisie politique française n'est pas encore arrivé, il nous faut d'abord la voir à l'œuvre.

Nous venons de rappeler le triste rôle qu'elle joua, ou, pour parler plus exactement, que joua la bourgeoisie parisienne à la rentrée des Bourbons. Il nous faut maintenant suivre au pouvoir cette classe politique que l'importation du régime parlementaire dans notre pays allait rendre maîtresse de ses destinées.

Une ordonnance royale du 15 juillet 1815 avait convoqué pour le 14 août les colléges d'arrondissement, et au 22 du même mois, la réunion des collèges de département. Chaque collège d'arrondissement élisait un nombre de candidats égal à celui des députés à nommer ; le collège de département, choisissant parmi ces candidats, procédait à l'élection définitive. Les députés pouvaient être élus à 25 ans.

Les électeurs des petits collèges payaient 300 francs d'impôts et ceux du grand collège étaient pris parmi les plus imposés du département.

L'électeur censitaire apparaissait ainsi pour la première fois sur la scène politique. Dans les rares occasions où l'ancienne monarchie faisait appel au peuple, elle se servit toujours du suffrage universel, et c'est par ce moyen que furent élus des députés aux États généraux de 1789. Sous la République, il en était de même ; et sous l'Empire, c'étaient encore tous les citoyens du canton qui nommaient les électeurs à vie (ceux de l'arrondissement et ceux des départements) : ces derniers étaient chargés du soin de présenter chacun deux candidats, entre lesquels le Sénat choisissait définitivement un député. Le vote, dans tous ces systèmes électoraux, était à un ou plusieurs degrés, mais l'élu pouvait toujours être regardé comme le député de la population entière ; le cens, la fortune, n'étaient pas regardés alors comme une condition nécessaire d'un vote conservateur. Peut-être n'est-ce pas pour atteindre ce but qu'on changea de système ; peut-être la théorie de *l'intérêt de conservation, variant en raison directe de la fortune de l'électeur*, est-elle une théorie toute récente ; la Restauration n'avait peut-être pas d'autre visée que de se séparer de tout ce qui rappelait la République et l'Empire ; peut-être aussi ce cens électoral est-il le produit du hasard, comme le régime parlementaire lui-même, que M. Guizot avoue n'avoir été importé en France que par une sorte de hasard, parce qu'on *n'avait alors rien de mieux sous la main ;* ce sont ses propres expressions.

Quoi qu'il en soit, sans le vouloir ou le voulant, après réflexion ou sans y avoir réfléchi, la Restauration, par la création de l'électeur censitaire, rendit la bourgeoisie souveraine, et par l'exercice du régime parlementaire, lui permit de faire quotidiennement la preuve de sa puissance. Personne n'ignore que l'essai fut des plus malheureux, mais on rejette faussement sur le gouvernement de cette époque les fautes de l'électeur censitaire, qui, par ses tracasseries et ses continuelles variations de conduite politique, avait rendu tout pouvoir impossible.

Pour se rendre compte des soubresauts, des écarts, des attaques de nerfs, de folie politique de cette nouvelle aristocratie, il faut comparer un collége quelconque d'électeurs à titre universel, et ce même collége quand il est régi par la loi du cens : dans le premier cas, l'appel adressé par le gouvernement est fait à une véritable armée de 30 ou 40,000 hommes; dans le second cas, à une petite réunion de quelques centaines de citoyens. Cette variation dans le nombre est à elle seule une différence considérable; car, dans les masses, on ne peut faire pénétrer que les grands et souverains côtés d'une question, ce qui est le but de toute saine politique, tandis que la société qui siége dans un salon, même de très-bonne compagnie, peut se laisser influencer par les propos et les médisances à la mode; la corruption ne peut avoir que des effets à peu près nuls sur des colléges électoraux si peuplés; tous les trésors de l'État et tous les verres de vin contenus dans la récolte de l'année ne pourraient suffire à détourner de leurs devoirs et de leurs intérêts bien entendus, une dizaine de millions d'électeurs ; mais quand il s'agit, au contraire, de parler à un collége électoral qui peut tenir à l'aise tout entier dans le cabinet de M. le préfet, il est facile, entre amis, de se glisser quelques mots à l'oreille : l'administration est si paternelle qu'elle sait à l'avance tout ce qui peut faire plaisir à chacun de ses riches clients, et si prévoyante qu'elle s'est munie, pour le jour de l'élection, de ses plus intarissables, de ses plus séduisants sourires. Il est vrai que le client est insatiable, qu'il est vaniteux, fantasque, irritable au plus haut degré et incapable de résister à l'opinion dominante du moment ; il saura prendre un fusil et se faire bravement casser la tête un jour d'émeute, mais quant au courage civil, quant à risquer sa popularité, il n'y faut pas compter. Avec le pauvre diable de paysan, qui, d'ailleurs, vote presque toujours bien, on n'a pas à se préoccuper de son ambition ou de l'ambition qu'il peut avoir pour ses proches ; il n'a pas besoin de croix d'honneur, de places, de bureaux de tabac, de perceptions de finances, d'avancement administratif, il ne veut être ni conseiller général, ni conseiller d'arrondissement, ni député, ni sénateur, ni préfet, ni sous-préfet; tandis que l'électeur bourgeois, ayant l'ambition que légitiment naturellement sa fortune et son éducation, peut être influencé dans son vote par mille considérations personnelles.

Au surplus, ce serait se tromper étrangement que de croire le gouvernement toutpuissant sur cette collection de vanités et d'appétits; au contraire, le pouvoir qui s'est trouvé face à face avec la bourgeoisie n'a jamais su ni la contenir, ni la diriger; malgré les sourires du préfet, le bourgeois sourit plus volontiers à l'opposition, car cette grande maîtresse de notre pays a bien des amants. Sans doute, on peut gagner quelques petites places en faisant les yeux doux au ministère, mais on a vu des camarades devenir députés et ministres rien que pour l'avoir attaqué, et, tout compte fait, on trouve plus de profit à aboyer qu'à caresser.

L'erreur capitale commise en substituant l'électeur censitaire à l'électeur non censitaire, c'est d'avoir mis en présence du gouvernement une collection d'appétits et de vanités qu'on n'arrive à satisfaire qu'en leur donnant périodiquement le pouvoir; tandis qu'il était si avantageux de se fier à notre paysan, ce censeur bienveillant qui rend continuellement des services sans jamais en exiger le prix.

On se croyait sûr du vote conservateur du bourgeois, parce que cet électeur a, en effet, une fortune considérable à conserver; mais comme cette fortune pouvait s'enfler plus vite en se rangeant du côté des démolisseurs, le calcul s'est trouvé faux. On s'était dit que le paysan, n'ayant à lui qu'un champ grand comme la main, devait avoir toutes les jalousies, toutes les ardeurs de la convoitise, et, par suite, être fatalement un boute-feu et un citoyen mal pensant; ce paysan est, au contraire, le plus attaché du monde à son petit domaine qu'il cultive, et donne chaque jour la preuve de l'intérêt passionné qu'il a à le conserver et à l'agrandir.

On sait que le bourgeois français est brave sur le champ de bataille, mais le plus couard des hommes s'il faut risquer sa popularité. Or, le 14 août 1815, lorsque les collèges électoraux se réunirent, l'invasion couvrait nos provinces; on destituait partout avec ensemble, avec une sorte de rage, tous les fonctionnaires qui, de près ou de loin, avaient appartenu à la République ou à l'Empire ; les massacres ensanglantaient les villes du Midi ; les propriétaires de biens nationaux, après avoir craint pour leur fortune, commençaient à craindre pour leur vie; de plus forts tempéraments que ceux de notre bourgeoisie auraient peut-être courbé la tête sous cet ouragan contre-révolutionnaire.

Les électeurs censitaires n'y songèrent pas un moment; presque tous, d'ailleurs, avaient à se faire pardonner leurs propos ou leurs actes passés, car il n'en était guère parmi eux qui n'eussent *trempé dans la Révolution* ou admiré le grand homme, qui n'était plus que *l'usurpateur* ou *l'ogre de Corse ;* il fallait donner des gages d'autant plus éclatants à la cause nouvelle que le passé laissait plus à désirer; aussi on choisit pour candidats ou des anciens émigrés ou des adversaires récents du régime impérial, ceux qui se prononçaient avec emportement contre la Révolution et ses lois, ceux qui applaudissaient avec le plus de violence au triomphe de l'invasion. Le 15 août, tous les colléges d'arrondissement avaient fait leur choix et présenté leurs candidats; le 22, les colléges de département procédèrent à l'élection définitive. La Chambre royaliste de 1815 était trouvée.

Le roi Louis XVIII ouvrit la session le 7 octobre suivant avec le cérémonial accoutumé. Assis sur le même trône où siégeait Napoléon quatre mois auparavant, il prononça un de ces discours que les exigences parlementaires n'avaient pas encore rendu volontairement insignifiant. Il se terminait par ces mots :

« Cette Charte que j'ai méditée avec soin
« avant de la donner, à laquelle la ré-
« flexion m'attache tous les jours davan-
« tage, que je jure de maintenir et à la-
« quelle vous tous, à commencer par ma
« famille, allez jurer d'obéir, est sans doute,
« comme toutes les choses humaines, sus-
« ceptible de perfectionnement; mais au-
« cun de nous ne doit oublier qu'auprès de
« l'avantage d'améliorer est le danger d'in-
« nover. »

Moins d'un an après l'ouverture de la session, cette Chambre devait être dissoute par le Roi; les députés qu'avaient envoyés les électeurs censitaires avaient dépassé le but que se proposaient certainement leurs mandants, et au lieu de donner des gages de conservation à l'ordre de choses nouveau, l'avaient quotidiennement compromis par des exagérations telles que le prince, alarmé, éclairé sur la situation véritable du pays, par le duc Decazes, par M. Lainé, par le duc de Richelieu, se résolut, le 7 septembre, à rendre l'ordonnance suivante :

Louis, par la grâce de Dieu, etc.

Art. 1. *Aucun des articles de la Charte constitutionnelle ne sera revisé.*

Art. 2. *La Chambre des députés est dissoute.*

... Art. 5. *Les colléges d'arrondissement se réuniront le 25 septembre.*

Art. 6. *Les colléges de département se réuniront le 4 octobre.*

Art. 10. ... *La session de 1816 s'ouvrira le 4 novembre de la présente année.*

Toute l'importance politique de cette ordonnance résidait dans les deux premiers articles. Le ministère, en proclamant que la Charte ne serait pas revisée, consacrait le maintien de toutes les garanties inscrites dans le pacte fondamental et faisait tomber les menaces de reconstitution politique et sociale qui alarmaient tous les intérêts matériels et moraux de la Révolution ; en brisant la Chambre il annonçait sa résolution de rompre avec les hommes dont les doctrines et les passions, depuis dix-huit mois, couvraient la France de victimes ; un immense cri de reconnaissance accueillit cette double promesse. L'ordonnance qui la contenait fut saluée comme un bienfait inespéré, et quoique dictée moins par le repentir ou par une pensée de justice que par un sentiment d'intérêt personnel ou par des nécessités de position, elle se trouva grandie par les circonstances à la hauteur d'un acte de salut public et d'une mesure nationale. On oublia les persécutions, les violences du ministre qui l'avait décidée (duc Decazes) et les crimes de ses agents ; le nom de cet homme politique, dans le premier élan de la joie, fut prononcé comme celui d'un sauveur, et des médailles furent frappées pour perpétuer la mémoire de l'événement (1).

Les royalistes ultras, les émigrés, les

---

(1) Vaulabelle, tome IV, page 245. *Histoire des Deux Restaurations.*

amis du comte d'Artois furent exaspérés;
ils rêvaient le retour à l'ancien régime pur
et simple et ne comprenaient rien aux *faiblesses* que l'on montrait pour la Révolution
et les révolutionnaires. A marcher de ce
pas, criaient-ils dans leurs salons et dans
leurs journaux, le Roi subirait bientôt le
sort de son infortuné frère. M. de Chateaubriand, que l'on vit plus tard changer d'allure et de conduite, était pour le moment
le porte-voix des émigrés et tonnait dans
sa brochure, *la Monarchie selon la Charte*,
contre *ces alliances, ces compromis* qui
allaient tout perdre; la brochure était sous
presse lorsqu'il apprit la dissolution de la
Chambre, il ajouta aussitôt à son œuvre le
post-scriptum suivant :

« La Chambre des députés est dissoute,
« cela ne m'étonne point, c'est le système
« des intérêts révolutionnaires qui marche.

« ... Quels motifs impérieux ont donc pu
« porter les ministres à avoir recours à la
« prérogative royale? Voici la grande rai-
« son pour laquelle on met encore la France
« en loterie : le parti qui entraîne la France
« à sa perte (par la dissolution) veut par-
« dessus tout la vente des biens du clergé;
« il la veut, non comme un bon système de

« finances, mais comme une bonne mesure
« révolutionnaire; non pour payer les al-
« liés, mais pour payer la Révolution. On
« a craint encore que la Chambre n'éclai-
« rât le Roi sur la véritable opinion de la
« France. Enfin, le parti n'a jamais pu
« pardonner aux députés d'avoir dévoilé
« ses projets et frappé dans les régicides
« les princes de la Révolution. Cependant,
« que les bons Français ne perdent pas
« courage, qu'ils se présentent en foule
« aux élections; mais qu'ils se mettent en
« garde contre une séduction à laquelle il
« nous est si difficile d'échapper! On leur
« parlera *du Roi, de sa volonté.* Les en-
« trailles françaises seront émues, les lar-
« mes viendront aux yeux; au nom du Roi
« on ôtera son chapeau, on prendra le billet
« présenté par une main dévouée et on le
« mettra dans l'urne; défiez-vous du piége
« et sauvez le Roi *quand même!* »

A la distance où nous sommes de ces événements, il est difficile de se rendre un compte exact des ardeurs, on peut dire, sans exagération, des fureurs qui animaient les deux partis, entre lesquels se divisait la France; aujourd'hui que la Révolution est si profondément implantée dans le sol, qu'il n'est pas un citoyen qui puisse raisonnablement craindre de la voir attaquée, on comprend à peine les alarmes si chaudes éprouvées par nos pères, on comprend encore moins, peut-être, la passion des royalistes, rêvant tout simplement, presque naïvement, le retour à l'ordre de choses qui existait avant 1789. Cependant, passions d'un côté, alarmes de l'autre, tout était sincère. Etaient-ce les libéraux comme le Roi, MM. Decazes et Lainé qui avaient raison, ou les royalistes comme M. de Chateaubriand ?

Il est évident, pour nous qui avons été instruits par les faits, que la cause de la légitimité courait les plus grands risques entre les mains des libéraux. Logiquement M. de Chateaubriand avait raison, c'est la Révolution qui triomphait même du Roi légitime ; mais y avait-il possibilité de suivre un an encore la politique plus que violente, la politique sanguinaire et rageuse des partisans du comte d'Artois ? Assurément non. Il y avait périls des deux côtés à la fois ; les promoteurs de terreur blanche n'auraient pu se maintenir au pouvoir que par les moyens employés par les fanatiques de terreur rouge ; la force des choses s'impose aussi bien à l'habit brodé qu'à la carmagnole, et la vengeance produit en tout temps les mêmes effets : quand un parti prétend s'imposer à un peuple, il n'a, comme nous l'avons vu déjà, qu'une manière de rester au pouvoir : la violence, la violence partout et toujours, la violence successivement accrue, jusqu'à ce qu'elle s'affaisse et meure sous la fatigue et le dégoût qu'elle provoque. Sans doute les ultras pouvaient poursuivre la carrière et faire comme les jacobins; mais aucune société constituée, et une société monarchique moins qu'aucune autre, n'aurait pu supporter de pareilles horreurs; mais l'Europe elle-même serait intervenue : on sait en effet que Louis XVIII n'avait consenti à modifier son ministère et à maîtriser la réaction royaliste que sur un billet pressant de l'empereur Alexandre.

D'un autre côté, la garde de la légitimité, confiée à la bourgeoisie, était également un non-sens qui sautait aux yeux de tous les vrais légitimistes. Il faut donc en conclure que la Restauration courait à sa perte, aussi bien en se confiant à ses amis qu'à ses ennemis. — Confier une couronne à des électeurs à 300 francs, quelle méconnaissance du cœur bourgeois ! mais alors on croyait à la bourgeoisie conservatrice.

CHAPITRE XXV

Deuxième Parlement de la Restauration.

Nous avons vu que sous le talon de botte du vainqueur la bourgeoisie, quoique maîtresse du terrain politique par la loi électorale, fit en 1815 ce que font les fourmis dans leur fourmilière au moment d'une catastrophe : elles se séparent, courent de tous côtés et font place au tyran ; mais quand l'orage est passé, ces habiles ménagères reconstruisent à la hâte leur palais grouillant. Ainsi firent nos censitaires couronnés. Sans énergie contre les fureurs et les cris des royalistes en 1815, la bourgeoisie les laissa tous parvenir à la Chambre, bien qu'elle eût toutes sortes de raisons pour ne pas les rendre maîtres du terrain ; mais une fois la terreur passée, le gouvernement paraissant lui donner la main et la protéger contre ses véritables adversaires, elle saisit avidement cette main protectrice et, après s'en être servi, la frappa cruellement. Cette classe politique, par la loi fatale de son rôle dans notre société, est en effet bonassement cruelle ; et c'est avec les meilleures intentions du monde qu'elle meurtrit, écrase et tue les gouvernements qu'elle croit protéger.

La nouvelle Chambre se composait de 259 députés; sur le nombre, 168 appartenaient à la dernière Assemblée, et parmi ceux-ci, 100 seulement faisaient partie de l'ancienne droite et revenaient avec ses passions. Le ministère pouvait donc compter sur une majorité de 60 voix.

Avec son aide, il résolut sagement (au moins à son point de vue), de présenter enfin une loi électorale, car jusqu'alors on s'était contenté de suivre les prescriptions vagues de la Charte et celles de quelques ordonnances rendues ultérieurement; aucune loi électorale n'avait été, depuis le retour des Bourbons, discutée par les pouvoirs publics.

M. Lainé fut chargé de la préparation de cette loi célèbre :

Tout Français jouissant de ses droits civils et politiques, âgé de 30 ans accomplis, et payant 300 francs de contributions directes, était appelé à concourir à l'élection des députés du département où il avait son domicile politique. (Art. 1er.)

Il n'y avait dans chaque département qu'un seul collége électoral, il était composé de tous les électeurs du département, dont il nommait directement les députés à la Chambre. (Art. 7.)

Les électeurs votaient par bulletins de liste, contenant, à chaque tour de scrutin, autant de noms qu'il y avait de nominations à faire. (Art. 13.)

Cette loi, qui devait être adoptée très facilement par la Chambre nouvelle, et avec un peu plus de difficultés par la Chambre des pairs, fut très-violemment discutée et combattue par les royalistes : ils lui reprochaient amèrement de délaisser *la grande propriété* pour faire place à *la moyenne propriété*, et ils avaient parfaitement raison, bien plus même qu'ils ne le croyaient, car cette *moyenne propriété* était non-seulement désormais toute-puissante par son nombre dans le collége électoral, mais on la dotait en outre de deux instruments révolutionnaires de premier ordre : le vote au chef-lieu du département et le scrutin de liste, deux institutions qui ne sont bonnes qn'à faire des révolutions ou bien à en sortir; en temps de gouvernement régulier et assis, ces *libertés* sont destructrices de toute liberté individuelle de l'électeur. Mais était-il possible de conserver la toute-puissance aux ultras, à *la grande propriété* qui n'avait usé de son pouvoir que pour se *venger* et non pour *gouverner*, qui se proposait ouvertement, à titre de théorie, de ramener la France au delà de 1789 ? Assurément non ! c'était toujours cette impossibilité originelle que trainait après elle la Restauration.

Munie de ces engins de combat, la bourgeoisie allait parler en vainqueur aussi bien aux ultras qu'aux modérés ; à peine sortie des entrailles du ministère qui lui avait donné la vie, elle allait se retourner contre lui et le forcer à composition. La loi du 5 février 1816 devait, en effet, pour la première fois, subir l'épreuve de l'application. Une ordonnance du 29 août 1817 convoquait pour le 20 septembre suivant les colléges électoraux des départements dont la députation formait le cinquième désigné par le sort pour être renouvelé le premier ; en ajoutant aux 51 députés qui devaient ainsi courir de nouveau les hasards du scrutin, 12 autres devant remplacer les vides produits par démission, on arrivait à un total de 63 nominations.

A l'époque de la réunion de cette Chambre, on n'y comptait que des royalistes de nuances différentes : les ultras et les modérés. Au renouvellement du cinquième, Lafayette, Benjamin Constant et la haute bourgeoisie parisienne, c'est-à-dire cette fraction de l'opinion qui avait forcé Napoléon à abdiquer et rappelé les Bourbons, on sait à quel prix, adopta dans les colléges électoraux une attitude nouvelle, et sous le nom *d'indépendants* se présenta bravement comme hostile aussi bien aux royalistes modérés qu'aux exagérés. C'était se poser en révolutionnaires ; ils réunirent 25 voix, de sorte que la Chambre se composait de 75 ultras, 155 ministériels et 25 indépendants. Au renouvellement du deuxième cinquième (27 octobre 1818), les indépendants gagnèrent vingt siéges nouveaux.

Les ultra-royalistes poussèrent à ce moment un véritable cri d'alarme qui retentit jusqu'à Aix-la-Chapelle, où étaient rassemblés les souverains étrangers, spectateurs attentifs de nos luttes électorales, livrées pour ainsi dire sous leurs yeux; ils s'étonnaient de leurs résultats et ne pouvaient comprendre la soudaine réapparition, sur la scène politique, de ce général Lafayette, dont le souvenir restait attaché à la chute de l'ancienne monarchie ; de ce général Grenier, le collègue du régicide Carnot, dans le dernier gouvernement provisoire, et de Manuel, cet orateur de la Chambre des représentants, dont le nom pour les contemporains était inséparable de la proclamation de Napoléon II (1); un nouvel ébranlement politique, un nouveau gouvernement des Cent-jours étaient-ils donc à la veille de se produire ?

Rien de tout cela ne devait être, et les souverains étrangers, qui s'étonnaient alors, seraient probablement aujourd'hui moins surpris; ils diraient simplement : on a donné le gouvernement à la bourgeoisie qui le compromet jusqu'au moment où elle le renverse sans le vou-

---

(1) Vaulabelle, *Histoire des Deux Restaurations*, t. IV, p. 369.

loir; cet accident, à cause de sa fréquence, n'aurait plus le don de les émouvoir; mais alors il était inexplicable et M. de Richelieu, en relation naturelle avec les cours étrangères, confident forcé de leurs appréhensions, promit de modifier la loi électorale si le mal empirait.

Le mal empira : le 11 septembre 1819, on renouvela le troisième cinquième, et sur 52 députés à réélire, les royalistes comptaient 23 députés; leur mot d'ordre était : *Sauvez la monarchie malgré le gouvernement;* et leur moyen : *Choisissez plutôt des jacobins que des ministériels.* Sur 23 députés, les royalistes perdirent 18 des leurs, les ministériels 6, et les libéraux ou indépendants gagnaient 28 membres, ce qui portait leur nombre total à la Chambre à 90 environ; encore un renouvellement et les libéraux obtenaient la majorité.

Il fallait remédier au mal, MM. Pasquier et Siméon se mirent à l'œuvre, et présentèrent à la Chambre un nouveau projet de loi électorale.

CHAPITRE XXVI

Troisième Parlement de la Restauration.

Dans ce projet, le nombre des députés était porté de 257 à 430 ; on retournait à l'élection à deux degrés, les colléges d'arrondissement devant chacun proposer un nombre de candidats égal à celui des députés à élire, et le collége du département les choisissait sur cette liste.

(Ces derniers électeurs étaient les citoyens les plus imposés du département, en nombre égal au cinquième de la liste générale, mais devant toujours être supérieur à 100 et inférieur à 600.) Le vote était public.

Cette loi électorale était assurément très-fortement conçue pour assurer la victoire au parti royaliste, puisque les 10 ou 12 mille électeurs des grands colléges étaient alors presque tous partisans de la monarchie la plus pure. Tous les écrivains *libéraux* de cette époque et même de la nôtre ont relaté le discours que Royer-Collard prononça à cette occasion : « Ce que l'on vous demande, disait-il, en voulant transférer audacieusement les élections de la majorité à la minorité, ce n'est pas seulement la violation de la Charte, ce n'est pas seulement un coup d'Etat contre le gouvernement représentatif, c'est un coup contre la société ; c'est une révolution contre l'égalité, c'est la vraie contre-Révolution. Que chacun le reconnaisse, Messieurs, notre sol politique si longtemps le domaine du privilége a été conquis par l'égalité, le privilége est descendu au tombeau, aucun effort humain ne l'en fera sortir. Il serait le miracle impossible d'un effet sans cause ; il ne pourrait pas rendre raison de lui-même. La loi qu'on vous propose serait en vain votée, en vain quelque temps exécutée ; les mœurs publiques la fatigueraient, la consumeraient, l'éteindraient bientôt par leur résistance ; elle ne régnera pas, elle ne gouvernera pas la France ! »

Laissant de côté les arguments de circonstances, c'est-à-dire la violation de la Charte et de l'égalité promise, et nous confinant dans la théorie pure des moyens de gouvernement nécessaires à tout pouvoir, il est évident, contrairement à ce que disait M. Royer-Collard, que la monarchie légitime ne pouvait pas vivre un an de plus avec un système électoral qui amenait chaque année à la Chambre non pas des opposants au ministère, mais de véritables révolutionnaires, ne se cachant pas pour avouer leurs desseins. Comment espérer de faire vivre la Restauration avec un régime censitaire qui confiait tout le pouvoir à la bourgeoisie ? c'était une entreprise insensée. Entre ces deux classes de la société, les royalistes et les bourgeois, il n'y avait pas seulement incompatibilité d'humeur momentanée, il y eut hostilité sourde d'abord, ouverte ensuite ; il y avait les ardeurs jalouses pour un rang auquel on ne peut atteindre, ardeurs qui ne pardonnent pas ; les instincts de l'esprit, les tendances du cœur, le travail, les préoccupations d'une fortune faite ici, et là à faire, tout séparait ces deux classes rivales.

Malgré Royer-Collard, les légitimistes firent donc bien d'essayer d'un système électoral qui pût donner des représentants favorables à leurs vues ; un établissement politique peut sombrer malgré cette précaution, mais il est certainement voué à une mort prochaine, s'il n'a pas eu cette prévoyance élémentaire.

M. de Villèle répondit parfaitement à son adversaire : « L'égalité devant la loi, disait-il, consiste *uniquement* à ce que tous les citoyens lui soient également soumis et soient également chargés de remplir les conditions qu'elle exige ; l'égalité n'exclut nullement les degrés hiérarchiques, dans les conditions exigées par la loi ; autrement ce serait livrer la société à la force, à l'audace, à la scélératesse. Ainsi nous serons tous égaux devant la nouvelle loi d'élection en ce sens que nul ne pourra être électeur sans remplir telle ou telle condition exigée par elle. Il n'y aura inégalité que dans le cas où on admettrait à voter ceux qu'elle exclura. Ce n'est pas un privilége que nous voulons fonder, mais une institution ; ce n'est pas une vieille aristocratie que nous voulons faire revivre, mais l'influence de la propriété. La nouvelle loi sera, dit-on, le triomphe de la minorité sur la majorité ; c'est encore dénaturer la question ; ce n'est pas dans leur intérêt que l'on accorde cette influence aux propriétaires, mais dans l'intérêt des bons choix, afin de consolider les institutions politiques ; et, certes, ce n'est pas un privilége que de faire ce partage des élections dans l'intérêt commun.»

Tout cela était à peu près vrai, bien plus vrai assurément que les arguments de Royer-Collard; mais pourquoi de Villèle ne disait-il pas simplement : « Vous nous reprochez de faire du privilége, mais est-ce que votre électeur à 300 francs n'est pas un privilégié ? En principe, vous n'avez donc rien à nous objecter ; nous pensons que le grand propriétaire foncier nous sera plus favorable que le censitaire bourgeois ; vous tenez à ce dernier par la même raison que nous tenons au premier. Vous défendez les vôtres, trouvez bon que nous défendions les nôtres. »

Au surplus, l'orateur qui se rapprocha le plus, à la fois, de la vérité absolue (au point de vue monarchique) et de l'impossibilité non moins absolue, au point de vue pratique, fut M. de la Bourdonnais : «Sans doute, disait-il, le projet que nous discutons restitue à la grande propriété une partie de l'influence que lui ravit la loi du 5 février; il fait concourir à la nomination des députés appelés à voter l'impôt, ceux qui sont le plus intéressés à le modérer ; mais il n'en est pas moins vicieux sur plusieurs points, même comme loi provisoire; ainsi le projet donne aux colléges d'arrondissement la nomination de tous les candidats, de telle sorte que si les colléges s'entendaient pour ne présenter que des hommes dangereux ou incapables, le choix des colléges de département se réduirait à l'exclusion des candidats les plus factieux et les plus ineptes. La loi ne sera complète et durable que quand la puissance électorale, qui doit reposer tout entière sur la propriété, ne sera confiée qu'à un nombre déterminé d'électeurs choisis parmi les plus imposés..... La révolution arrive à grands pas, bientôt l'étendard tricolore aura remplacé l'oriflamme ; ce n'est plus d'une nuance d'opinion qu'il s'agit ; la question pour la monarchie est celle-ci : « Etre ou n'être pas. »

C'était parler en véritable homme d'Etat; chaque forme de gouvernement a, en effet, ses règles précises dont on ne saurait s'écarter sans grand danger pour lui; la monarchie légitime veut, exige, pour son soutien, des privilégiés de haut rang; la monarchie bourgeoise et parlementaire ne peut exister qu'avec des privilégiés de rang moyen, et l'Empire n'existe que par l'absence absolue de tout privilége électoral, c'est-à-dire par le consentement unanime de la nation.

M. de la Bourdonnais avait donc théoriquement raison sur tous ses adversaires, mais il était dans la plus grande erreur en croyant que son système, tout indispensable qu'il lui parût, fut praticable dans l'état de la société à cette époque. Sur ce point Royer-Collard voyait plus juste, l'égalité n'était pas seulement alors dans la loi, elle était dans les mœurs, et la reconstitution d'une aristocratie, aussi bien bourgeoise que terrienne, était une pure chimère.

Cinq jours après la naissance du duc de Bordeaux, le 4 octobre 1820, les élections eurent lieu dans toute la France. 84 grands colléges devaient élire 172 députés nouveaux, et comme les pouvoirs de 56 membres de l'ancienne Chambre expiraient à cette époque, il y avait à nommer 224 députés.

Les colléges de département choisirent presque partout des ultra-royalistes, et les colléges d'arrondissement quelques libéraux seulement, de telle sorte que la majorité de l'ancienne Chambre se trouvait complétement modifiée. Les libéraux, qui avaient pu compter dans certains votes de l'ancienne Assemblée jusqu'à 110 et 120 voix, sur 250 votants, ne se trouvaient plus qu'au nombre de 75 à 80, sur une réunion de 430 députés. Mais si la monarchie légitime avait ainsi gagné la victoire sur le champ de bataille électoral, le ministère, qui prétendait être monarchique avec les ultras et libéral avec les indépendants, — situation toujours difficile, mais impossible alors, — voyait chaque jour diminuer ses forces; le renouvellement partiel des 1er et 10 octobre 1821 empira sa situation; le ministre de l'intérieur lui-même, M. Siméon, ne fut pas nommé, et sur 88 députés à élire, 60 allèrent s'asseoir sur les bancs de la droite, et 14 ou 15 sur ceux de la gauche. Le ministère était évidemment perdu : la logique de la nouvelle loi électorale et des résultats qu'elle devait amener, l'exigeait impérieusement; le 15 décembre 1821, MM. de Montmorency, de Villèle, Peyronnet, Clermont-Tonnerre, entrèrent aux affaires.

Le Roi Louis XVIII était évidemment dépassé; ce fut, à partir de ce moment, le comte d'Artois qui régna effectivement.

Tout n'était pas dit cependant, car à côté des grands colléges, il fallait compter avec les colléges d'arrondissement. Les 9-16 mai 1822, 17 départements composant la série sortante, procédèrent à de nouvelles élections; le ministère ne fut pas heureux, la gauche obtint quelques siéges de plus, notamment à Paris, où sur 12 nominations, 10 appartenaient à la gauche la plus accusée.

Cependant cette progression s'arrêta aux élections des 13-20 novembre 1823. Les libéraux étonnés, presque interdits par le coup de force de l'expédition d'Espagne, effrayés d'ailleurs par les rigueurs inévitables que provoquaient leurs complots toujours découverts, rentrèrent pour un moment sous leurs tentes, et se laissèrent battre par leurs adversaires; 29 députés nouveaux vinrent augmenter la puissance du côté droit.

CHAPITRE XXVII

Le quatrième Parlement de la Restauration.

La Restauration avait essayé déjà de trois Parlements de natures différentes, et comme un malade qui n'est bien nulle part, elle essaya d'un quatrième. Ce n'est pas que les libéraux eussent miné le dernier édifice; au contraire, ils avaient été battus dans toutes les rencontres sur le terrain électoral; mais les ardents de la monarchie, les ultras entendaient profiter de leur succès pour *ruiner complétement et définitivement la Révolution*.

Les journaux royalistes disaient au début de l'expédition d'Espagne : « Nous devons faire la guerre à la Révolution des deux côtés des Pyrénées ». Et quand la guerre fut heureusement terminée, l'impatience d'un succès plus grand encore enflamma tous les esprits. Les mêmes journaux écrivaient : « Le parti royaliste est dans l'enthousiasme de la victoire; le parti libéral est dans l'abattement de la défaite; le succès enfante le succès, les chutes appellent les chutes; nous sommes en veine de prospérité, nos ennemis sont en veine de malheur, ils sont de plus accablés sous le poids des fautes qu'ils ont commises pendant la dernière session : protestations scandaleuses soutenues plus scandaleusement encore; propositions illégales qu'ils ont eu la hardiesse de signer et qu'ils n'ont pas eu le courage de publier (allusion à la protestation des députés de la gauche contre l'exclusion de Manuel); abandon de leurs fonctions, désertion de leur poste; la France a vu toutes ces choses, la France en a conservé le souvenir; marchons donc sans crainte à de nouvelles élections! »

En avant! écrivait M. de Chateaubriand. *En avant!* le ministère n'a pas l'intention d'agir par surprise; il avoue hautement ses desseins; ce qu'il veut, c'est dissoudre la Chambre, faire procéder à des élections générales, et demander à l'Assemblée prochaine de fixer à son existence une durée de sept ans, laps de temps nécessaire à la confection de toutes les lois et à l'adoption de toutes les mesures réparatrices qui doivent enfin asseoir le gouvernement sur des bases sérieusement religieuses et monarchiques.

Nous avons déjà dit que tout homme d'Etat doit entourer le gouvernement qu'il dirige de dévouements qui en suivent complétement la destinée, dans les bons comme dans les mauvais jours; dans ce but on avait déjà cherché à contre-balancer l'influence bourgeoise et toujours révolutionnaire de l'électeur à 300 fr., en donnant ou en croyant donner toute la puissance aux grands colléges, c'est-à-dire à la grande propriété ; mais il restait encore des tiraillements, des soubresauts dont il fallait avoir raison. Le renouvellement annuel d'une portion de la Chambre était parfois l'occasion d'un échec pour le ministère, et toujours la cause d'un trouble, d'un malaise inséparables de tout événement important. Puisque le dernier Parlement ne les satisfaisait pas, les royalistes faisaient donc œuvre sage et logique en profitant de leurs avantages momentanés pour donner plus de solidité à leur établissement politique; mais existait-il des moyens vraiment pratiques de donner la stabilité et la sécurité à la Restauration ? Les entreprises les plus sensées, au point de vue des partisans de la monarchie légitime, n'étaient-elles pas en contre-sens absolu avec les vœux, les intérêts, les ardeurs, les passions du pays? Les faits ont répondu !

Le 24 décembre 1823, une ordonnance royale déclare la Chambre dissoute, convoque les colléges électoraux d'arrondissement pour le 25 février 1824 et ceux de département pour le 6 mars suivant, et enfin, fixe au 23 l'ouverture de la prochaine session.

Le succès de MM. de Villèle et Chateaubriand fut complet : sur 430 députés, la gauche n'obtint que 13 nominations.

Avec une Chambre ainsi composée, la septennalité ne fit pas question. Elle fut discutée du 4 au 7 mai 1824 et votée à une grande majorité.

Comment, à trois ans de là, cette Chambre si docile, cet instrument de gouvernement si approprié aux nécessités politiques de la monarchie, était-elle encore arrivée à ce point d'indocilité, que M. de Villèle jugea à propos de la dissoudre ? Tous les contemporains de cette époque feraient la même réponse : Le gouvernement fit ce qu'il put, avec énergie et esprit de suite, mais le pays fit ce qu'il voulut, non pas toujours avec énergie, non pas toujours avec esprit de suite, mais, en définitive, il arriva à ses fins qui étaient absolument et irrémédiablement hostiles aux fins que se proposait la Restauration. Les passions parisiennes avaient pénétré ces députés qu'on croyait avoir soustraits pour sept ans à toute influence fâcheuse, et dans la session de 1827, M. de Villèle avait vu se dresser devant ses projets une majorité de 150 voix ; au lendemain de la nomination de cette Chambre on ne comptait que 10 ou 12 opposants ! Ajoutons que la Chambre des pairs n'était pas seulement inquiétante pour le ministère, mais résolûment hostile et que ce corps politique venait de rejeter la loi sur la presse présentée par le ministère ; 150 opposants sur 430 n'étaient pas effrayants, mais ce qui était de nature à préoccuper fortement, c'était l'étonnante progression de cette opposition; encore quelques années et la partie était perdue. On se décida donc, avec une rare résolution, on pourrait dire avec audace, à dissoudre la Chambre et à nommer 70 ou 80 pairs nouveaux.

Les élections donnèrent 60 voix de majorité à l'opposition ; à Paris, les 8 candidats des colléges électoraux d'arrondissement passèrent avec des majorités immenses; les électeurs, au nombre de 8,000, s'étaient ainsi partagés : opposition, 6,700, et gouvernement 1,100. Les quatre grands colléges parisiens firent comme les petits, et ne nommèrent que des opposants. C'étaient ces mêmes électeurs bourgeois et parisiens qui avaient pourtant si fort acclamé la Restauration.

M. de Villèle n'avait plus qu'à se retirer, ce qu'il fit du reste d'assez mauvaise grâce et après avoir essayé de ressaisir le pouvoir, à l'aide de petits moyens peu dignes de son talent et de sa grande situation. Le nouveau ministère eut à pourvoir à un grand nombre d'élections, par suite de doubles nominations, démissions, ou invalidations, elles se firent dans le même sens que les élections générales : Paris nomma, dans les six colléges ouverts, six députés de l'opposition, tandis que 35 nominations de même nuance eurent lieu dans les colléges provinciaux.

Il devenait donc évident qu'aucun des systèmes électoraux essayés par la Restauration ne pouvait satisfaire les exigences légitimes des défenseurs attitrés de ce régime politique. Tout avait été essayé et rien n'avait réussi, parce que les légitimistes modérés voulaient refaire la société ancienne en consultant et par suite en subissant la partie la plus instable, la moins politique de la société nouvelle. C'était toujours cette profonde illusion des hommes de cette époque qui les portait à confier un trône, et un trône de droit divin, aux mains inexpérimentées d'électeurs dont la fortune était née d'hier et pouvait disparaître demain ; c'était transformer l'instabilité elle-même en grand électeur.

Pouvait-on, d'un autre côté, et comme l'avait dit M. de la Bourdonnais et les légitimistes ultras, ne s'adresser qu'à un corps électoral exclusivement composé de grands propriétaires terriens et, peu à peu, assurer entre leurs mains ce privilége à titre héréditaire, créer de tout point une aristocratie nouvelle ? C'était à la fois nécessaire et impossible.

Le roi Charles X se trouvait donc en face d'une Chambre, représentation légale du pays, et décidément hostile, non à sa personne ni à la forme du gouvernement qu'il personnifiait, mais aux tendances politiques que tout le monde lui connaissait et qu'il avouait d'ailleurs de la manière la plus franche.

Comment se tirer de cette formidable difficulté ; où était l'homme assez habile pour la tourner, ou assez grand et assez fort pour l'affronter résolûment ?

CHAPITRE XXVIII

La Bourgeoisie révolutionnaire sans le savoir et sans le vouloir.

Le titre de ce chapitre devrait être celui d'un grand nombre de ceux qui l'ont précédé et de bon nombre de ceux qui vont suivre; car si l'on a pu constater trop de fois, hélas! que la bourgeoisie a ouvert la porte à nos révolutions, il faut se hâter d'ajouter qu'elle a toujours été prise pour dupe par les révolutionnaires de profession qui siégent à Paris; que c'est avec la plus grande candeur qu'elle tue les gouvernements qu'elle croit défendre, et les plus grands regrets qu'elle contemple à terre les morceaux du monument qu'elle vient de briser.

Le rôle du Roi pouvait être double : s'il était un Roi constitutionnel, soumis aux exigences multiples et changeantes d'un Parlement, son devoir était d'obéir et de choisir un ministère pris dans le sein de la majorité nouvelle ; mais si c'était un prince, élu par Dieu et non par son peuple pour gouverner la France, il était absurde de lui demander une aussi sotte abnégation ; d'ailleurs cette humilité, cette soumission du chef de l'Etat, n'a jamais été fort goûtée dans notre pays, et comme tout prince sait que l'opinion publique le rend responsable malgré les fictions constitutionnelles, il n'est jamais enclin à l'obéissance passive. Chez nous, à l'encontre de ce qui se passe chez nos voisins d'outre-Manche, le Roi couvre souvent ses ministres, mais les ministres n'ont jamais couvert le Roi.

Charles X se décida pour la bataille ; de concessions en concessions, il serait tombé misérablement au pouvoir de ses ennemis ; *il aima mieux*, ainsi qu'il l'a dit lui-même : *monter à cheval qu'en charrette*, et puisqu'il n'y avait plus que ces deux alternatives, il fit bien de se décider pour la première. Le 9 août 1829, le *Moniteur* fit connaître le nouveau ministère. Il était ainsi composé :

Le prince de Polignac — le comte de Bourmont — le comte de la Bourdonnais — M. Courvoisier — le comte de Chabrol — le vicomte de Rigny — le baron de Montbel.

C'était jeter le gant à la figure de la Chambre.

Au surplus, et pour que personne ne pût s'y tromper, le Roi, en ouvrant la séance, prononça d'une voix forte et en soulignant du geste les passages les plus caractéristiques, un discours qui se terminait ainsi : « Pairs de France, députés des « départements, *je ne doute pas de votre « concours* pour opérer le bien que je veux « faire ; vous repousserez avec mépris les « perfides insinuations que la malveil- « lance cherche à propager. *Si de coupa- « bles manœuvres* suscitaient à mon gou- « vernement des obstacles que je ne « peux prévoir, *que je ne veux pas pré- « voir*, je trouverais la force de les surmon- « ter dans ma résolution de maintenir la « paix publique, dans la juste confiance « des Français, et dans l'amour qu'ils ont « toujours montré pour leur Roi. »

La Chambre des députés, trop peu clairvoyante pour apercevoir que si elle ne cédait pas, elle renversait, sans le vouloir, cette monarchie séculaire qu'elle avait rappelée, et que, de bonne foi, elle voulait faire vivre, la Chambre riposta au discours royal par une adresse qui tuait moralement ce gouvernement auquel elle prodiguait les marques les plus chaudes du plus sincère dévouement.

« Sire, disaient les opposants, la Charte
« que nous devons à votre auguste prédé-
« cesseur, et dont Votre Majesté a la réso-
« lution de consolider le bienfait, consacre,
« comme un droit, l'intervention du pays
« dans la délibération des intérêts publics.
« Elle devait être, elle est en effet indi-
« recte, sagement mesurée, circonscrite
« dans des limites exactement tracées, et
« que nous ne souffrirons jamais que l'on
« ose tenter de franchir, mais elle est posi-
« tive dans son résultat, car elle fait du
« *concours permanent* des vues politiques
« de votre gouvernement avec le vœu de
« votre peuple *la condition indispensable*
« de la marche régulière des affaires pu-
« bliques. Sire, notre loyauté, notre dé-
« vouement, nous condamnent à vous dire
« que *ce concours n'existe pas*. Une défiance
« injuste des sentiments et de la raison de
« la France est aujourd'hui la pensée fon-
« damentale de l'administration. Votre
« peuple s'en afflige parce qu'elle est inju-
« rieuse pour lui, il s'en inquiète parce
« qu'elle est menaçante pour ses libertés. »

Cette adresse fut votée par 221 voix contre 181, sur 402 votants.

La bataille était vivement engagée, et parmi les honorables 221, il n'en était pas deux qui crussent marcher au renversement du pouvoir.

En restant dans leur droit, ils croyaient rester dans la sagesse et souriaient de pitié quand les journaux du gouvernement, mieux éclairés qu'eux, leur parlaient de la révolution qu'ils venaient de déchainer. *La Quotidienne* prophétisant avec une précision fort surprenante, disait : « 221 hommes ayant prêté serment de fidélité au roi ont sanctionné le premier manifeste de la *révolution de* 1830. Une coterie, composée de vieux débris de nos assemblées populaires, des tristes restes des janissaires de Bonaparte, et grossie d'une trentaine de renégats de la monarchie qui ont pris à la remorque la galère de la révolution, a voulu nous donner le spectacle d'une atteinte portée à la royauté par la souveraineté du peuple; mais les meneurs de ce parti n'ont à leur disposition que la boule qu'ils ont laissée tomber hier dans l'urne; ils auront à répondre à un Roi qu'on n'a pas encore dépouillé de son autorité et qui, entouré d'une armée dévouée, appuyé sur une pairie fidèle, défendu par l'amour de tout son peuple, demandera compte avec un front sévère de sa volonté méconnue, de sa prérogative attaquée, de la Charte violée. »

Après un tel éclat, le Roi et la Chambre ne pouvaient plus se trouver en présence l'un de l'autre, aussi la session fut prorogée au 3 septembre 1830; puis, comme on sentit bien vite que cette mesure était incomplète, on se décida à dissoudre la Chambre et les élections furent fixées au 22 juin—3 juillet. Toutes les fictions constitutionnelles ayant disparu, comme il arrive toujours dans notre pays aux moments critiques de son existence, Charles X faisant sa besogne de roi descendit lui-même dans la lice électorale et parla directement à son peuple : « Français, lui dit-il, la dernière Chambre des députés a méconnu mes intentions ; j'avais droit de compter sur son concours pour faire le bien que je méditais, elle me l'a refusé! Comme père de mon peuple, mon cœur s'en est affligé; comme Roi j'en ai été offensé. J'ai prononcé la dissolution de cette Chambre. . . . .

« Maintenir la Charte constitutionnelle et les institutions qu'elle a fondées a été et sera toujours le but de mes efforts. . . .

« Mais pour atteindre ce but, je dois exercer librement et faire respecter les droits sacrés qui sont l'apanage de ma couronne.

« Électeurs, hâtez-vous de vous rendre dans vos colléges; qu'une négligence répréhensible ne les prive pas de votre présence! Qu'un même sentiment vous anime, qu'un même drapeau vous rallie! C'est un Roi qui vous le demande ; c'est un père qui vous appelle!

« Remplissez vos devoirs, je saurai remplir les miens ! »

Toute l'histoire de la Restauration est comprise dans ces quelques lignes. Le roi Louis XVIII, comme la bourgeoisie, qui lui avait ouvert ses bras, ne savaient ni l'un ni l'autre ce qu'ils faisaient en prenant le régime parlementaire pour base de l'édifice nouveau. Le Roi, satisfait de ne pas devoir sa couronne à l'élection populaire, et de restaurer ainsi la *grâce de Dieu*, accepta sans y regarder de trop près le mécanisme compliqué et délicat que savent seules manier les aristocraties. Quant aux *libéraux* (à cette époque on appelait ainsi les électeurs à 300 francs), ils ne se demandèrent pas un instant si un prince venu directement du ciel se soumettrait toujours à leurs volontés, voire même à leurs caprices; ils étaient bien convaincus, au contraire, de leur rôle secondaire, et se sentaient tout disposés à n'adresser que d'humbles prières, des conseils pleins de respect et de prudence à cette grande couronne de France, qu'ils croyaient bien trop haut placée pour avoir la coupable témérité d'y porter la main. Mais il arriva bientôt que la monarchie légitime, obéissant à la loi de conservation qui régit tous les êtres créés, sans en excepter les gouvernements, voulut préserver son principe de toute insulte, et s'entourer des hommes en qui elle se personnifiait. Cette tentative devait amener et amena, en effet, des collisions entre les deux associés. La bourgeoisie cria qu'on portait atteinte à ses droits, et, la passion aidant, elle ne tarda pas à deviner ce qu'elle n'imaginait pas du tout au début, à savoir que le mécanisme politique mettait dans sa main la souveraineté tout entière; puisqu'elle avait la faculté d'imposer au Roi les ministres qui lui convenaient, c'est elle qui avait la couronne, le Roi n'était en réalité qu'un agent fort bien logé et grassement payé. La découverte une fois faite, on se hâta d'en profiter.

Les 221 étaient d'autant plus ardents dans leurs revendications, qu'ils s'imaginaient ne pas mettre en péril le régime politique qui avait théoriquement toutes les sympathies ; le Roi était d'autant plus entier dans sa résistance, qu'il pouvait affirmer que jamais, au grand jamais, il n'avait entendu subordonner sa volonté à celle des colléges électoraux.

Au surplus, ce n'était pas seulement le Roi qui pensait de la sorte, et M. de Montbel, dans la discussion de l'adresse, avait pu étayer sa prétention par l'opinion bien connue de Royer-Collard :

« Sous des formes d'un langage respectueux, disait le ministre, on exige du Roi la révocation de ses ministres. » A-t-on réfléchi aux résultats nécessaires d'une pareille exigence? Voici ce que disait à ce sujet Royer-Collard : « Le jour où le gouvernement n'existera que par la majorité de la Chambre, le jour où il sera établi, en fait, que la Chambre peut repousser les ministres du Roi et lui en imposer d'autres qui seront alors ses propres ministres, et non ceux du Roi, ce jour-là c'en est fait, non-seulement de la Charte, mais de cette royauté indépendante qui a protégé nos pères et de laquelle seule la France a reçu tout ce qu'elle a jamais eu de liberté et de bonheur : ce jour-là nous sommes en République ! »

Il y a longtemps que nous savons qu'en France le Parlement n'est jamais que l'antichambre de la République, et que la bourgeoisie en mal d'enfant ne met au monde que des républicains ; mais alors ces faits étaient peu connus ; de grands esprits comme Royer-Collard les avaient pressentis, mais la masse, on pourrait dire l'unanimité de nos privilégiés à 300 fr., croyait respecter, consolider même la monarchie légitime, en lui imposant des ministres de leurs choix. Exiger avec respect n'est pas moins exiger, c'est ce que disait Berryer : « Qu'importe, maintenant, quand les droits du Roi sont blessés, quand la couronne est outragée, que votre adresse soit remplie de protestations, de dévouement, de respect et d'amour ? Qu'importe que vous disiez : les prérogatives du Roi sont sacrées, si en même temps vous prétendez le contraire dans l'usage qu'il doit en faire ? Ce triste contraste n'a d'autre objet que de reporter la pensée vers des temps de funeste mémoire ; il rappelle par quels chemins un Roi malheureux fut conduit au milieu des serments d'obéissance et de protestations d'amour, à changer contre la palme du martyre le sceptre qu'il laissa choir de ses mains. Je ne m'étonne pas que dans leur pénible travail les rédacteurs du projet aient dit qu'ils se sentaient *condamnés* à tenir au Roi un pareil langage. Et moi aussi, plus préoccupé du soin de l'avenir que des ressentiments du passé, je sens que si j'adhérais à une pareille adresse, mon vote pèserait à jamais sur ma conscience, comme une désolante condamnation ! »

Mais c'est trop s'attarder sur un point de doctrine politique qui est aujourd'hui admis par tous les esprits sérieux ; le Parlement est une sottise en France, et les célèbres 221 furent de pâles copies des girondins ; comme orateurs et comme dupes, ils ont bien des points communs avec leurs illustres devanciers, mais au lieu de monter à l'échafaud, ils s'emparèrent de toutes les places dont dispose une révolution victorieuse. Cette différence a fort contribué, aux yeux de leurs électeurs, à les faire passer pour des *gens pratiques*. A la vérité, ils s'étaient grossièrement trompés, ils avaient renversé par mégarde un trône qu'ils souhaitaient de consolider, mais puisqu'après l'*événement* ils étaient *vainqueurs et placés*, personne ne leur chercha chicane, ils inspirèrent plus de jalousie que de pitié, et ils firent école.

Le 23, eurent lieu les élections dans les colléges d'arrondissement. Sur 198 députés à élire, le ministère n'obtint que 55 voix, les colléges de département ne firent qu'atténuer cette énorme disproportion ; les 221 étaient dépassés.

Charles X *monta à cheval*, ou, pour parler plus exactement, signa les célèbres ordonnances.

Paris fit sa révolution, et la province la subit.

CHAPITRE XXIX

Projets de résistance en province

Comme Louis XVI, comme Lafayette, comme Mirabeau, comme les girondins, comme Marie-Louise, comme Louis XVIII,

Charles X, renversé par Paris, songea à réformer le brutal arrêt de la capitale en se confiant à la province; il devait échouer comme tous ses prédécesseurs, faute par lui d'avoir compris que pour tenir tête à l'émeute victorieuse à Paris, il faut avoir préparé à l'avance un lieu de refuge.

Marmont, le premier, conseilla au Roi le départ de Saint-Cloud. « Ce village, disait-il, environné de bois, entouré de maisons de plaisance, dominé sur plusieurs points, accessible partout, sans que nulle part on puisse déployer une compagnie d'infanterie ou le moindre peloton de cavalerie, n'est pas une position militaire.

La proximité de Paris y expose, d'ailleurs, les soldats à tous les genres de séductions. Il conviendrait d'emmener l'armée derrière la Loire. — Le même conseil venait d'être donné à Charles X par M. de Champagny, qui avait proposé de gagner Orléans, d'y attendre les troupes du camp de Saint-Omer et de Lunéville, ainsi que le général Bourmont, qu'on ramènerait d'Afrique avec quelques régiments ; d'y faire venir, pour assurer la solde des troupes, les 50 millions de la Kasbah d'Alger, alors encaissés à Toulon; puis, ces forces et ces ressources réunies, de faire appel aux populations royalistes de l'Est, de l'Ouest et du Midi et d'engager, en s'appuyant sur elles, contre les révolutionnaires de Paris, une lutte dont le résultat vengerait la monarchie; Marmont demandait que l'armée se retirât à Blois, que les Chambres y fussent convoquées et le corps diplomatique appelé.

Vous pouvez avoir raison, répondit le vieux Roi, accablé par la fatigue et la tristesse, et peut-être éclairé déjà sur l'inutilité des efforts qu'on l'engageait à faire. Quelle apparence, en effet, que Paris vainqueur et disposant de toutes les ressources d'un gouvernement centralisé se laissât devancer en une place quelconque du territoire par le monarque isolé et vaincu ! Partout on allait rencontrer des populations ou indifférentes ou soulevées, non pas qu'elles fussent hostiles à la monarchie, les 221 eux-mêmes, qui venaient d'être réélus, ne l'avaient été qu'en faisant profession publique d'attachement au régime qui croulait, mais elles n'apercevaient nulle part un point de ralliement. Tout croulait en même temps que le trône. Les fonctionnaires partout révoqués, et ne sachant où porter leur fidélité, les révolutionnaires triomphants partout, et partout nommés. Que faire ? Se compromettre vis-à-vis des vainqueurs par une attitude hostile, sans espérance d'être utile? c'est trop demander aux masses ; il n'y a pour ce rôle que les individualités fortement trempées par le cœur et l'éducation, mais ce sont des atomes perdus dans le torrent révolutionnaire et entraînés par lui.

Cependant, on se résolut à fuir Saint-Cloud, car il n'était plus tenable, et, sans avoir d'idées bien arrêtées sur la suite du voyage, on partit pour Rambouillet; c'est là que le Roi signa son abdication en faveur de son petit-fils le duc de Bordeaux : Napoléon aussi avait signé son abdication en faveur du roi de Rome ; Louis-Philippe aussi signa son abdication en faveur du comte de Paris : vaines tentatives d'une cause perdue; devant la révolution un prince n'a qu'un devoir, se battre contre elle; toute concession est prise pour un acte de faiblesse et ruine définitivement la cause qu'elle prétend servir.

Cependant, ce vieillard, entouré de ses enfants et de quelques fidèles, inquiétait la population parisienne, encore toute chaude de la bataille. Ce fantôme de Roi incommodait sa tranquillité, on lâcha sur lui une troupe de Parisiens échauffés, et le lieutenant général du royaume fit annoncer cette heureuse nouvelle dans le *Moniteur* du 6 août, en termes bien singuliers, si on songe à l'auteur de l'article.

« On ne pouvait laisser subsister aux portes de la capitale *une force armée qui ne relevait pas du gouvernement établi*, et qui, par sa seule présence aux environs de Paris, y entretenait une irritation dangereuse. Le lieutenant général reconnaissait la nécessité de devancer le mouvement que la prolongation du séjour du roi Charles X à Rambouillet ne pouvait manquer de produire dans les masses populaires, afin de placer à sa tête des chefs qui, en le régularisant, prévinssent les excès qu'on aurait pu redouter. *Il sentit même que ses sentiments personnels d'affection et de parenté* lui dictaient cette mesure autant que ses devoirs envers la patrie, et qu'elle lui était surtout commandée par le devoir d'arrêter l'effusion du sang et d'empêcher les Français de s'entr'égorger de nouveau. Le lieutenant général se détermina donc à prendre *une résolution subite et rigoureuse*.

« Il ordonna au général Lafayette de faire marcher 6,000 hommes de garde nationale dans la direction de Rambouillet, espérant que cette démonstration suffirait pour déterminer Charles X à prendre le parti que tant de circonstances se réunissaient à lui faire adopter, *celui de s'éloigner et de dissoudre le rassemblement dont il était entouré.* »

On ne sait ce que l'on doit le plus admirer dans ce morceau de littérature princière. Est-ce la *sollicitude du parent*, ou la candeur révolutionnaire qui qualifie de *rassemblement* les troupes restées fidèles à leur consigne? L'histoire éclaircira ce point délicat.

Le roi Charles X comprit ce que voulait la garde nationale; sentant bien d'ailleurs que Rambouillet ne valait guère mieux que Saint-Cloud; au point de vue militaire, il prit le parti de gagner l'Eure et de descendre jusqu'à Tours, où Marmont espérait trouver des troupes fidèles. Arrivé à Maintenon, il se résigna complétement à un sort qu'il sentait inévitable et se dirigea sur Cherbourg, pour passer en Angleterre.

Ainsi finit cette Restauration du droit

divin, renversée une première fois par une convulsion du géant que l'Europe n'avait fait que blesser, et la seconde fois par la révolution parisienne. Pendant le cours de son existence, toujours contestée, elle chercha sa voie sans la trouver; établie à la hâte, et sans réflexions sérieuses, sur la base étroite d'une aristocratie bourgeoise, elle sentit bientôt qu'elle chancelait et voulut, comme c'était son droit et son devoir, en s'entourant plus exclusivement des hommes de son parti, défendre plus sévèrement la discussion de son principe; pour arriver à ce but légitime, elle changea sans cesse son régime électoral, et ne parvint pas à se satisfaire elle-même. Elle serait d'ailleurs parvenue à ne peupler les Chambres que de grands propriétaires terriens, ce qui était manifestement impossible, qu'elle n'eût encore rien gagné, car la loi du partage égal entre les enfants aurait fait passer bien vite entre des mains hostiles cette grande propriété, alors détenue en majeure partie par des anciens nobles émigrés. Si on établissait aujourd'hui une loi électorale analogue à celle de M. de Villèle, on aurait grande chance de n'avoir affaire qu'à des électeurs bourgeois. Il aurait donc fallu changer, non-seulement le régime électoral, mais le code, mais les mœurs aussi, car le code n'avait fait que consacrer un usage devenu très-général. Nous l'avons dit, chaque fois que l'occasion s'en est présentée, la Restauration devait périr, aussi bien en prenant le chemin des concessions que celui de la résistance; ce n'était qu'une question de temps. Mais était-il nécessaire que Paris se substituât, sans mandat, au vœu du pays? De quel droit avait-on pratiqué ce système révoltant des jacobins qui prétendent faire le bien des gens, malgré eux et sans jamais prendre leur avis? Qui peut savoir comment se serait dénoué cet antagonisme des deux principes si la province, c'est-à-dire la France, avait apporté dans l'examen et la solution de ce problème l'esprit de modération et de sagesse que chacun lui reconnait et dont elle fit toujours preuve lorsqu'on daigna la consulter?

Ajoutons enfin que pendant toute la durée du Parlement, siégeant à Paris, la capitale fut à chaque instant ensanglantée par les émeutes, troublée par les conspirations et déshonorée par l'assassinat de l'héritier de la couronne.

CHAPITRE XXX

Fatuité naïve du Parisien vainqueur.

Il faut croire, et aussi espérer, que dans l'avenir, le théâtre nous donnera, sous une forme plaisante et populaire, la personnification de la dupe politique, comme depuis plus de deux siècles nous vivons sur la gourmandise de Polichinelle et la malice d'Arlequin; sans doute alors nous aurons la légende de M. Prud'homme, au lieu d'en avoir comme aujourd'hui la médiocre et périlleuse réalité.

Le bourgeois politique parisien n'est pas seulement dans l'habitude d'être dupé, il acclame avec générosité la victoire du peuple qui vient de renverser le gouvernement, objet de toutes ses sympathies, et faisant contre mauvaise fortune bon cœur, il se taille un vêtement officiel dans la friperie du pouvoir déchu; ainsi paré, il s'essuie volontiers le front quand on parle devant lui de la victoire des Parisiens.

Au surplus, cette conquête ne fut pas aussi disputée qu'elle aurait pu l'être. En effet, ce malheureux roi Charles X était entouré de ministres fort intelligents et fort dévoués, mais bien neufs et bien gauches dans leur rôle de faiseurs de coups d'Etat. Les doctrinaires leur ont su gré de cette *inexpérience dans le crime;* mais ni l'histoire, ni l'instinct populaire n'ont ratifié cette indulgence; quand on ne se sent pas de taille pour ces besognes héroïques et césariennes, on ne les entreprend pas. On est vraiment stupéfié quand on se rappelle que ni le duc de Raguse (Marmont), commandant la place de Paris, ni le Préfet de police, n'avaient été prévenus par M. de Polignac, de sorte qu'aucune mesure de police n'avait été prise, et que Paris se trouvait pour ainsi dire dégarni de troupes. Les ordonnances tombèrent sur la capitale comme des torches enflammées sur la paille sèche, et personne n'avait pensé à quérir les pompiers ! Charmant, courageux et fidèle Polignac, vous fûtes aussi bien naïf !

Si les défenseurs de la citadelle avaient négligé bien des précautions, il faut dire qu'au début de la bataille, on ne savait encore ni pour qui ni pourquoi on se battait. Le Roi croyait à une émeute facile à réprimer; le duc de Raguse se demandait anxieusement qui des deux adversaires pouvait avoir raison; le bourgeois parisien faisait bravement et gaiement sa petite barricade traditionnelle, pour apprendre à vivre à ces ministres cléricaux et rétrogrades, et en délivrer le bon roi Charles X.

Le peuple n'apparaissait pas encore; dans les premières heures ou semblait croire que cette discussion à coups de fusil sur le pavé de la capitale aurait une fin rapide et heureuse. A Saint-Cloud, on se frottait les mains, en se croyant débarrassé de ces dévouements gênants qu'on appelait alors Martignac, Royer-Collard et Chateaubriand. A Paris, les libéraux se préparaient à célébrer, le verre en main, la gloire des 221.—Riantes perspectives des deux côtés! Après ce duel pour rire, on s'embrasserait de plus belle.

Mais on ne remue pas Paris impunément; quand on crève les égouts, il en sort de mauvaises odeurs; quand on retourne les pavés, le personnel de l'émeute qui semble être contenu par eux se lève subitement et règne en maitre, le sang coule, et le gouvernement est renversé. Dans toute révolution parisienne, il y a toujours deux personnages : le bourgeois qui s'amuse à la bataille, et le peuple entraîné qui se bat; le lendemain, le peuple, désabusé, retourne à l'atelier, et le bourgeois endosse l'habit officiel.

Jamais l'infatuation parisienne n'a été aussi complète qu'en 1830. Sous la terreur, c'est bien Paris qui triomphait de la France, mais le bourreau craignait à chaque instant de devenir victime à son tour; les angoisses étaient réciproques et ne laissaient guère de place à la vanité naïve et satisfaite. Paris fut encore la cause de la révolution en 1814 et en 1815, non pas seulement parce que la bourgeoisie faisait cause commune avec elle, mais parce que cette capitale était le but de l'Europe coalisée contre nous. Dans une aussi triste situation, cette capitale était peut-être encore plus à plaindre que le reste du pays et l'orgueil de sa part n'aurait pas été de mise. Au contraire, après les célèbres journées Paris se décerna, avec une admiration attendrie, toutes les vertus en même temps que la toute-puissance. De la France, il n'en fut pas plus question que si elle n'existait pas; son nom même fut longtemps exclu de tous les placards affichés sur les murs de la ville par les vainqueurs.

La Commission *municipale* (J. Laffitte, Casimir Périer, comte Lobau, Odier, Andry de Puyraveau, Mauguin, de Shonen) se nomme elle-même et adresse *aux habitants de Paris* une proclamation où elle leur annonce que Charles X a cessé de régner *sur la France*.

Ainsi Paris détrône le Roi, et fait part de cet *heureux événement* aux seuls Parisiens.

Puis cette Commission souveraine délibère avec conviction sur le successeur à donner au roi détrôné; elle passe en revue la convenance et les chances de la République, de Napoléon II, du duc d'Orléans; elle pense bien un moment à consulter le pays sur ces points, mais *ce moyen révolutionnaire* est bientôt écarté et on nomme le duc d'Orléans lieutenant général du royaume. Se sentant de taille à faire des rois, la Commission n'hésite pas à nommer les ministres (Dupont de l'Eure, Bignon, comte Gérard, amiral de Rigny, de Broglie, Guizot, baron Louis).

Que des *municipaux,* enivrés de leur victoire, s'enivrent de leurs propres succès au point de ne voir qu'eux sur la scène politique, c'est un spectacle assez triste, mais à tout prendre facile à prévoir. Le prince qui venait d'être ainsi élu semblait, grâce à la hauteur de sa situation passée comme à la grandeur de celle du lendemain, semblait devoir tenir un langage plus élevé et penser enfin à ce pays qu'il allait gouverner. Il n'en fut rien : sa proclamation n'est pas adressée *aux Français* mais aux *habitants de Paris.* « Je n'ai pas balancé, dit-il, à venir partager vos dangers et à me placer au milieu de votre héroïque population. »

Puis, quand il ouvre le Parlement, qu'il est en face de la représentation du pays, qu'il est pour ainsi dire Roi : « Messieurs les députés, leur dit-il, *Paris*, troublé dans son repos par une déplorable violation de la Charte et des lois, les défendait avec un courage héroïque. »

Paris avait été troublé dans son repos !

Voilà, selon le Roi lui-même, toute la philosophie de la révolution ! La France avait-elle été troublée ? et le remède extraordinaire que Paris s'était appliqué pour retrouver le repos qui lui était si cher était-il du goût de la France? Personne ne s'en inquiéta. C'est en toute naïveté et sincérité que le Parisien politique agissait de la sorte, c'est un enfant gâté auquel parents, amis et serviteurs ont prodigué les caresses et la soumission, et qui s'étonnerait, de bonne foi, si le moindre de ses caprices trouvait la moindre contradiction.

C'est le propre des enfants de concentrer leur esprit et leurs désirs sur la passion du jour : le terrible gamin venait de jouer au *soldat,* il lui fallut des arcs de triomphe et des couronnes civiques. Un honorable député propose donc à la Chambre de voter des remerciements aux habitants de la *ville de Paris;* il propose aussi d'inviter le gouvernement à s'occuper d'un monument digne de transmettre à la postérité la plus reculée l'événement qu'il serait destiné à consacrer, monument qui porterait pour inscription : « *A la ville de Paris, la France « reconnaissante!* »

La France reconnaissante ! quelle dérision, et comme cette France, à supposer qu'elle partageât les sentiments des Parisiens sur les fautes qu'on reprochait à la Restauration, devait se féliciter de voir renverser, sans son assentiment, un trône et en élever un autre! Comme elle devait rendre grâces à cette capitale avisée qui lui épargnait jusqu'à la peine d'avoir un avis et de le faire humblement parvenir jusqu'aux vainqueurs! Il fallut, à la fin, légitimer les actes de cette tyrannie et parler après coup à ce pays si délaissé et à l'Europe stupéfaite et mécontente.

La Chambre fut réunie, et l'on s'occupa de nommer officiellement un roi que l'émeute avait déjà assis sur le trône. Le rapporteur, l'honorable M. Berard, fit donc son rapport : « Une loi suprême, dit-il, celle de la nécessité, a mis au peuple de Paris les armes à la main, afin de repousser l'oppression; cette loi nous a fait adopter comme chef provisoire et comme unique moyen de salut, un prince ami sincère des institutions constitutionnelles; la même loi veut que nous adoptions sans délai un chef définitif de notre gouvernement. » Ainsi la nécessité faisait une loi aux Parisiens de choisir à eux seuls le prince qui allait régner sur la France! Sans doute cela était plus commode, mais la nécessité de cet escamotage n'est nulle part. Il n'y avait pas dix jours que les 221, élus par le pays, juraient de défendre la royauté légitime au péril de leur vie, et on supposait que la France avait voulu la Révolution bâclée en trois jours sur les pavés de Paris ! L'histoire, plus impartiale, dira qu'on s'est montré peu empressé de consulter la France, d'abord parce que notre pays n'est pas politiquement constitué pour se défendre contre un coup de tête de la capitale, et que l'on se passe volontiers de l'assentiment des faibles; et ensuite parce que les chefs du mouvement, sans s'en rendre compte peut-être, obéissaient à un calcul fort intéressé : qui sait si la France consultée aurait acclamé et les théories et les personnes du jour ?

Nos premiers révolutionnaires, Parisiens moins logiques que leurs petits-fils, appelaient leur chant de guerre la *Marseillaise* : 1830 eut sa *Parisienne*, mais cette pauvre chanson ne devait pas avoir de longues destinées. Les émeutiers de profession lui préférèrent de beaucoup sa grande sœur ; il y a en effet dans la *Parisienne*, on ne sait quelle saveur de garde nationale et de lyrisme bourgeois que méprise le vrai jacobin.

CHAPITRE XXXI

Les périls des révolutions faites par Paris et pour Paris.

La bourgeoisie avait été victorieuse, au delà de son goût et de ses espérances, et en cherchant à régenter maladroitement le gouvernement, elle l'avait renversé. Le mal était fait, et, selon la logique habituelle à cette classe politique, elle songea non pas à le réparer, mais à en profiter.

L'avenir était radieux; cette redoutable invective qu'on lançait à la face de la Restauration, ce reproche amer et tant de fois répété, d'avoir été ramenée en France par l'étranger; l'impossibilité qui en était, dit-on, résulté pour la bourgeoisie de diriger heureusement un pouvoir si décrié par les masses, toutes ces difficultés venaient de disparaître, comme par enchantement. L'électeur censitaire privilégié allait avoir ses coudées franches, il était désormais le maître souverain de la situation. Ses moyens de gouvernement étaient ceux-là mêmes qui lui sont le plus sympathiques, à savoir le Parlement, et le Parlement travaillant sous la surveillance étroite de ce grand centre *libéral* qu'on appelle Paris. Le Prince qu'il avait mis à sa tête, quoique doué d'infiniment d'esprit, représentait, ou paraissait représenter par sa situation de *prince à côté,* de *prince d'Orléans,* cette opinion moyenne, qui plaît naturellement à la bourgeoisie, non pas parce que cette opinion est juste, mais parce qu'elle est le juste milieu en tout, même entre deux sottises. Toute situation politique a ses courants et sa mode; et ces courants et cette mode peuvent être détestables, et il peut y avoir un intérêt de premier ordre à leur tenir tête résolûment ; le censitaire de notre pays n'aura jamais ce courage. Tout ce qu'il peut donner de mieux, le plus grand sacrifice qu'il entende faire à sa popularité, c'est de rester à moitié chemin entre le vice et la vertu ; faire un peu de bien et un peu de mal, sa conception politique n'a jamais été au delà de cette perfection !

Ainsi tout était à souhait pour ce nouvel essai de gouvernement parlementaire.

Mais les pouvoirs, quels qu'ils soient, se ressentent longtemps des hasards de leur naissance, et quand ils sont fils de l'émeute, ils luttent pendant de longues années contre elle. Il n'y a que les révolutions faites par en haut qui engendrent l'ordre ; celles d'en bas vivent misérablement dans le désordre, jusqu'au jour de leur mort.

Toute la force d'un gouvernement qui est basé sur l'élection, gît naturellement dans la loi électorale. Nous avons vu la Restauration tomber, non pas sous la honte d'avoir été ramenée par l'étranger, mais grâce à l'intervention autrement active et désastreuse de l'électeur à 300 francs, qui finit par s'emparer de toutes les positions influentes et dominer le gouvernement. Pour tout observateur impartial, il fallait renforcer cette classe moyenne, qui avait fait montre de tant d'inexpérience politique pendant quinze ans, et qui avait finalement abouti à renverser le gouvernement qu'elle avait elle-même choisi. Il fallait s'efforcer, par la loi nouvelle, de trouver des électeurs souverains auxquels leur position sociale, leur fortune, donneraient un peu de ce courage civique, de cet esprit de suite qui avaient si complétement manqué à leurs devanciers.

Là eût été la sagesse, mais la révolution parisienne exigeait qu'il en fût autrement. En profitant de l'*ouvrage* fait par les remueurs de pavés, on s'oblige à se rapprocher d'eux, et les lois politiques se ressentent de ce funeste penchant. Le premier soin des vainqueurs fut, en effet, de maudire la loi électorale de M. de Villèle, et (comme on n'avait pas le temps d'en faire une nouvelle, puisque 135 députés devaient être nommés par suite de démissions ou d'invalidations) on se borna à retrancher de la loi ancienne les articles qui avaient été les plus décriés par l'ancienne opposition.

« Le projet, disait l'honorable rapporteur, M. de Vatimesnil, a pour but de faire concorder la loi transitoire avec l'abolition du double vote et avec la nomination du président par le collége ; il faut faire attention qu'il ne s'agit que d'une loi transitoire, il ne faut donc changer la loi que dans ses dispositions incompatibles avec la Charte actuelle. Il n'y aura rien à changer à l'état actuel des choses pour le remplacement des députés démissionnaires ou annulés qui appartenaient à un collége d'arrondissement. » Le projet de loi proposait ensuite de remplacer les députés démissionnaires ou annulés appartenant à des colléges de département, par l'un des arrondissements désignés par la voie du sort. La commission proposa de pourvoir à cette élection par le collége de département composé non plus du quart des électeurs les plus imposés, mais bien de tous les électeurs payant au moins 300 fr. d'imposition.

Ainsi la plupart des garanties que la loi de Villèle avait sagement édictées contre les étourderies et les défaillances de la bourgeoisie se trouvaient ou détruites ou amoindries, et il était déjà fort à craindre que les élections, la Chambre et la politique s'en ressentissent.

C'est au milieu de mille petites émeutes locales, échos bien affaiblis des émeutes permanentes de la capitale, que se firent, dans 55 départements, les élections complémentaires. Un grand nombre de légitimistes ou de royalistes autrefois tout-puissants dans ces grands colléges s'abstinrent de prendre part au vote, de sorte que l'ancien électeur à 300 fr., l'électeur d'arrondissement fut tout-puissant. Il semblerait, dans une situation semblable, que les partisans décidés du gouvernement dussent arriver en foule presqu'à l'unanimité à la Chambre nouvelle ; il n'en fut rien cependant et ce fut le côté gauche, c'est-à-dire l'opposition, qui fit le plus de recrues.

Après cinq mois de travaux cette Assemblée, vieillie avant le temps, contestée dans son principe, n'ayant pas de majorité fixe, obligée, à cause de ses engagements publics, de donner de larges satisfactions à l'esprit révolutionnaire, et cependant battue en brèche par une presse déchaînée, semblait avoir terminé sa carrière.

Elle ne pouvait néanmoins quitter la place avant d'avoir voté une loi électorale définitive, et c'est à son étude que les deux Chambres consacrèrent le mois de mars de l'année 1831.

Le ministre de l'intérieur (M. de Montalivet) faisait précéder son projet de loi de ce coup d'œil sur le passé :

« Depuis quarante ans, nos lois électorales ont subi la fortune diverse de nos libertés. Destinées à être les garanties du peuple pour la représentation de ses droits généraux et impérissables, elles sont devenues trop souvent, sous la main de chaque pouvoir, de chaque parti, de chaque doctrine, tour à tour vainqueurs ou vaincus, les instruments de ses intérêts personnels et passagers. Mais au milieu de toutes les vicissitudes de notre système électoral, la matière s'est éclaircie si elle ne s'est pas fixée. Les inspirations de la liberté ou les industries du pouvoir ont mis à jour toutes les combinaisons et fait du moins l'éducation du pays dont elles n'ont pas fait le bonheur. Notre France patiente et laborieuse, restée enfin maîtresse de ses destinées, n'a plus aujourd'hui qu'à recueillir tous les travaux de sa longue et pénible expérience, et une dernière et glorieuse révolution peut, après la leçon de tant d'essais, espérer de doter la patrie d'un code électoral digne de la nation à laquelle il est destiné. Cet espoir, Messieurs, est permis à un gouvernement sincèrement attaché à la révolution si pure d'où il est sorti; son but, dans le code électoral que nous rapportons, a été de l'y reproduire avec tous ses principes pour s'y fixer lui-même avec toute sa foi. »

La doctrine de M. le ministre de l'intérieur était assurément des plus fausses, car il est non-seulement légitime, mais indispensable, qu'un parti au pouvoir, qu'un gouvernement quelconque fasse une loi électorale qui puisse amener sur la scène les hommes capables de défendre sa politique, la politique triomphante. Un gouvernement qui n'obéirait pas à cette nécessité la plus impérieuse de toutes celles qu'il peut avoir à subir, serait perdu en quelques mois.

C'est donc avec raison que les systèmes électoraux changent comme les gouvernements eux-mêmes, et c'est sans raison que M. de Montalivet prétendait le contraire.

La Restauration s'est ingéniée pour faire arriver au pouvoir, par son système électoral, les hommes en qui se personnifiait sa politique, et à son tour la monarchie de Juillet a agi fort légitimement en recherchant un mécanisme électoral qui devait, selon ses prévisions, fixer la puissance publique entre les mains des vainqueurs de Juillet. On coiffa donc la colonne de la Bastille du génie de la Liberté, et la garde nationale fut chargée du rôle de gendarme.

Était-ce bien la liberté qui devait rester dans l'histoire comme la ligne caractéristique de cette époque? Étaient-ce bien des types d'ordre public que cette garde na-

tionale et cet électeur privilégié ? Hélas !...
Mais le temps présent s'ignore toujours.

On était donc plein d'enthousiasme pour son œuvre, et c'est avec la plus charmante, la plus souriante désinvolture qu'on fit entrer dans la loi nouvelle, dans cette loi qui allait porter les destinées mêmes de la dynastie, toutes les *améliorations libérales* réclamées par *l'opinion publique.*

Il va de soi que la grande propriété était déchue ; l'électeur à 300 était devenu un aristocrate. Il fallait descendre ; ce fut l'électeur à 200 qui triompha, et encore le général Lafayette s'écriait-il à la tribune qu'il était honteux de ne pas pouvoir donner au peuple une preuve moins triste de son amour de la liberté. Le président des colléges ne fut plus nommé par le pouvoir ; l'élection devait se faire au chef-lieu d'arrondissement, et puis il y avait les capacités prises en dehors de la fortune. Elles étaient nombreuses dans le projet de loi ; mais la Chambre n'en garda qu'un petit nombre ; elle repoussa notamment les avocats, quoique cette profession présente des garanties de savoir, et pousse évidemment aux *idées libérales*. La Chambre avait-elle le pressentiment du rôle prépondérant que joueraient les avocats dans le gouvernement nouveau ? Les contemporains et les auteurs de la loi électorale de 1831 pourraient seuls éclaircir ce mystère.

Quant à l'éligible, il n'avait plus besoin que de payer 500 francs d'impositions. Les électeurs se trouvaient portés à un nombre double et la Chambre allait compter 459 députés.

La discussion de cette loi mémorable fut longue et embarrassée, tous les systèmes s'étaient donné rendez-vous dans l'arène parlementaire, et la commission, le rapporteur, le gouvernement changèrent bien des fois de sentiment ; le suffrage universel lui-même trouva un défenseur illustre dans Berryer.

Enfin, la loi fut adoptée, et la Chambre dissoute.

Les élections se firent dans toute la France avec un calme relatif. A cette malheureuse époque, encore toute chaude de la révolution, on enregistrait les journées bénies où la rue était restée tranquille.

Parmi les députés élus, 222 faisaient partie de la Chambre précédente, 7 des Chambres antérieures et 195 n'avaient encore appartenu à aucune représentation. Enfin, il y avait à faire 34 élections par suite de doubles nominations, ou d'invalidations.

Quant à la distribution de ces honorables en partisans ou adversaires du régime nouveau, en défenseurs ou adversaires du ministère, elle était impossible à faire au début. Ce qu'il importe de remarquer, c'est le vote de Paris : sur 22 députés, il y en avait déjà 4 opposés au pouvoir, et ce vote doit être signalé, non parce qu'il y avait 4 députés de l'opposition, mais au contraire, parce qu'il ne s'en trouva qu'un si petit nombre; à la vérité, l'excuse de Paris se trouve dans la qualité des députés *conservateurs* qu'il venait de nommer; c'étaient des conservateurs de fraîche date, et qui, la veille, passaient avec raison pour des révoltés.

CHAPITRE XXXII

Le défaut d'autorité, résultat de la nouvelle loi électorale.

De 1830 à 1840, les suites inévitables d'une révolution qui avait mis le pouvoir au pillage, et les conséquences que devait avoir la puissance souveraine d'un Parlement élu par la bourgeoisie et siégeant à Paris, se firent sentir en France avec une effroyable intensité. Dans la première partie de la période dont nous parlons, la presse avait une puissance redoutable; les partis étaient échauffés par une lutte qui permettait toutes les espérances, puisque les vainqueurs n'étaient que des révolutionnaires couronnés, et le jury, imprégné de la faiblesse générale, acquittait neuf fois sur dix les accusés politiques.

Aussi pendant cinq ans Paris fut en état permanent de révolution; la garde nationale, prenant au sérieux son rôle théoriquement absurde de défenseur de l'ordre, puisque l'ordre ne doit avoir pour défenseur que l'armée, se reunissait bravement à chaque appel de l'autorité et accomplissait, sans faiblir, sa mission difficile.

Tous les prétextes étaient bons pour les révolutionnaires, et nous retrouverons à l'œuvre pendant ces cinq ans, cette armée occulte du désordre qui campe dans Paris, qui se cache quand l'autorité est forte et qui domine tout quand l'autorité faiblit. Au

29 octobre 1830, ce sont ces bandes armées qui entourent le Palais-Royal et crient avec ensemble qu'elles veulent la mort des ministres (la Cour de Paris jugeait les ministres de Charles X) ; à un signal donné, elles se dirigent sur Vincennes où les accusés étaient renfermés, avec la pensée de se faire justice elles-mêmes et de les massacrer ; le général Daumesnil les reçut comme on sait et les émeutiers retournèrent au milieu de la nuit au Palais-Royal où ils recommencèrent leurs saturnales. Le lendemain le Roi descendit de ses appartements et remercia chaudement la garde nationale : « Ce que je veux, ce que nous voulons tous, lui dit-il, c'est que l'ordre public cesse d'être troublé par les ennemis de cette liberté réelle, de ces institutions que la France a conquises et qui peuvent seules nous préserver de l'anarchie et de tous les maux qu'elle entraine à sa suite. »

Que de fois ce malheureux Prince aura-t-il à tenir ce même langage ! et toujours aussi inutilement ! la fatalité de son origine révolutionnaire le poursuivit jusqu'à la fin de son règne ; car il est écrit qu'on ne conquiert rien, et la liberté moins que toute autre chose, à l'aide des barricades.

Lorsque l'arrêt de la Cour des pairs fut prononcé, *le peuple* guettait les prisonniers à leur sortie du Luxembourg ; pendant plusieurs heures Paris fut dans les transes, la troupe consignée, la garde nationale appelée, les boutiquiers atterrés et le gouvernement fort inquiet ; la situation fut sauvée par une proclamation des étudiants des écoles, qui se croyant tout permis depuis qu'ils avaient combattu en juillet, assurèrent le gouvernement de leurs sympathies, et engagèrent *le peuple* à rentrer dans l'ordre. Le préfet de la Seine eut la faiblesse de faire afficher cette proclamation, indiquant par là à quel degré d'impuissance il était tombé. Cette pièce aussi ridicule qu'indécente prenait le Pouvoir sous sa protection, tout en lui recommandant sévèrement de faire produire à la révolution de Juillet le fruit qu'ils en attendaient.

Cette faiblesse porta naturellement *ses fruits*. Les petites émeutes de ces jeunes émeutiers étaient continuelles et lorsque le ministre de l'instruction publique (M. Barthe) voulut les rappeler à l'ordre, ils résistèrent ouvertement, entourèrent sa voiture, en cassèrent les vitres et blessèrent quelques badauds, toujours friands de ce spectacle écœurant.

Le 14 février (1831) était l'anniversaire de la mort du duc de Berry; les partisans du gouvernement déchu eurent l'*imprudence*, disent les documents officiels, de se réunir à Saint-Germain-l'Auxerrois pour entendre une messe.

Il n'en fallait pas tant pour justifier une émeute à cette triste époque. L'église fut aussitôt pillée, ravagée, en partie détruite par la foule, et la garde nationale se vit réduite à une tolérance passive qui parfois eut l'air d'une complicité, *justifiée*, disent les contemporains, *par l'indignation qu'elle ressentait de l'audace du parti carliste.*

La foule, en veine de destructions, se porta à l'archevêché et, repoussée d'abord mollement, revint à la charge. La destruction fut pour ainsi dire distribuée par atelier, chaque spécialité d'émeutier eut du travail; tout s'exécutait avec méthode et promptitude. Au bout de quelques heures l'archevêché n'existait plus! La garde nationale s'était d'abord montrée bonne personne (on sait que le bourgeois n'aime pas les nobles et qu'il a grande admiration pour Voltaire), mais il lui parut qu'on allait trop loin ; comme autrefois, sous Danton, il avait trouvé qu'on coupait vraiment trop de têtes, il montra les dents et s'établit en maître sur les ruines fumantes du palais. L'émeute, désormais *sans ouvrage*, ne voulut pas perdre sa main, et à défaut de commandes parisiennes, songea à travailler à la campagne. L'archevêché avait un château à Conflans, on se dirigea en chantant vers cette résidence cléricale, et on l'incendia. L'autorité se borna à arrêter quelques légitimistes et à publier, par les soins de M. le préfet de police, une proclamation qui recommandait aux habitants de Paris de respecter les monuments publics.

Le 10 mars, on fait courir à Paris le bruit de la défaite des Polonais et de la prise de Varsovie. Les rues s'agitent, la mise en scène de l'émeute était un drapeau tricolore voilé d'un crêpe, et une fleur d'immortelle à l'habit de tous les manifestants. Ainsi parés, ils se portèrent à l'ambassade de Russie, tirèrent quelques coups de fusil et brisèrent les vitres. Bien que l'*affaire* ne fût pas sérieuse, elle aurait pu prendre tout à coup une portée considérable, à cause du caractère de l'hôtel maltraité; le gouvernement sortit de sa torpeur, et la troupe entoura le palais de manière à ne pas permettre qu'il fût insulté de nouveau.

Un mois environ s'était passé sans que la tranquillité de la capitale fût troublée par de graves désordres, lorsqu'à l'occasion d'un procès de complot, tendant au renversement du gouvernement, et dans lequel, comme d'habitude, le jury avait absous tous les accusés (14 avril), des symptômes d'émeutes se manifestèrent partout à la fois; les rassemblements se formaient dans tous les quartiers populeux de la capitale et se reformaient dès qu'ils avaient été dispersés par les troupes et la garde nationale. Le lendemain 26 août, le mal fit des progrès rapides, et il fallut mettre sur pied tous les maires et leurs adjoints, tous les commissaires de police qui montèrent à cheval et firent les sommations légales avant de recourir à la force; on leur répondit par des pierres; la troupe donna enfin, et tout rentra pour quelques jours dans ce demi-ordre qui fut la plaie de ce régime de juste milieu.

L'indication fausse de la prise de Varsovie avait été le prétexte de graves désordres dans Paris, il était difficile que l'annonce officielle de la victoire des Russes sur les Polonais n'amenât quelques misères. C'était le 16 septembre que cette nouvelle fut connue; le jour même, l'émeute sortit de son repaire, pilla quelques boutiques d'armuriers, cassa les vitres de l'hôtel du ministre des affaires étrangères, et ayant reconnu MM. Casimir Périer et Sébastiani, arrêtèrent leurs voitures, les forcèrent à mettre pied à terre, et leur auraient fait un mauvais parti, sans l'intervention de la troupe.

Le complot des Tours Notre-Dame (4 janvier 1832), n'eut aucune importance et ne mériterait pas d'être signalé, s'il ne révélait l'intensité du mal dont était atteinte la population parisienne; l'émeute passait à l'état de manie chronique. Les citoyens les plus obscurs, les plus dénués de ressources, aussi bien financières qu'intellectuelles, n'hésitaient pas à se compromettre dans les plus sottes aventures. C'est ainsi qu'une poignée de fous s'imagina de grimper dans les tours Notre-Dame, d'y sonner le tocsin, de tirer quelques coups de feu, bien persuadés que le pavé de la capitale allait se soulever à leur appel.

Quand la populace d'une grande ville est sinon maîtresse, du moins la rivale du gouvernement établi, il n'est pas étonnant que tous les partis hostiles s'adressent à cette entreprise de révolutions à forfait. Les légitimistes firent marché avec elle. Le moment de l'exécution du complot, plusieurs fois remis, avait été fixé à la nuit du 1ᵉʳ au 2 février; les conjurés étaient convenus de se rassembler en trois groupes séparés : à la place de l'Observatoire, à la place de la Bastille, et dans une maison de la rue des Prouvaires, pour se rejoindre ensuite auprès du Louvre, pénétrer dans les Tuileries au moyen de clefs qui ouvraient les grilles du jardin, s'emparer des personnes composant la famille royale, et proclamer Henri V. C'est dans la maison de la rue des Prouvaires que les chefs étaient réunis. C'est là aussi que se porta d'abord l'attention de l'autorité. Vers deux heures du matin, la maison et la rue furent cernées. Bientôt le chef de la police municipale, accompagné de sergents de ville et de gardes municipaux, entra dans la maison. Il déclara prisonnières, au nom de la loi, toutes les personnes présentes; elles furent saisies malgré leur résistance, au milieu de coups de fusils et de pistolets, qui tuèrent un sergent de ville.

Puis arriva cet horrible choléra de 1832, et les chiffonniers firent leur émeute, parce que l'autorité, certainement bien inspirée, faisait enlever les tas d'immondices, dans lesquels ces malheureux fouillaient pour ramasser quelques chiffons. Ils se révoltèrent, et forcèrent les tombereaux requis à s'en retourner à vide, de sorte que pendant plusieurs jours, la grande cité resta encombrée de débris hideux et de matières fangeuses, ce qui activa les ravages de l'épidémie. Après les chiffonniers, ce fut le tour du menu peuple, qui se précipitait sur les boulangers, les laitiers, les bouchers, les porteurs d'eau eux-mêmes, qu'ils accusaient d'empoisonner les aliments, et auxquels ils firent souvent un fort triste parti; plusieurs de ces marchands furent assassinés en plein jour.

Avec une autorité respectée, il n'est pas toujours facile de venir à bout d'une populace aigrie par la souffrance, affolée par la peur; on s'imagine ce que ce peut être, quand la puissance publique est chaque jour insultée et mise publiquement en échec.

Le choléra avait enlevé Casimir Périer, et tous les conservateurs s'étaient donné rendez-vous à ses funérailles. L'épidémie, impartiale, terrassa quelques jours après un homme politique de l'opposition, le général Lamarque. On se réunit pour la cérémonie au faubourg Saint-Honoré; on remarquait dans le cortége, qui comptait plus de dix mille personnes, un grand nombre de généraux, de gardes nationaux en costume, les députations des écoles, les décorés de Juillet, et des représentants très-peu officiels de l'Allemagne, de l'Italie, de la Pologne et de l'Espagne, porteurs de leurs drapeaux respectifs. Vers dix heures du matin, le cortége se mit en marche vers le pont d'Austerlitz où s'élevait une estrade destinée à recevoir les diseurs d'oraisons funèbres, appropriées à la circonstance.

Pendant le trajet, la foule immense fut à chaque instant traversée par les tirailleurs de l'émeute, qui criaient: *Vive la République; à bas Philippe, plus de Bourbons!* On n'était pas arrivé à la place de la Concorde, que des désordres graves avaient eu lieu; on trouvait les sergents de ville incommodes, on les maltraita, et ils furent obligés de se réfugier dans les Tuileries. A la place Vendôme, le poste n'étant pas prêt à porter les armes au défunt, on le força à sortir précipitamment et à rendre les devoirs militaires à un général de l'opposition; sur le boulevard des Italiens, un pair de France était placé sur un balcon, comme il ne se découvrait pas assez vite, la foule le cribla de pierres, et faillit faire un mauvais parti à la maison elle-même.

Enfin, on arrive au pont d'Austerlitz, le maréchal Clauzel, M. Manguin, le général Lafayette, puis tous les porteurs d'étendards étrangers, font leurs discours, que personne n'entend naturellement; la confusion était à son comble; le défunt avait exprimé le désir que ses restes reposassent à Saint-Sever (dans les Landes), et qu'ils y fussent portés immédiatement; les entrepreneurs de la révolte réclamèrent bruyamment, et voulurent entraîner le corps au Panthéon; alors la vraie bataille commença; les dragons balayèrent la rue de l'Arsenal, et les insurgés tiraient dessus par les fenêtres du grenier d'abondance. Cependant la troupe resta maîtresse du terrain, mais l'insurrection se répandit aussitôt dans tous les quartiers de la capitale en criant : *Aux armes! on égorge nos frères, on assassine la garde nationale.*

Le 5 et le 6 juin, Paris fut au pouvoir de l'insurrection ; on se battit dans tous les quartiers; on décréta l'état de siége, on arrêta quelques personnages marquants de l'opposition (MM. Cabet, Laboissière, Garnier-Pagès, A. Carrel), et plus de 1,500 citoyens, pour la plupart badauds, sans aucun doute, mais parmi lesquels il ne fut pas difficile à l'autorité judiciaire de reconnaître quelques-uns de ses clients ordinaires de police correctionnelle et de cour d'assises.

L'année 1833 se distingue de ses aînées et de ses cadettes par une disette absolue de grande révolte parisienne, les agitations presque quotidiennes de la rue ne comptant plus. En revanche, on inaugura le système puéril et dangereux des procès de presse retentissants, ameutant tous les amateurs de scandale et bâtissant un piédestal magnifique à l'opinion qu'on a la prétention de flétrir et de frapper.

La Chambre des députés allait clore la discussion du budget des dépenses (2 avril), lorsque M. Viennet lut à la Chambre un long article du journal la *Tribune,* dans lequel M. Viennet, en particulier, et beaucoup d'autres membres de l'Assemblée non nommés, mais suffisamment désignés, étaient accusés de votes de complaisance en faveur du ministère, moyennant allocation de certaines sommes prises sur les fonds secrets.

Après de longues discussions, la Chambre décida qu'elle jugerait le sieur Lionne, gérant de la *Tribune,* et qu'elle entendrait les défenseurs du prévenu.

Godefroy Cavaignac, qui se présenta le premier comme défenseur de Lionne, ne chercha pas un seul instant, bien entendu, à se confiner dans son rôle d'avocat, c'était comme accusateur public du gouvernement, de ses actes et de ses tendances qu'il entendait parler. Tout d'abord il récusa les juges qu'on donnait à son client ; c'étaient des ennemis ; ils ne jugeraient pas, ils se vengeraient. « Vous prétendez, disait-il, au privilége de l'inviolabilité ! et pourquoi ? Parce que vous êtes les élus de 200,000 électeurs, c'est fort insuffisant. Pourquoi ne dirait-on pas de la Chambre des députés qu'elle se prostitue? Cela peut-il être vrai ? Oui, certes ! Si cela est vrai, peut-on le dire? Oui ! Si on le croit **vrai**, peut-on le dire encore? Oui, deux fois oui!»

L'orateur résumait enfin ses convictions républicaines en leur prédisant un avenir prochain:

« En attendant, usez de votre règne. Quand on a la force, il faut s'en servir, c'est une belle et bonne chose.

« Tant que le mandat législatif ne sera point donné, non pas par les notabilités comme aujourd'hui, non, ainsi qu'on le proposait, par les *capacités*, dénomination vague et vaniteuse, mais par toutes les *utilités*, désignation universelle et morale, c'est-à-dire par tout ce qui travaille, par tout ce qui produit, aussi bien que par ceux qui possèdent ou qui professent, par tout ce qui a un intérêt ou rend un service, en un mot, par le peuple, ce mandat sera toujours vicieux et suspect. Ne cherchez pas le mal que le pouvoir parlementaire peut faire, le mal qu'on peut dire de lui, ailleurs que dans ce défaut de sanction populaire.

« Messieurs, c'est pour cela que nous avons protesté d'avance contre votre arrêt, et au même titre qui nous a donné le droit de protester si souvent, si hautement contre tout ce qui s'est fait depuis 1830.

« Ainsi, condamnez-nous, frappez en

nous cette pensée républicaine qui est réunie avec nous jusque dans cette enceinte, et qui n'a besoin que d'elle-même pour tout envahir. »

Après ce discours, qui fut écouté d'ailleurs dans le plus grand silence, Marrast prit la parole, puis on vota, et Lionne fut condamné à trois ans de prison et 3,000 fr. d'amende.

Sans doute, la Chambre avait gagné son procès, en ce sens que le diffamateur était puni, mais qui ne sent que le gouvernement en avait perdu un bien plus grand, un procès bien autrement sérieux, en permettant à la révolte républicaine de faire parade publiquement de ses doctrines et de ses espérances? Tout procès de presse retentissant blesse gravement le pouvoir qui y a recours.

Les troubles, les émeutes, les insurrections, qui avaient été peu notables pendant l'année 1833, furent au contraire des plus fréquents dans l'année suivante. La révolte contre le gouvernement établi s'étendait de Paris à tous les coins de la France : à Marseille, à Perpignan, à Vienne, à Auxerre, à Poitiers, à Châlons, à Lunéville, à Grenoble, à Arbois, à Saint-Etienne et enfin à Lyon, où le mouvement prit des allures formidables et tint en échec pendant quatre jours toute la garnison de cette grande ville.

Paris ne pouvait pas rester inactif au milieu de toutes ces *fêtes révolutionnaires* et le 13 avril au soir les condottieri du ruisseau se barricadèrent autour du cloître Saint-Merry et échangèrent avec la troupe quelques centaines de coups de fusils; eu égard aux traditions de la capitale, cette démonstration n'était pas sérieuse, ce n'était qu'un salut amical envoyé aux frères de Lyon. Mais si l'insurrection avait été générale, la répression légale en fut concentrée à Paris, et la Cour des pairs se chargea de l'instruction de ce formidable procès, où devaient paraître plus de cent prévenus, et qui tenait en émoi la France entière.

Ce procès ne fut qu'un long scandale, où les accusés firent publiquement, dans les termes les plus amers et les plus violents, le procès au gouvernement.

Chaque jour amenait un incident nouveau ; la Cour des pairs se refusait à admettre des défenseurs étrangers au barreau ; les accusés protestent en masse ; le président leur refuse la parole, en déclarant que les formes exigent qu'il soit d'abord donné lecture de l'acte d'accusation et de l'arrêt de renvoi et que les observations seront ensuite écoutées. Les accusés répliquent avec violence *qu'ils entendent protester immédiatement et que d'ailleurs ils ont une position à prendre dans le débat.*

Le tumulte arriva alors à un tel éclat, que la Cour fut obligée de se retirer et de délibérer quatre heures durant sur le parti qu'il lui convenait de prendre en présence d'une lutte ouverte. Elle rentre enfin en séance et prend des conclusions contre les prévenus qui ont troublé l'ordre. Aussitôt tous les accusés se lèvent ensemble, crient, protestent, et il faut recourir à la force pour les obliger à se rasseoir; à peine assis, ils se concertent, et l'un d'eux réussit à déclamer à très-haute voix, pendant la lecture même de l'acte d'accusation faite par le greffier, une protestation commune rédigée dans les termes les plus offensants pour les juges, et menaçant de ne plus paraître aux débats, à moins d'y être contraints par la force.

Le scandale est complet et la Cour

interdite. Cependant le procureur général se lève et, entouré de ses avocats généraux, prend des conclusions tendant à être autorisé à faire mettre en prison tout accusé qui troublera l'ordre.

A ces mots, le tumulte croît dans des proportions telles, que la Cour impuissante est réduite à lever la séance.

On se rappelle les péripéties de ce long drame judiciaire qui dura près de quatre mois, et qui se termina naturellement par la condamnation de presque tous les accusés. C'était chose prévue d'avance, mais ce qu'il importe de retenir, ce sont les deux traits saillants de ce scandale public connu dans l'histoire sous le nom de *Procès d'avril*. Il y a, en effet, une véritable naïveté de la part d'un gouvernement, à croire punir des adversaires politiques d'une manière plus exemplaire et plus efficace en élevant la juridiction; il faut relever aussi cette fatalité qui, sous le régime de 1830, fait tout partir de Paris et tout aboutir à lui. Quelle double imprudence que de confier à la Cour des pairs une pareille affaire ; quelle imprudence plus grande de la faire juger à Paris !

L'inévitable conclusion de la surexcitation des esprits causée par ces scandaleux débats ne pouvait être qu'une horrible catastrophe. L'attentat de Fieschi vint prouver, une centième fois, qu'on n'agite pas impunément les passions d'une grande ville.

Il était impossible que le gouvernement de Juillet, sans consentir à son suicide, tolérât plus longtemps l'anarchie morale et matérielle qui régnait en souveraine à Paris depuis cinq ans, et qui de Paris se propageait en province avec une rapidité désespérante. Il proposa donc résolûment à la Chambre trois projets de loi : sur la Cour d'assises, sur le jury et sur la presse, projets de loi qui avaient tous trois pour but d'amoindrir dans de sérieuses proportions ce qu'on appelait alors la liberté. Le ministère prit cette résolution avec courage, et il en fallait un grand à cette époque pour tenir tête à l'opposition victorieuse, non pas seulement dans les rangs pressés et obscurs de la population parisienne, mais dans la haute bourgeoisie de cette grande cité qui recommençait une fois de plus son rôle de tracasseries incessantes contre le pouvoir, pour finir comme toujours par être dupe de son imprévoyance.

Le président du Conseil (M. Thiers) au cours des débats posa la question sur son véritable terrain et trouva pour caractériser la situation des accents d'une haute éloquence.

« Le gouvernement de Juillet, dit-il, a pris naissance au sein d'une révolution populaire, c'est là sa gloire et son danger. La gloire a été pure parce que la cause était juste; le danger est grand, car toute insurrection qui réussit, légitime ou non, enfante par son succès des insurrections nouvelles. La révolte, c'est là l'ennemi que la révolution, la glorieuse révolution de Juillet devait rencontrer dans son berceau; la révolte, nous l'avons combattue sous toutes les formes, sur tous les champs de bataille. Elle a commencé par vouloir établir en face de cette tribune des tribunes rivales, d'où elle pût vous dicter ses volontés insolentes et vous imposer ses caprices sanguinaires. Nous avons démoli ces tribunes factieuses, nous avons fermé les clubs, nous avons pour la première fois muselé le monstre.

« Elle est alors descendue dans la rue : vous l'avez vue heurter aux portes du palais du Roi, aux portes de ce palais, les bras nus, déguenillés, hurlant, vociférant des injures et des menaces et pensant tout entrainer par la peur; nous l'avons regardée en face; la loi à la main, nous avons fait disperser les attroupements, nous l'avons fait rentrer dans sa tanière.

« Elle s'est alors organisée en sociétés anarchiques, en complots vivants, en conspirations permanentes ; la loi à la main, nous avons dissous les sociétés anarchiques, nous avons arrêté les chefs, éparpillé les soldats.

« Enfin, après nous avoir plusieurs fois menacés de la bataille, elle est venue nous la livrer ; plusieurs fois nous l'avons vaincue, nous l'avons traînée, malgré ses clameurs, aux pieds de la justice pour recevoir son châtiment.

« Elle est maintenant à son dernier asile, elle se réfugie dans la presse, elle se réfugie derrière le droit sacré de discussion que la Charte garantit à tous les Français ; c'est de là que, semblable à ce scélérat dont l'histoire a flétri la mémoire et qui avait empoisonné les fontaines d'une cité populeuse, elle empoisonne chaque jour les sources de l'intelligence humaine, les canaux où doit couler la vérité; elle mêle son venin aux aliments des esprits. Nous,

nous l'attaquons dans son dernier asile ; nous lui arrachons son dernier masque ; après avoir dompté la révolte matérielle sans porter atteinte à la liberté légitime des personnes, nous entreprenons de dompter les révoltes du langage sans porter atteinte à la liberté légitime de la discussion. »

C'était là le langage d'un véritable homme d'État, c'est-à-dire d'un citoyen qui voit le mal et entreprend courageusement d'y porter remède. Ce ne fut cependant qu'un cri de réprobation d'un bout de la ville à l'autre, dans les rangs de cette classe moyenne qui, sous couleur de détester tous les excès, s'arrête au milieu de toutes les routes, de tous les systèmes, et refuse obstinément d'être sauvée tout à fait ; pour rester fidèle à son tempérament moyen, elle n'admet son propre salut qu'à moitié. Que l'honorable et honnête M. Odilon Barrot se soit fait à la Chambre l'écho de ces braves gens qui, au milieu même de la bataille, recommandent au pouvoir de riposter avec une *sage mesure* et une *honorable modération*, qui lui recommandent avec la vertueuse éloquence de Berquin, de Grandisson ou de Lafayette, de ménager ses munitions et de ne tirer sur les *citoyens égarés* qu'après que les gendarmes auront été tués en nombre suffisant pour rassurer une conscience libérale, que le vertueux, éloquent et débonnaire Odilon ait soutenu cette thèse bourgeoise au Parlement, rien de plus naturel; cette nature aimable était vouée par tempérament et par tradition à la défense *de l'ordre et de la liberté;* mais pourquoi faut-il trouver dans tous ces écarts cette belle figure d'homme de lettres qu'on nomme Lamartine! et quelle pitoyable et continuelle contradiction que son discours à ce sujet! « Il était, disait-il, pénétré de la gravité de la situation, et s'il eût été conseiller de la Couronne, il aurait sans doute présenté quelques mesures pour établir le secret du vote du jury, pour réprimer les scandales des caricatures et des théâtres, pour garantir l'inviolabilité de la personne royale; mais il était bien loin de s'attendre à une pareille loi, à cette loi de mort et de martyre contre la presse, à cette loi qui devait rester une date dans les annales des aberrations et des ingratitudes humaines; il reconnaissait que, depuis cinq ans, la presse distillait la haine, la calomnie, l'outrage; qu'elle semait l'insurrection et l'anarchie, et cependant il n'en fallait pas moins la supporter !

Poëtes-orateurs, hommes d'Etat-hommes de lettres, Chateaubriand, Lamartine, Victor Hugo, que de gloire vous avez donnée à votre pays, et que de mal vous lui avez fait !

Enfin, cette loi même fut votée par 226 voix contre 153.

C'était un maigre succès, et un esprit perspicace aurait pu prédire, à cette époque, que le mal survivrait au remède. Le pays politique, l'électeur à 200 francs était évidemment contraire à ce déploiement de rigueur, que dans son ignorance il ne croyait pas nécessaire à la bonne marche du gouvernement; et cet appui moral venant à faire défaut, ces lois fortes et indispensables devaient manquer de ce secours que leur apporte le consentement chaud et universel des citoyens.

Mais ce n'était pas la seule raison de l'insuccès de ce *jury amélioré*; le jury en matière politique ne s'améliore pas, on le détruit si on veut rester dans le vrai et dans la donnée philosophique de l'institution. On a dit avec raison que le jury est le fidèle miroir de la société, qu'il en reproduit avec précision les passions éphémères ; en effet, c'est un complaisant, ce n'est pas un juge ; quand les passions politiques tournent à la licence, le jury incline à la clémence, et quand elles tournent à l'autorité, le jury incline à la sévérité : c'est un contre-sens absolu dans les deux cas. Le jury, pour remplir son rôle, aurait dû se montrer sévère dans les premières années de la monarchie de Juillet, et indulgent dans les premières années du second Empire. On ne peut demander cette clairvoyance qu'à un juge et à un juge politique.

Le jury chez nous est et sera toujours une institution politique détestable; elle n'échappe pas d'ailleurs à la critique trèsjuste qu'on a souvent faite de toutes nos lois sur la presse. Un procès de presse ne peut pas, dit-on, être jugé par la magistrature, car par sa nature il est essentiellement politique, et la magistrature a tout intérêt à ne pas y être mêlée ; il ne faut pas mettre l'hermine du magistrat dans ces sentiers malaisés et quelquefois fangeux. Or, il est bien évident que le jury entraîne le juge dans cette mauvaise route. En effet, ce qu'il y a de plus délicat dans un procès de presse, c'est la résolution à prendre de poursuivre ou de ne pas le faire, et c'est le parquet qui est censé prendre cette initiative; bien qu'il n'en soit rien, et que dans la pratique constante de tous les gouvernements, ce soit le ministre de l'intérieur qui décide souverainement, la magistrature n'en est pas moins compromise par l'apparence (1).

CHAPITRE XXXIII

Paris cause et théâtre de l'assassinat de nos Rois.

L'horrible crime de Fieschi, les nombreuses tentatives d'assassinat contre le Roi, avant et après ce tragique événement, appellent nécessairement l'attention des penseurs, et aucune époque de notre histoire n'est plus propre que celle de 1830 à 1848 à justifier ces réflexions. Le Roi Louis-Philippe était en effet le contraire

---

(1) Nous avons depuis longtemps préconisé, dans la presse, l'institution d'un jury politique. (Voir aux notes).

d'un tyran, et le régime politique dont il était le chef pécha beaucoup plus par la faiblesse que par la violence. Il faut donc chercher ailleurs que dans la révolte, sinon légitime, au moins explicable du citoyen exaspéré, la cause véritable de cette affreuse folie de l'assassinat.

Il y a quelque chose de révoltant à penser qu'un gouvernement tout entier est à la merci d'un fanatique; c'est exaspérant pour le citoyen convaincu, c'est honteux pour la nation qui le permet.

Qui fait naître les assassins? Paris!

Où est-ce qu'on assassine? A Paris!

Il faut en finir avec ce cauchemar!

Quand Cadoudal a monté sa machine infernale; quand Louvel a poignardé le duc de Berry; quand les dix-huit assassins du roi Louis-Philippe ont attenté à la vie de ce malheureux prince, ils n'avaient tous qu'un but, le renversement du gouvernement.

L'irritation, la vengeance ne sont pour rien dans ces forfaits. L'assassin ne connaît jamais sa victime, jamais il ne lui a adressé la parole; il est donc mû par une passion politique que les conflits, les émeutes, les insurrections, les violences de la presse exaltent jusqu'à la folie; c'est dans un milieu comme Paris que ces sortes de maladies peuvent se déclarer : on n'attrape d'insolation que sous un soleil ardent, et l'esprit ne reste sain que dans une température modérée. Si l'on excepte Lecomte qui tira sur le Roi dans une rue de Fontainebleau (1846), et qui parut être un fou véritable, se vengeant, on ne sait pourquoi sur le prince, de querelles qu'il avait eues avec ses supérieurs, tous ces misérables qui coururent sus à ce roi débonnaire, à la manière des chasseurs qui traquent une bête fauve, vivaient sous le climat de Paris.

Le 29 novembre 1832, au moment où le Roi arrivait à l'extrémité du Pont-Royal, en face la rue du Bac, se rendant à la Chambre pour la séance d'ouverture, un coup de pistolet avait été tiré de la gauche du pont. Au bruit de la détonation, un aide de camp s'était approché, et avait dit au Prince : « Sire, on vient de vous tirer un coup de fusil. » — « Non, répondit le Roi, c'est un coup de pistolet; je l'ai vu. » Puis, comme un grand concours de peuple s'empressait autour de la voiture, le Roi dit avec un grand calme : « Ce n'est rien, mes amis; il n'y a pas de mal. » Puis il continua sa route jusqu'à la Chambre, où il avait défendu aux officiers de sa suite d'annoncer l'événement.

Le 28 juillet 1835, le Roi, qui passait la revue de la garde nationale, occupant les deux côtés du boulevard dans toute sa longueur, depuis la Madeleine jusqu'à la Bastille, était arrivé, entre midi et une heure, en face de la grille d'entrée du jardin Turc; tout à coup une forte détonation retentit, on entend comme un feu de peloton mal exécuté; à l'instant, autour du prince un grand vide se fait sur la chaussée du boulevard; le pavé est couvert de sang, jonché de morts, de blessés, de chevaux gisants auprès de leurs maîtres. Le maréchal duc de Trévise, six généraux, deux colonels, neuf officiers et soldats faisant partie de la garde nationale, un officier d'état-major, de simples spectateurs, hommes, femmes et enfants, au nombre de vingt et un, sont tués sur le coup ou grièvement blessés; le Roi avait été légèrement atteint au front, son cheval, celui du duc de Nemours, celui du prince de Joinville avaient été touchés. Ainsi la machine infernale avait manqué son but. Le

Prince et ses fils avaient été miraculeusement préservés.

Après les premières émotions, si naturelles dans un pareil moment, les journaux de l'opposition parlèrent de cette catastrophe avec une indifférence affectée, et la bourgeoisie *libérale* laissa voir discrètement d'abord, bruyamment ensuite, les craintes que le gouvernement ne *profitât* de l'attentat pour présenter quelques lois sévères et *anti-libérales*. Heureuse et charmante époque où l'assassinat provoquait des sentiments si édifiants !

Le 25 juin 1836, le Roi quittait les Tuileries pour retourner à Neuilly avec la Reine et Madame Adélaïde qui étaient placées dans le fond de la voiture ; les six premiers chevaux étaient déjà engagés sous le guichet du Pont-Royal, lorsque l'explosion d'une arme à feu remplit la voiture de fumée ; la balle, passant au-dessus de la tête du Roi, alla s'enfoncer dans le panneau de la voiture. L'auteur du crime fut immédiatement arrêté et reconnu pour être un sieur Louis Alibeau, arquebusier. Interrogé par le procureur général, il répondit avec beaucoup de sang-froid : « J'ai voulu tuer le Roi que je regarde comme l'ennemi du peuple ; j'étais malheureux ; le gouvernement est la cause de mon malheur ; le Roi en est le chef. Voilà pourquoi j'ai voulu le tuer ; je n'ai qu'un seul regret, c'est de n'avoir pas réussi. » Alibeau avait été en Espagne, pour aider, disait-il, au soulèvement des populations qui devaient détrôner Isabelle et proclamer la république. — C'est donc en Espagne, lui demandait le procureur général, que vous avez arrêté le projet d'assassiner le Roi ? — Non, mais peu après mon retour en France ; ce fut le départ du duc d'Orléans pour l'Afrique qui me décida. — En quoi le départ du prince a-t-il pu vous décider ? — En ce que le Roi mort et le duc d'Orléans, absent de Paris, la révolution eût été plus facile qu'à aucune autre époque.

Le 27 décembre 1836, le Roi était sorti en voiture du palais des Tuileries pour aller présider la séance d'ouverture de la session législative. Il était accompagné de trois de ses fils, le duc d'Orléans, le duc de Nemours et le prince de Joinville. Arrivé devant le front de la légion qui formait la haie au pied de la terrasse du bord de l'eau, le Roi mit la tête à la portière pour saluer le drapeau de cette légion, à une centaine de pas de la grille du jardin. A cet instant un coup de pistolet fut tiré, la balle pénétra dans la voiture, mais elle ne toucha ni le Roi, ni ses fils, quelques éclats de la glace du devant qu'elle avait brisée avaient seuls atteints les trois jeunes princes au visage.

Meunier, l'assassin, parut devant la Chambre des pairs, et ne dissimula ni sa haine contre le gouvernement, ni ses idées républicaines, et il raconta tranquillement que c'était à la suite d'un tirage au sort avec deux de ses camarades, que le sort l'avait désigné pour être le meurtrier du Roi.

Le 29 janvier 1837, la police, plus active ou mieux renseignée, découvrit l'assassin annuel, avant qu'il eût pu mettre son projet à exécution. C'était un ouvrier mécanicien, nommé Champion, chez lequel on trouva une machine à demi confectionnée, ayant la forme d'une petite commode. A la place des trois rangs de tiroir étaient disposées trois lignes de canons de fusil placés horizontalement dans des directions différentes, et dont l'explosion devait se faire au moyen d'une batterie et d'une trainée de poudre qui communiquait aux trois lignes. D'après la déclaration que fit l'assassin, il devait prendre une voiture à bras, la remplir de meubles et simuler un déménagement. La machine devait être placée à une hauteur de cinq à six pieds et couverte d'un matelas, afin de ne pas être aperçue; un commissionnaire aurait conduit la voiture sur la route de Neuilly, à l'endroit où passe ordinairement le Roi, lorsqu'il se rend à cette résidence. Champion déclara n'avoir point de complices, et s'étrangla dans sa prison.

Le 13 septembre 1841, le duc d'Aumale revenait en France à la tête du 17e léger qu'il ramenait d'Afrique ; pendant la traversée entière du pays, le régiment et son jeune chef reçurent les hommages empressés des populations. Arrivé à Paris, à la hauteur de la rue Traversière-Saint-Antoine, un assassin nommé Quenisset déchargea son pistolet sur le prince.

Nous avons dit plus haut l'assassinat de Lecomte, c'était en 1846 ; trois mois plus tard, le 29 juillet, au moment où sur le balcon des Tuileries le Roi saluait la foule assemblée pour les fêtes commémoratives de la révolution de 1830, deux coups de pistolet partirent, tirés à une grande distance, par un homme caché derrière une des statues du jardin. Cet homme, nommé Joseph Henry, exerçait la profession de fabricant d'objets en acier poli.

Décidément, on n'assassine qu'à Paris !

Les assassins sont des produits essentiellement parisiens ; la température politique de ce milieu fait naître cette pourriture morale, aussi naturellement que le champignon pousse sur le fumier.

Le fait est constant, et se reproduit sous tous les gouvernements.

Il faut cependant remarquer qu'il est moins fréquent sous les pouvoirs forts que sous le règne des constitutions libérales ou faibles ; l'assassinat politique est une maladie qu'il faut traiter durement ; l'emploi des calmants ne réussit jamais.

Enfin, sans avoir la cruauté de faire rejaillir sur tout un parti la honte de ces attentats, on est bien forcé d'avouer que tous ces assassins s'avouent eux-mêmes républicains et *travaillent* pour le compte de la République. Dans nos temps troublés, on ne peut relever, au compte du parti légitimiste, que le complot de Cadoudal ; quant au parti orléaniste et au parti impérialiste, il n'y a pas d'exemple qu'ils aient eu recours à de pareils moyens pour le succès de leur cause.

Paris est le berceau des assassins, mais c'est en même temps le théâtre nécessaire de l'assassinat; Alibaud le disait très-sincèrement : Il n'y a qu'à Paris que l'assassin ait quelque chance d'échapper aux recherches de la police avant et après le crime, et c'est le seul lieu de la France où on puisse compter sur une révolution si le coup réussit. L'armée de l'émeute dont nous avons si souvent parlé, cette armée du mal est là toute prête à profiter des chances d'un assassinat comme des chances d'une insurrection. Enfin le grand ressort de la machine politique française est à Paris, et maître de la capitale, ne fût-ce que pendant quelques heures, on a dans les mains le télégraphe et l'armée, on a les routes, les chemins de fer pour faire parvenir rapidement à destination les *messieurs* de l'émeute transformés en préfets, un peu neufs mais pleins de bonne volonté; on a enfin tout ce qu'il faut pour mettre la main sur le pays. Tant que durera cette maladie parisienne de l'assassinat, il n'y aura pas de gouvernement possible en France, et la

République elle-même n'est à l'abri de ses coups que parce que l'insurrection permanante parisienne suffit à la deconsidérer et à la faire mourir; là où l'insurrection réussit on n'a pas recours au bras de l'assassin.

Il est absurde, il est honteux, il est absolument puéril qu'un pays comme la France soit à la merci d'un fanatique et que 40 millions d'êtres humains tremblent tous les jours à la pensée que le chef de l'État peut être frappé et que le pays, par suite de la révolution qui suivra, sera une fois de plus la proie des émeutiers parisiens et la risée de toute l'Europe. A ce compte, il n'y a plus rien de possible en France, pas plus la république que la monarchie, et nous sommes un peuple irrémédiablement perdu!

Comment épargner cette honte à la France et à l'humanité, comment faire en sorte qu'on n'assassine plus à Paris?

Le moyen est très-simple : il n'y aura plus d'assassins le jour où le meurtre ne sera pas suivi de révolution.

Si la France a une capitale de rechange, tout est sauvé. A quoi bon un coup de poignard, puisque le prince mort la révolution de Paris est impuissante, puisque le meurtre du Chef de l'Etat n'empêche plus les prévisions constitutionnelles de recevoir leur exécution !

CHAPITRE XXXIV

L'ombre de Napoléon projetée sur le gouvernement de Juillet.

Les lois de septembre, comme les appelle l'histoire, n'avaient pas eu le don d'arrêter ce qu'aucune puissance au monde ne saurait arrêter, à savoir les conséquences morales et matérielles de l'abandon du gouvernement aux mains d'une classe moyenne qui n'a ni la clairvoyance, ni l'esprit de suite, ni la fermeté nécessaires à tout être, isolé ou collectif, qui prétend au gouvernement des hommes.

Les conspirations, les complots, les révoltes, les assassinats continuèrent donc d'attrister la France et tous ses paisibles habitants ; ce sont là les maladies ordinaires de la faiblesse des pouvoirs. Il fallut juger les complots de la *Société des familles* (1836), l'affaire Hubert et Grouvelle à la Cour d'assises (1838).

Les émeutes provoquées par Barbès et Blanqui en 1839.

C'était le plus ordinairement le parti républicain qui descendait dans la rue, mais le parti légitimiste n'avait pas dédaigné cette chance, et le parti impérialiste y recourut aussi.

Le 30 octobre 1836, le prince Louis-Napoléon Bonaparte, revêtu du costume historique de l'Empereur, se présenta à la caserne du 4º régiment d'artillerie, commandé par le général Vaudrey son complice, et enleva les troupes confiées au colonel, aux cris de vive l'Empereur, toujours bien accueilli des masses populaires. A l'aide de ce régiment on se saisit de la personne du préfet; on entoura la caserne du 3º d'artillerie; on s'empara d'une imprimerie destinée à fabriquer les proclamations adressées au peuple français; mais le général Voirol, commandant le département du Bas-Rhin, refusa résolûment de suivre le mouvement insurrectionnel et la conspiration avorta; elle fut jugée sévèrement et comme toute autre méritait de l'être. Le Prince qui en était le chef savait qu'il jouait sa vie dans cette aventure; il s'attendait à une condamnation à mort et fut surpris en se voyant soustrait, par une grâce anticipée, au jugement qui l'attendait. A cette époque, personne en France ne s'occupait des destinées du régime impérial et de l'existence d'un descendant de Napoléon, personne au moins parmi celles qui font profession de parler ou d'écrire pour le public.

Le Prince ne fut donc pas étonné d'entendre qualifier de folie sa tentative de Strasbourg. Il savait que des millions d'hommes en France étaient silencieusement sympathiques à sa cause, et cette assurance lui fit recommencer *cette folie* quatre ans plus tard. La tentative sur Boulogne (6 août 1840), moins méditée que la précédente, échoua comme la première. Le Prince fut arrêté et traduit immédiatement devant la Cour des pairs, qui le condamna à une détention perpétuelle. Si Louis Bonaparte n'avait pas posé de cette manière révolutionnaire ses prétentions à la couronne, tout comme d'ailleurs les légitimistes l'avaient fait par leurs soulèvements dans l'Ouest et la descente en France de Mme la duchesse de Berry, tout comme les républicains le faisaient à chaque instant, peut-être que ce nom de Bonaparte n'eût pas été prêt aux grandes destinées qui l'attendaient en 1848 et en 1852 ! Ce sont là les secrets de la Providence. Le certain, c'est que le Prince, croyant à sa destinée et surtout à celle du parti dont il était la représentation légitime, joua sa vie pour satisfaire ses convictions et consentit à passer pour fou, avant d'être salué et acclamé comme prophète.

Or, le gouvernement du roi Louis-Philippe fut certainement embarrassé par la qualité du principal conspirateur. Le nom de Napoléon était resté fort populaire dans les masses, et une condamation à mort suivie d'exécution étaient presque impossibles. Cette difficulté était d'autant mieux ressentie par les ministres de la révolution nouvelle, que lorsqu'ils voulurent, à des intervalles éloignés, donner satisfaction à ce besoin, à cette pensée, à cette religion des peuples, qu'on appelle le culte des grands souvenirs, ils s'adressèrent sans hésiter à la mémoire du héros.

En 1833, le Roi, voulant donner un éclat

exceptionnel à sa fête, n'imagina rien de mieux que de faire coïncider sa célébration avec la cérémonie officielle arrangée en vue de la restauration de la statue de Napoléon sur la colonne Vendôme. Quand le voile qui couvrait l'image du héros fut enlevé, le Prince fut salué par des cris fiévreux, unanimes de : *Vive l'Empereur!* et tout en goûtant la satisfaction d'avoir si bien fait vibrer la corde sensible du peuple, peut-être trouva-t-il qu'il avait un peu dépassé le but, car les cris de : *Vive le Roi!* disparaissaient complétement sous cette tempête d'enthousiasme.

En 1840, les bruits de guerre couraient partout; M. Thiers voulait entreprendre contre la Russie cette guerre d'Orient, qui n'eut que beaucoup plus tard son dénoûment glorieux. Il fut empêché de donner suite à sa juste politique par les craintes, les affolements d'un Parlement bourgeois, qui déteste la guerre et ne la croit jamais inévitable. Mais pour se lancer dans ces rudes entreprises, il ne faut pas seulement amasser des millions, des soldats et des canons, il faut communiquer à la nation cette sainte fièvre de la gloire, sans laquelle les hommes sont des machines et jamais des héros. Comment faire remuer cette fibre nationale, comment intéresser tout un peuple à cette grande aventure, comment élever son cœur, stimuler son courage? Il n'y avait pas de meilleur moyen que de lui raconter à nouveau l'histoire de Napoléon. On le comprit, et l'un des fils du Roi fut chargé de rapporter de Sainte-Hélène les restes de l'immortel citoyen.

Nous avons dit plus haut les nécessités et les bienfaits de la gloire pour un peuple qui prétend rester digne de son nom. Quel plus frappant exemple pourrait-on invoquer que cette politique judicieuse des ministres d'un règne peu guerrier, et qui se sentent contraints d'invoquer avant la bataille le seul nom qui promette la victoire! De Cherbourg à Paris, les populations émues se relayaient auprès du cercueil comme le flot écumant suit le navire en marche; arrivé dans la grande ville, il trouva debout un million d'êtres humains que ne pouvait rebuter la rigueur d'un froid exceptionnel; au pied de l'Arc de Triomphe, il s'arrêta comme pour donner à la foule le temps de contempler et de se souvenir; puis il fut reçu aux Invalides par les vieux soldats; ceux-ci ne sachant comment contenir leur émotion, que les pleurs ne soulageaient plus, se mirent tous à genoux malgré la consigne.

Comme autrefois le Roi à l'inauguration de la place Vendôme, M. Guizot, qui avait succédé à M. Thiers, trouva que le spectacle dépassait en grandeur et en poésie la mesure de ce qu'il convient d'accorder à un peuple gouverné par des ministres parlementaires et appuyé sur les baïonnettes intelligentes de la garde nationale, mais le *mal* était fait; M. Guizot fit donc à ce succès écrasant la meilleure figure.

A cette époque, cet immense arc de triomphe, dont Napoléon avait posé la première pierre en 1810, n'était pas encore achevé. Le roi Louis-Philippe le termina; c'était une singulière destinée pour ce monument. Un bon nombre des députés souverains qui votèrent les fonds nécessaires à cette construction se sont certainement demandé en secret, en passant sous cette énorme voûte, comment un peuple pouvait être assez fou pour dépenser des millions qui pourraient être si utilement employés ailleurs, et dans le but avoué de glorifier un homme et une époque qui n'avaient que la passion de la destruction !

Et cependant, en ces jours d'émotion et de trouble, Paris, noblement occupé, ne songe jamais à faire d'émeutes !

Mais les craintes de guerre, mais ce spectacle émouvant avaient ramené les esprits à des préoccupations d'un autre genre : et l'on parla de fortifier la capitale.

CHAPITRE XXXV

Des conséquences de la fortification de Paris.

Lorsqu'en 1841 M. Thiers exposa les raisons qui lui faisaient regarder comme nécessaire la fortification de Paris — ainsi qu'on l'appelait alors — cet homme d'État ne savait pas ce qu'une triste expérience nous a appris et les illusions qu'il avait alors sont bien pardonnables.

« Tandis que pour marcher sur Berlin, disait-il, il faut faire, en partant de notre frontière, 187 lieues, passer le Rhin, le

Wézer, l'Elbe; franchir des places telles que Luxembourg, Mayence, Erbenbretsein, Magdebourg; tandis qu'il faut faire, en partant de notre frontière, 216 lieues pour aller à Vienne, franchir le Rhin, le Danube, le Lech, l'Inn, une foule de places et Ulm, que la Confédération germanique va convertir en place de premier ordre, au contraire, pour venir à Paris, que faut-il? Il faut faire 60 lieues à peine en partant de la frontière du nord; on n'aura aucun grand fleuve à traverser, à peine quelques cours d'eau de moyenne importance, comme la Marne ou la Seine.

A cette circonstance géographique s'en joint une autre toute politique, la Prusse, l'Autriche, l'Espagne, l'Angleterre même ne sont pas comme la France. Notre beau pays a un immense avantage, il est un. Jamais, dans aucun temps, un aussi vaste royaume n'a présenté, sous tous les rapports, une unité si compacte. Trente-quatre millions d'hommes sur un sol de moyenne étendue, y vivent de la même vie, y sentent, y pensent, y disent la même chose presque au même instant. Grâce surtout à des institutions qui portent la parole en quelques heures d'un bout de la France à l'autre, grâce à des moyens administratifs qui portent en quelques minutes des ordres aux extrémités du territoire, ce grand tout pense et se meut comme un seul homme. Il doit à cet ensemble une force que n'ont pas des empires beaucoup plus considérables, mais qui sont privés de cette prodigieuse simultanéité d'action ; mais il n'a ces avantages qu'à la condition d'un centre unique, d'où part l'impulsion commune et qui meut tout l'ensemble : c'est Paris qui parle par la presse et qui commande par le télégraphe. Frappez le centre et la France est comme un homme frappé à la tête.

« Mais ce Paris, cette tête de la France qui répand sur l'Europe ce torrent de pensées nouvelles imprimées en un langage entendu de tous les peuples ; ce Paris qui remue le monde, ce Paris placé tout près de la frontière, il suffit de faire quelques marches pour le frapper.

« Eh bien ! que devons-nous faire dans une situation semblable ? Ce Paris qu'on veut frapper il faut le couvrir ; ce but que se proposent les grandes guerres d'invasion, il faut le leur enlever en le mettant à l'abri de leurs coups. En supprimant le but, vous ferez tomber toutes les combinaisons qui tendent vers lui. En un mot, fortifiez la capitale et vous apportez une modification immense à la guerre, à la politique ; vous rendez impraticables les guerres d'invasion, c'est-à-dire les guerres de principes. Cela est de nature à frapper les esprits les plus simples et il ne faut pas de grandes démonstrations pour le rendre plus évident ; mais si, en cette matière, on peut joindre à la raison les autorités, quelle autorité plus grande que celle de l'homme qui a été le moteur, l'innovateur pour ainsi dire de ce système prompt, rapide, qui va droit au but, c'est-à-dire aux capitales ?

« Quelle autorité plus grande pouvez-vous avoir que celle de Napoléon, vous disant du fond de sa retraite : que si Vienne, si Berlin, si Madrid avaient été fortifiés, il aurait échoué dans les plus grandes campagnes de Prusse, d'Autriche et d'Espagne ! »

Comme les cruels événements de 1870 ont renversé ces raisonnements séduisants, et comme il est facile, à distance, d'en voir toutes les défaillances ! Paris est la clef et le rempart de la France ; Paris est tout, il faut donc le mettre à l'abri d'un coup de main, c'est parfaitement juste ; mais le moyen est-il bon? là est toute la question. En crénelant Paris, en l'armant jusqu'aux dents, a-t-on fait renoncer aux invasions qui se proposent de prendre Paris, et Paris pris, d'en avoir fini avec la France? Hélas! non; aucune de ces prévisions optimistes ne s'est réalisée; on se flattait que l'immensité de l'armée occupée à faire le siége de Paris éloignerait jusqu'à la pensée même de ce siége, et les fortifications de Paris, dans l'esprit de leur auteur, étaient destinées à n'être jamais utilisées; mais les armées nombreuses sont devenues le fait commun de toutes les puissances militaires de l'Europe, et les invasions ressemblent maintenant à une migration de peuples. Il a donc été possible d'entourer la capitale d'un cordon serré de troupes ennemies, et Paris, comme toutes les places fortes qui existent au monde, a été forcé de capituler, car après un temps plus ou moins long la famine souveraine dicte ses arrêts. Couvrir la capitale était donc une idée juste, mais l'entourer de murs fortifiés était un moyen détestable, car la capitulation devenait certaine et cette capitulation, comme on le disait fort bien, entraîne dans un pays centralisé la perte de la nation tout entière; si au contraire l'ennemi pénètre dans Paris ouvert et qu'il n'y trouve ni armée, ni gouvernement, il se sera emparé d'une grande ville et voilà tout; il n'aura ni l'armée, ni son chef, et tous deux pourront essayer ailleurs de refaire la fortune de la France. Mais il est un point de haute importance qu'aucun des orateurs ne semble avoir eu présent à l'esprit dans cette discussion brillante et mémorable. Sans parler des horreurs d'un siége toujours à éviter à une population de 2 millions d'âmes, ne faut-il pas parler franc et net, et avouer à notre honte qu'un siége de Paris y amènera toujours une révolution politique, et qu'alors il est souverainement imprudent d'enfouir derrière ces remparts forcément destinés à tomber toutes les ressources du pays? On répond que le gouvernement, l'armée s'en iront; mais c'est impossible, mais moralement un chef d'État ne peut pas abandonner une ville assiégée, quand cette ville est la capitale de son empire; de sorte que c'est contre lui et contre la France que sont dressées ces murailles, c'est la France et lui qui sont faits prisonniers par l'émeute avant de l'être par l'ennemi.

Fortifier Paris, c'est s'assurer qu'on mettra le siége devant lui et offrir à l'invasion deux chances pour une : le succès militaire et le succès politique dû à une inévitable révolution.

Les deux poëtes orateurs du temps, Lamartine et Montalembert, s'opposèrent au projet présenté par M. Thiers; mais ils ne paraissent pas avoir aperçu le vrai danger de ces fortifications; ils se contentèrent de parler tous deux en un beau langage du tempérament militaire des Français qui se battent mieux, disaient-ils, en rase campagne que derrière des murailles. Lamartine cependant écarta avec autorité les avis prétendus favorables de Vauban et de Napoléon; les citations qu'il fit à ce sujet mettent hors de cause, dans cette question, ces deux grands génies.

La vérité, telle que les sévères réalités nous l'ont apprise, paraît n'avoir été aperçue que par des orateurs moins illustres; M. de Golbéry, qui parla le premier contre le projet, dit en substance que cette loi était antipathique au caractère bouillant et agressif de la nation, et ce thème, repris plus tard par Lamartine et Montalembert, n'était pas plus vrai au début de la discussion qu'à la fin. Le soldat français s'est, en effet, toujours bien trouvé d'avoir des places fortes pour s'abriter et se refaire, pour occuper l'ennemi et immobiliser ses armées, et il s'y est toujours défendu sans que ses qualités d'ardeur et d'action aient paru en souffrir; mais cet orateur serrait de beaucoup plus près la question, quand il ajoutait que cette loi compromettait l'unité du pays en faisant de Paris la France; qu'elle était contraire à la capitale elle-même dont elle compromettait l'existence en l'exposant à toutes les horreurs d'un siége; contraire à la royauté qu'elle menacerait de déchéance au sein d'une ville dans l'anarchie.

M. de Tracy, pénétré des mêmes craintes, posait au défenseur du projet une question qu'il n'était facile ni d'éluder, ni de résoudre. « En supposant, disait-il, une coalition européenne, une invasion de la France, un siége de Paris, que fera le gouvernement? Peut-on imaginer un gouvernement restant à délibérer au bruit du canon, au milieu des horreurs possibles d'une ville assiégée et peut-être prise d'assaut? Mais si le gouvernement quitte Paris, à quoi bon le fortifier, à quoi bon l'exposer à des dangers inutiles ?»

Mais ce fut, à notre sens, un député fort honorable, mais assez obscur, M. Pagès (de l'Ariége), qui serra la question de plus près. Suivant cet orateur, il fallait compléter sur la frontière du nord notre ligne de places fortes; créer une seconde ligne de forteresses dans la Champagne; par des travaux avancés, mettre Paris à l'abri d'un coup de main ou d'une surprise; établir au delà de la Loire et dans le cœur de la France une grande place de guerre, où serait déposé tout le matériel superflu ailleurs, qui deviendrait le vaste arsenal de la France, qui en serait, au jour du péril, la capitale militaire où toutes nos armées pourraient se donner un dernier rendez-vous, où le gouvernement pourrait s'établir, d'où il pourrait conserver l'unité militaire et politique, d'où il pourrait protéger Paris, et où il ne pourrait être attaqué sans folie, parce qu'il y aurait folie à l'étranger de pénétrer au milieu du pays, en se plaçant entre notre capitale militaire et notre capitale politique, en laissant ainsi sur ses derrières l'immense population de Paris et les haines qu'il aurait semées sur sa route. L'armée, libre alors dans tous ses mouvements, ne serait pas asservie à l'influence d'un million d'âmes effrayées; le pouvoir, fort de la même concentration, userait librement de tout son ascendant et de toute son habileté; le peuple ne perdrait rien de son enthousiasme, et ceux qui oseraient tenter la victoire ne trouveraient que la mort. Mais fortifier Paris seul, c'est perdre à la fois la capitale et le pays ! Paris entouré par l'ennemi, c'est le gouvernement frappé de mort; ce sont les communications interrompues; c'est la défense générale sans unité et, par suite, impossible; c'est la France frappée à la tête et, par conséquent, au cœur. Il ne serait même pas besoin alors de l'assiéger : l'entourer hors de l'atteinte des remparts et des forts suffirait pour l'affamer et la forcer à se rendre ! »

Ainsi, selon cet honorable orateur, fortifier Paris, c'était frapper la France au cœur; et, selon l'honorable M. Thiers, c'était pour empêcher qu'on la frappât au cœur qu'il voulait la fortifier ! L'expérience a souverainement parlé : les fortifications de Paris ont réalisé toutes les craintes qu'elles faisaient naître dans quelques esprits prévoyants.

Toutefois, ce n'est pas cette prévision de

l'avenir qui nous semble le plus frappant dans le discours que nous venons d'analyser, c'est l'intuition du seul moyen pratique de neutraliser l'influence prépondérante et pernicieuse de notre capitale en temps de guerre. Dans ces moments de crise, Paris, fortifié ou non, sera toujours, en effet, un foyer de révolutions. Il ne faut pas conserver tous ses meubles et tous ses bijoux dans une maison qui va être incendiée; par la même raison, il faut choisir et préparer à l'avance pour le gouvernement une autre demeure, qui soit à l'abri du feu des révolutions; et non-seulement il faut une capitale militaire préparée pour les cas d'invasion, mais il faut que cette capitale serve encore de refuge politique au chef d'Etat, que les révolutions parisiennes à elles seules détrônent, sans que l'Europe ait besoin d'intervenir.

Malgré nos désastres de 1870, on ne paraît pas avoir compris la leçon des événements, et on s'est remis à rétablir et à augmenter notablement les fortifications de Paris. Puisque la chose est faite, il ne faut pas s'épuiser en regrets superflus : Paris sera une place forte, Paris sera assiégé, ses habitants subiront les fatigues et les misères d'un siége, Paris sera pris et Paris capitulera ; mais il ne faut pas permettre que la France soit forcée de capituler en même temps que Paris ; et pour cela, il faut préparer *à l'avance* un refuge à l'armée et au gouvernement ; c'est en temps calme, en temps de paix, qu'il convient de songer à ces tristes éventualités.

Le gouvernement ne peut quitter la capitale assiégée que pour se rendre dans une autre : errer en province, serait se sauver ; c'est un déshonneur auquel un chef d'Etat digne de son rang ne consentira jamais !

1814, 1815, 1870 nous ont prouvé que l'invasion se dirigera toujours sur Paris ; 1792, 1814, 1815, 1830, 1848, 1870 nous ont prouvé que la révolution sortira toujours de Paris.

Il faut donc un Paris de rechange, pour les jours périlleux.

CHAPITRE XXXVI

La pente par où glissent les gouvernements élevés sur les barricades parisiennes.

M. Thiers l'avait dit dans un langage éloquent et ferme : le danger de notre gouvernement, c'est son origine révolutionnaire.

Il est intéressant et instructif aussi, de voir cet établissement politique de 1830 miné sourdement par ses propres soutiens, et la bourgeoisie parisienne attablée à son œuvre de destruction.

Les lois de septembre avaient non pas arrêté le mal, mais au moins voilé le scandale d'une presse violente et factieuse, et témoigné, même par une mesure insuffisante, de l'énergique volonté de rendre coups pour coups à l'insolente révolution de la rue; cette énergie était fort louable et était à elle seule un progrès, une véritable victoire. Il n'en fut pas de même en ce qui touche à la question électorale, à cette loi vitale pour tous les gouvernements qui reposent sur l'élection.

La Restauration avait eu grand'peine à marcher avec la bourgeoisie censitaire, à laquelle on voulait faire la plus petite part possible; malgré les résistances les plus honorables et les plus courageuses, cette bourgeoisie envahit tout, et le gouvernement qu'elle avait ramené et qu'elle avait mission de défendre, fut miné et bientôt renversé par elle.

Naturellement, la victoire grisa les vainqueurs et, au lieu de profiter de l'expérience acquise, de se réformer soi-même, de restreindre des pouvoirs peu sûrs de ce qu'ils veulent et encore plus incapables de le défendre; au lieu de renforcer la puissance du chef de l'Etat, qui seule était en péril, on inventa l'électeur à 200 fr. !

Il est dans la nature de cet électeur de ne rien comprendre aux exigences de toute espèce de gouvernement et de chercher à tirer un profit immédiat du pouvoir qu'on lui a imprudemment confié ; il aime à répéter qu'il est avant tout un *esprit pratique* et il ne pratique la politique que dans le sens de ses intérêts passagers; cette combinaison du cens électoral est en vérité diabolique; car elle remet la société entière entre les mains de gens dévorés par la passion du gain et vides de toute expérience politique.

Quand l'émeute fut un peu apaisée, quand le bras des assassins parut fatigué, la bourgeoisie profita de cette accalmie pour augmenter son pouvoir, pour faire capituler à nouveau le gouvernement devant sa couronne. De 1840 à 1848 l'effort de l'opposition se concentre en effet sur un seul point : l'arrivée sur la scène politique d'un nombre plus grand d'électeurs, soit par la réduction du cens, soit par l'adjonction des capacités, soit par le retrait de mesures de précautions destinées à fournir le Parlement de députés dévoués à la dynastie.

Sans doute il pouvait être *logique* de ne pas peupler la Chambre de fonctionnaires; et quand on songe qu'à l'époque dont nous parlons (1840) on comptait plus d'un tiers de députés fonctionnaires, on conçoit la proposition Remilly qui était ainsi conçue :
« Les membres de la Chambre des députés
« ne peuvent être promus à des fonctions,
« charges ou emplois publics salariés, ni
« obtenir d'avancement pendant le cours
« de leur législature et de l'année qui

« suit. » Sans doute c'était *fort logique* et même fort honorable, mais c'était imprévoyant et impolitique, car le gouvernement, la dynastie, privés de ces soutiens, abandonnés par les fonctionnaires, pouvait un jour se retrouver sur le pavé, son dur berceau. Le ministère, qui était dans un mauvais cas puisque ses membres, lorsqu'ils faisaient partie de l'opposition, avaient adhéré à cette proposition, le ministère s'en tira par un expédient et *enterra* le projet en rejetant les débats à une époque éloignée.

Il faut suivre les destinées de cette honnête et imprévoyante tentative contre le gouvernement, car, reprise chaque année, elle ira se transformant, se grossissant, se déplaçant jusqu'à devenir, entre les mains des factieux, une arme révolutionnaire, le bélier à l'aide duquel on renversera le gouvernement, et par hasard aussi la dynastie.

L'année suivante (1841) on voulut donc discuter la célèbre proposition ; le ministère s'y opposa encore une fois ; mais elle fut reprise par M. Pagès (de l'Ariége). L'article 64 de la loi du 19 avril 1831 devait être ainsi modifié :

« Il y a incompatibilité entre les fonctions
« de députés et celles de préfets et sous-
« préfets, receveurs généraux et receveurs
« particuliers, officiers généraux en acti-
« vité de service, magistrats remplissant
« les fonctions de ministère public, chef
« de division et de bureau dans les minis-
« tères. »

La Chambre entendit le développement de cette proposition le 5 avril, et après deux séances empreintes de l'animosité ordinaire des partis, elle vota au scrutin secret le rejet de la prise en considération.

En 1842, cette éternelle proposition s'était présentée à la tribune sous le nom de proposition Ganneron. Elle n'eut pas plus de chance que ses aînées; mais il faut ajouter qu'elle ne fut repoussée que par 198 boules noires; 190 boules blanches avaient été déposées dans l'urne. Le flot montait !

Après les réformes parlementaires la réforme électorale.

M. Ducos (3 février 1842) proposait de rendre électeurs tous les citoyens inscrits sur la liste départementale du jury. La discussion fut chaude et solennelle, tous les orateurs marquants du Parlement y prirent part, et MM. de Lamartine et

Guizot la part la plus remarquée. Parmi toutes les excellentes choses que l'on dit de part et d'autre, on peut regretter la réserve calculée des orateurs du gouvernement qui n'osèrent pas avouer la vraie, la seule raison à donner pour combattre utilement la proposition. Dans notre pays, avec notre commune disposition d'esprit, avec nos lois sur la propriété, avec notre centralisation, l'électeur à 200 fr. est notoirement insuffisant; toute cette théorie du cens électoral est en effet basée sur une erreur des plus grossières : la présomption que celui qui possède ayant intérêt à préserver sa richesse se trouve aussi un conservateur sérieux et pratique. Pendant près de quarante ans que le cens électoral a été appliqué en France, il a donné le démenti le plus péremptoire à cette illusion. L'électeur à 200 fr., le bourgeois censitaire a une tendance constante à l'opposition sous quelque gouvernement que ce soit; c'est un fait historique incontestable.

On est tombé dans une erreur également absolue à l'égard des *capacités*. Sans doute, lorsqu'il s'agit de prendre une décision sur un débat politique quelconque, il est parfaitement absurde de refuser à l'avocat, au médecin, à l'artiste, au savant, à l'ingénieur, à l'architecte ce qu'on accorde bénévolement au propriétaire d'un revenu moyen. Puisque dans le système censitaire on s'imagine que l'électeur doit avoir une opinion sur la politique quotidienne et sur les débats parlementaires, il est très naturel qu'on accorde à des lumières incontestées ce qu'on prodigue au seul signe de la richesse; mais il faut le répéter, l'électeur, dans aucun pays du monde, n'est appelé à connaitre et à juger la politique quotidienne du gouvernement; il n'a qu'un rôle, celui de choisir entre un candidat conservateur et un candidat de l'opposition. D'ailleurs, en se confiant au régime des capacités on tomberait bien bas et il n'est aucun gouvernement en France qui pût se soutenir six mois avec de pareils appuis; l'électeur qui n'a pas de fortune et qui a des *lumières* est, en effet, le plus infatigable et le plus dangereux des opposants; il a toutes les envies, toutes les passions, tous les appétits de l'électeur censitaire, il les a au double et au triple parce que sa situation d'homme instruit et peu favorisé par la fortune le rend l'ennemi naturel d'une société qui n'a pas reconnu son mérite.

M. Guizot pouvait-il dire devant ses auditeurs, devant le pays officiel : « L'électeur censitaire est déjà fort insuffisant, c'est un conservateur quinteux et insatiable ; les capacités ajouteront à ce corps électoral un élément formidable d'opposition ! » Il avait bien pu leur demander avec éclat, « *s'ils se sentaient corrompus* », mais avouer tout haut leur insuffisance était, il faut l'avouer, beaucoup plus délicat.

C'est à cette date qu'eurent lieu les élections générales de 1842. Le ministère, peu sûr de sa majorité, avait dissous la Chambre avant l'époque prévue par la loi, et la Chambre nouvelle amena sur la scène politique une majorité aussi précaire que la précédente ; ce qu'il convient de retenir de cette rencontre solennelle des partis devant le pays, c'est le vote de Paris : fidèle à sa pratique constante, il envoyait à la Chambre 10 députés de l'opposition, sur 12 qu'il avait à élire.

L'année suivante, M. Duvergier de Hauranne proposa d'abolir le vote secret des députés ; c'était peut-être la proposition la plus désagréable que l'on pût faire à une députation bourgeoise, qui est toujours d'une timidité désespérante quand il s'agit de braver l'impopularité. M. de Sade reprit l'éternelle proposition des incompatibilités et se heurta de nouveau à l'hostilité d'un ministère qui ne comptait définitivement plus sur l'électeur à 200 fr., mais sur le vote nécessairement favorable des fonctionnaires publics.

Quant à M. de Lamartine, il continua sa politique fantaisiste et proposa à la fois comme seuls remèdes au mal de la situation : le transport du vote au chef-lieu du département, la suppression du cens de l'éligible, l'octroi d'une indemnité aux députés non fonctionnaires, l'adjonction des capacités, et bien d'autres choses encore.

C'était une manière comme une autre de se débarrasser du gouvernement et de la dynastie, et l'honorable poëte n'était peut-être pas insensible à cette perspective; peut-être, au contraire, que l'on calomnie sa loyauté en lui prêtant de si noirs desseins; mais comment admettre qu'un homme intelligent pût croire renforcer de la sorte la bourgeoisie, qui restait le seul appui de la monarchie de Juillet?

Chaque année voyait se reproduire, sans plus de succès, ces éternelles revendications de l'opposition, et l'on put se demander ce que le pays, nouvellement consulté (1846), dirait de l'attitude des deux adversaires; donnerait-il raison au gouvernement ou au contraire à l'opposition? A en juger par le groupement des deux partis au moment du vote relatif à la présidence, le ministère voyait s'augmenter sa majorité et par conséquent sa puissance; mais il faut bien ajouter que ce tableau rassurant était singulièrement obscurci par le résultat des élections parisiennes, où l'on comptait 11 députés de l'opposition sur 14 colléges (Sceaux et Saint-Denis compris). Or, l'histoire avait déjà prouvé la redoutable puissance de la grande ville, et devait la prouver bientôt une fois de plus. Aussi malgré sa défaite apparente, l'opposition se regarda-t-elle dès lors comme sûre de son succès : la France était contre elle, mais elle avait Paris! Forte de cet appui, l'opposition monta une fois de plus à l'assaut du pouvoir, et l'éternel bélier de la réforme électorale vint battre ce roc parlementaire qu'on appelait Guizot.

M. Duvergier de Hauranne avait, cette

année, agrandi la question : il s'agissait de la réduction à 100 fr. du cens électoral; du vote au chef-lieu de département; de l'augmentation du nombre des députés porté de 459 à 538.

Après deux jours de discussion, on vota à près de cent voix de majorité qu'on ne discuterait pas. Comment venir à bout de cet intraitable ministre, de ce ministre que l'on combattait depuis près de sept ans? Les opposants constitutionnels n'avaient pas osé jusqu'alors jeter les yeux sur cette armée insurrectionnelle qu'ils avaient sous la main, sur cette armée que pendant les premières années de la monarchie de Juillet ils avaient combattue avec énergie dans les rangs de la garde nationale. Mais, être plein d'ambition, disposer d'une force toute-puissante et refuser de s'en servir, c'est un désintéressement dont ne sera jamais capable le censitaire. D'ailleurs, avec sa naïveté habituelle, il croyait, en prêtant la main à de véritables révolutionnaires, à des chefs d'émeute patentés, ne donner que d'*utiles leçons au pouvoir* et assurer la victoire de ce célèbre centre gauche, cet idéal du bourgeois parisien.

La campagne fut inaugurée par une

réunion dans laquelle on but à la victoire de la réforme électorale et à l'union de toutes les fractions de l'opposition : c'était le célèbre banquet du Château-Rouge, où M. Duvergier de Hauranne se trouvait assis entre MM. Recurt et Pagnerre, et où douze cents électeurs parisiens et un grand nombre de députés fraternisèrent, sans se douter, ni les uns ni les autres, qu'ils n'étaient déjà plus, entre les mains des républicains, qu'un moyen de révolution.

Le signal parti de Paris fut aperçu en province, et près de soixante-dix banquets y eurent lieu pendant l'intervalle des deux sessions.

Le gouvernement, justement ému de ces manifestations extralégales, se résolut enfin à les défendre.

L'opposition constitutionnelle réclama, tempêta, se commit avec l'opposition républicaine, et obtint du ministère que la réunion projetée dans le XIIe arrondissement aurait lieu pour la forme, qu'un commissaire de police viendrait la dissoudre, qu'elle obéirait à ses injonctions et qu'elle soumettrait ensuite la question de droit aux tribunaux compétents.

Voyant que le bourgeois reculait, la révolution montra les dents et s'empara du champ de bataille. *Le National* et *la Tribune* réglèrent tous les détails de la grande manifestation populaire qui devait protester contre *l'arbitraire et la tyrannie* du gouvernement. Tandis que Berryer s'abstenait devant les dangers d'un appel aux passions populaires, Lamartine osa conseiller la violence et *évoquer l'inconnu*. Il fit plus tard son *meâ culpâ*; mais tous ces poëtes sont les mêmes, et ils croient que des larmes de repentir rachètent de mauvaises actions politiques. Ce grand poëte et ce médiocre citoyen n'était pas au bout de ses erreurs.

Paris fit donc encore son mauvais coup ! Le malheureux prince, ce vieux Roi que l'âge et l'infortune rendent touchant, fut obligé de fuir devant l'émeute parisienne.

S'il avait eu une capitale de rechange, il en aurait appelé de Paris à la France !

Les partisans nombreux du régime parlementaire de 1830 se résignèrent, non pas, comme disent les sots de tous les partis, parce que ces gens-là étaient des lâches, ils avaient au contraire prouvé en maintes circonstances un courage indiscutable; mais parce que le jour où la révolution parisienne est achevée, rien ne lui résiste; parce que toutes les autorités ont été décriées, avilies par la politique imprévoyante d'une opposition qui se croit encore constitutionnelle, quand elle laisse dépaver la rue sous ses yeux.

A ce compte-là, les girondins ont été des lâches, car il se laissèrent emprisonner.

A ce compte-là, tous les nobles ont été des lâches après 1830, car il n'y a que les Suisses qui se soient battus.

Lâches aussi les bonapartistes, après 1814, 1815 et 1870 !

Cette prétendue et impossible lâcheté de tout ce que la France compte d'hommes marquants, dans tous les partis, n'est qu'une sotte injure adressée par le vainqueur du jour au vaincu.

En résumé, ce Gouvernement, qui dura dix-huit ans, ne fut qu'une erreur.

Il eut contre lui son berceau; né sur une barricade, il devait finir sur une autre. Prenant son point d'appui sur la classe moyenne, qui n'a ni instruction, ni tempérament politique, il fut rongé peu à peu par une bourgeoisie politique imbécile glissant fatalement de l'opposition dans la révolution. A un gouvernement aussi faible, Paris fit sentir cruellement sa tyrannie. Après l'émeute, il essaya du complot, et après le complot, de l'assassinat.

Ce sont là les fruits ordinaires de la faiblesse ; les gouvernements forts ne connaissent pas ces insultes quotidiennes faites par une capitale toujours affolée à un pays toujours trop patient.

CHAPITRE XXXVII

Le Bourgeois parisien conservateur (1).

Il est certain que notre centralisation politique est la raison d'être immédiate de notre capitale prépondérante; il est non moins certain que cette centralisation est le produit des efforts séculaires du génie français. On ne trouverait pas un fait important de notre histoire qui n'ait eu pour résultat cette agglomération au centre de

---

(1) Ce chapitre est en grande partie extrait d'un article intitulé *Paris souverain de la France,* que nous avons donné à la *Revue contemporaine,* le 15 août 1868.

tous les intérêts majeurs du pays; la monarchie qui s'est résolûment employée dans ce sens a trouvé là sa légitimité. Est-ce un bien, est-ce un mal? Et, si on penchait pour le mal, conviendrait-il d'essayer de remonter le courant des âges? Il suffit de poser le problème dans ces termes pour l'avoir résolu; il n'est donné, en effet, à personne de contrarier l'effort des siècles, et cela est juste, car une tendance aussi ancienne, tour à tour suivie par tout ce qu'un pays a de noble, de grand et d'intelligent, ne peut être, dans ses résultats généraux, qu'une chose heureuse. La centralisation, sauf des excès que nous nions moins que personne, est le signe incontestable d'une civilisation avancée; en découvrant cette qualité chez un peuple, on peut dire de lui qu'il est dans la voie tracée par Dieu lui-même.

Que veut dire ce mot dans son acception large et sommaire ? Cela veut dire : gouvernement des hommes éloigné de l'homme gouverné. Il faut cette distance pour que la loi ait quelque chance d'être juste et impartiale; rien n'est odieux et injuste comme le gouvernement fractionné, où l'intérêt est tout-puissant, où les blessures que le supérieur fait à son subordonné sont sans cesse irritées et comme agrandies par la présence du maître; l'homme ne se soumet et n'accepte de supérieur que dans une sphère plus élevée que la sienne; de cette hauteur, il subit un ordre parce qu'il le sent dicté par une main qui n'a pas trempé dans les misères et les passions qui l'entourent. Le moyen âge a été, dans notre pays, l'époque par excellence de ce gouvernement à brûle-pourpoint; aussi la guerre atroce, sans trêve ni miséricorde, a été son trait le plus saillant. Dans toute contestation judiciaire, et chez tous les peuples, on a inventé l'appel, parce qu'on a pensé que le tribunal du lieu, si compétent qu'on l'imagine, pouvait être partial. C'est ce même intérêt qui a porté les hommes à éloigner d'eux le chef qui doit les gouverner; il faut à ce juge suprême (homme ou assemblée, peu importe) une atmosphère pure, où les intérêts de tous aient quelque chance d'être étudiés au point de vue du bien commun; là seulement on peut raisonnablement espérer la solution *juste* des questions, cette solution qui satisfait le côté le plus sensible de notre âme française; on peut, à la rigueur, rencontrer dans une autre voie la solution *utile,* celle qui satisfait immédiatement à des intérêts matériels; mais l'équitable, ce besoin, cette utilité de l'âme, on ne le trouvera que dans un pays centralisé.

A notre avis, ce serait une double erreur de chercher à détruire notre centralisation politique : d'abord, parce qu'on n'y parviendrait pas et qu'il n'y a que du ridicule à gagner en l'essayant, et ensuite parce que ce serait une œuvre impie. On a beaucoup disputé sur la grande figure de Napoléon Ier; chacun a voulu trouver chez cet homme exceptionnel la cause de son influence sur la France et de l'attachement qu'elle conserve à son souvenir. La vraie cause, la philosophique, la profonde, c'est que Napoléon a été le représentant de cette centralisation. Avant lui, bien des princes ont fait beaucoup pour elle, mais elle n'a été parfaite et dominante qu'après 1789; l'Empereur a recueilli les bénéfices de cette longue révolution, en s'en déclarant le chef et en se faisant accepter comme son représentant légal.

Mais, quoi ! l'œuvre de l'homme n'est jamais parfaite; on a atteint un grand but, mais on l'a dépassé : c'eût été miracle, après tout, qu'une œuvre aussi laborieuse, qui a demandé tant de temps et d'efforts, n'eût passionné ses innombrables auteurs; et qui dit passion dit erreur possible et même probable. La centralisation, une fois à l'abri de toute entreprise hostile, a donc produit ses effets inévitables; et l'un de ces effets, quand il n'est pas contrarié par la vigilance de l'homme d'Etat, c'est la formation d'une capitale à influence révolutionnaire.

On a voulu un gouvernement central; pour que ce gouvernement pût fonctionner, il a fallu des voies nombreuses par lesquelles il pût se faire entendre et se faire obéir sur toute la surface du territoire; et par ces voies s'est précipité à flots pressés tout ce que la province compte de meilleur et de pire; ce point lumineux entre tous est un attrait irrésistible pour toutes les situations extrêmes; la richesse et l'intelligence vont s'y faire consacrer; mais les vices, les situations besoigneuses, les ardeurs désœuvrées, les estropiés, au moral et au physique, n'ont aussi que ce théâtre; de sorte que cette multitude infinie de canaux, qui porte toutes choses à la capitale, y charrie à la fois les éléments les moins faits pour vivre paisiblement côte à côte; c'est un pêle-mêle de luxe et de misère, de passion et d'envie, de conservateurs violents et de révolutionnaires décidés; c'est le rendez-vous obligé de toutes les exagérations.

Toute question de gouvernement à part, une pareille cité serait déjà fort difficile à gouverner, même par des conseillers municipaux élus; mais que dire de l'imprévoyance et de l'incurie humaines, qui consentent à placer le siége même du gouvernement dans un pareil milieu et l'abandonnent, sans précautions, aux entreprises inévitables de ces masses profondes qui aiment le bouleversement par situation, parce qu'elles espèrent toujours y gagner? En définitive, la centralisation, dans son but avoué et accepté, c'est la justice et l'impartialité. Est-ce marcher dans le sens de cette grande vue politique que de permettre au désordre, latent ou déclaré, toujours possible et toujours craint, de battre en brèche le siége du gouvernement? Si un propriétaire, après avoir bâti dans un site admirable une délicieuse habitation, s'avisait de l'entourer de matières inflammables, on le déclarerait fou : quelle injustice! il ne le serait certainement pas plus que nous.

Le dernier recensement de la population parisienne (1866) contient plus d'un enseignement qu'il est bon de méditer. On y trouve d'abord que sur 1,800,000 individus environ, il n'y en a pas moins de 1,098,800 nés hors de Paris; de sorte que, bien qu'on ait tort de prétendre qu'il n'y a plus de Parisiens dans l'enceinte des fortifications, on a aussi raison en certifiant qu'ils ne sont pas les plus nombreux. Les ouvriers et leurs familles y figurent pour 740,000; les domestiques placés ou sans place et les portiers, pour 216,000; les étudiants, pour 17,000, et les gens sans aveu, de professions interlopes, pour 50,000. En voilà assez, en voilà même beaucoup trop; cela suffit à nous faire saisir au vif la situation. Que l'on considère, en outre, que Paris n'est pas une ville de rentiers paisibles, comme Versailles, Douai ou Périgueux; que c'est la cité la plus industrielle de France, celle, par conséquent, où les émotions qu'amènent inévitablement les crises économiques sont le plus à redouter, et si on dort tranquille dans un milieu pareil, c'est qu'on a l'âme cuirassée du navigateur dont parle Horace. Dire ce qu'il y a de misères inévitables dans cette fourmilière humaine, c'est dire ce qu'il y a d'envie, de désir de vengeance, et finalement d'éléments de trouble. On ne sera pas désavoué par le préfet de police en affirmant qu'il y a plus de 100,000 hommes à Paris qui se demandent chaque soir comment ils vivront le lendemain. C'est là une armée toute prête pour le mal; or, l'existence d'une armée quelconque suppose la bataille et la conseille; c'est tout au moins une tentation malsaine, car, à un moment donné, il se trouvera toujours des chefs prêts à la commander.

L'objection est facile à apercevoir : — S'il y a l'armée du mal, il y a l'armée du bien. On ne compte pas que des gens déclassés à Paris; il y a des rentiers, des savants, des avocats, des médecins, des professeurs, des fonctionnaires, des ingénieurs, et, pour contenir chacun dans le devoir, des soldats fidèles et courageux. Mais, d'abord, ne parlons pas de l'armée; quand elle est forcée de donner, c'est un deuil national, et le mal est fait; le sensé, le raisonnable, ce n'est pas de vaincre une émeute, c'est de faire en sorte que l'émeute n'ait pas de raison d'être, que, sentant à l'avance son impuissance, elle n'essaye même pas la lutte ; quant aux autres forces conservatrices, il en faut parler avec quelques détails, car on se fait communément à ce sujet les plus grandes illusions.

Tous ces prétendus conservateurs parisiens sont hommes d'esprit, ils ont du talent ; ce sont en outre de fort honnêtes gens, ce qui ne gâte rien ; mais qu'ils aient contribué à conserver quoi que ce soit en politique, c'est ce qu'il faut nier absolument ; à tout prendre, on trouverait probablement plus de véritables éléments de conservation, à Paris, dans la classe des ouvriers que dans celle des rentiers ; l'esprit de discipline habite chez les uns et fuit les autres. Personne n'a oublié le rôle prépondérant de cette riche bourgeoisie dans nos révolutions parisiennes ; quand elle ne les a pas faites elle-même, elle les a laissé faire : le fait est incontesté ; l'histoire nous dispenserait donc d'insister sur ce point s'il n'était curieux à plus d'un titre de voir à l'œuvre ces conservateurs par nature constamment fourvoyés et de rechercher la cause d'une conduite politique tout au moins bien singulière.

D'abord, il convient de ranger dans une classe à part tout ce qui est décidément savant, tout citoyen de la grande ville qui, depuis sa sortie du collége, a tendu les fibres de son cerveau, les ressorts de sa volonté vers un but unique, tout spécialiste enfin ; il n'est pas forcément révolutionnaire, bien qu'en général il se montre facile à ce sujet, mais la vérité, c'est que les questions politiques le laissent, au fond, fort indifférent. Le tumulte de la rue l'étonne sans le distraire, et, dès qu'il est matériellement libre de le faire, il retourne à son creuset, à ses insectes, à ses plantes ou à ses chiffres ; en entendant les vociférations de l'émeute, il est possible qu'il relève ses lunettes, ouvre sa fenêtre et affirme que l'homme est un singulier animal. Mais, après cette appréciation fort sommaire des causes et du but de la révolution qui passe, il abaisse ses lunettes, referme sa fenêtre, et tout est fini pour lui.

Comme homme, c'est un être charmant ; il est doux, bienveillant, d'un commerce sûr ; parfois il épouse sa cuisinière ou sa blanchisseuse, élève assez mal ses enfants et porte au loin, par ses découvertes et son génie, le renom de la France.

Il y a dans l'habitude de se mesurer avec la matière inerte, de se courber sur elle pour surprendre les secrets de son origine et de ses transformations, une inévitable tendance de l'esprit à renfermer toutes les questions dans des formules brutales, à les définir avec une précision et une certitude auxquelles se prêtent docilement les chiffres, mais qui répugnent à la solution des problèmes politiques ; c'est et ce sera toujours une entreprise vaine de vouloir soumettre à une règle étroite les mille transformations de l'âme humaine, agitée, suivant les lieux, les circonstances, l'âge, le tempérament, par les courants les plus variés et parfois les plus contraires ; la politique est un art et non une science ; on essaye, on tâtonne, on marche avec des à-peu-près ; l'expérience de la veille n'est jamais concluante pour le lendemain ; on a pu trouver les lois qui régissent les mondes, et la mécanique céleste nous indique avec rigueur la marche éternelle des géants de l'espace, mais l'homme est impuissant à se mesurer lui-même : la liberté absolue de sa pensée déjoue toutes les formules ; divers et changeant, il ressemble à ses frères, mais n'a pas de pareil, et Dieu, pour préserver sa créature de tout avilissement, et pour empêcher d'étiqueter les âmes à la manière des plantes ou des pierres, a joint aux nuances innombrables qui séparent un homme d'avec un autre l'infinie diversité de l'homme avec lui-même.

Parlons de ce riche industriel, de ce grand commerçant, que ses intérêts les plus chers semblent devoir rendre conservateur. Dans cette région de la société, on trouvera sans doute des esprits de cette nature, mais sans cohésion, sans vues communes sur le but à atteindre, sur les moyens d'y parvenir; des conservateurs quinteux, l'étant sur une question, cessant de l'être sur une autre, marchandant à tout propos leur dévouement; des appuis enfin sur lesquels un gouvernement quelconque peut difficilement compter. Notre homme est arraché un peu prématurément aux études qui auraient complété son éducation, qui auraient ouvert à son esprit des aspects variés. La loi du succès l'oblige à entrer de bonne heure dans l'usine ou dans le comptoir, où il va faire sa fortune; avec une aptitude moyenne, du courage et de la conduite, il arrivera vers cinquante ans à toucher le but de sa vie : les honneurs municipaux l'attendent ; il ceint la cravate blanche et arbore le bouton rouge ; il est posé. En bonne conscience, où voulez-vous qu'il ait appris la politique ? Accordons que le Français, et le Parisien surtout, a une intelligence vive ; mais enfin les affaires publiques viennent l'occuper à une époque où il n'est plus très-jeune ; il a tout à apprendre et à désapprendre ; il a exercé une industrie, mais il faut qu'il se rende compte des besoins de toute autre que la sienne ; il a fait du commerce, mais les lois ne s'occupent pas seulement de commerce ; au surplus, eût-il pénétré de la manière la plus surprenante ce monde de problèmes moraux, économiques, financiers, administratifs, militaires, qui sont le pain quotidien de la politique, se fût-il rendu compte avec un labeur opiniâtre de tous les détails de ces difficiles questions, il ne serait encore qu'à la hauteur d'un dictionnaire de droit administratif et n'arriverait pas à la cheville de l'homme d'État. Connaître ces questions, c'est bien, c'est indispensable, mais c'est loin d'être suffisant ; ce qu'il faut savoir, c'est le moment opportun pour présenter telle ou telle loi, pour faire passer une réforme, pour déclarer la guerre ou pour préférer la paix; ce qu'il faut deviner, c'est l'état présent des esprits, la manière dont ils sont impressionnés, les entreprises qu'on peut se permettre contre certains intérêts privés en vue du bien commun, et celles qu'il faut se refuser. Il faut savoir tâter le pouls à une nation, pouvoir démêler dans les cris de joie ou de fureur qui accueillent une mesure quelconque ce qu'il y a de factice ou de sérieux; ne pas oublier que le petit nombre seul parle et écrit, et que derrière lui se trouvent des masses profondes, qui souffrent longtemps sans se plaindre. Tout cela est affaire de tact, de jugement, et ne s'apprend pas dans les livres. Cela s'apprend dans la fréquentation quotidienne du monde politique, en voyant les hommes qui ont manié le pouvoir, en profitant de leur expérience; en un mot, en vivant sa vie entière dans ce milieu.

On donne donc à notre homme une tâche impossible : on le suppose capable de politique (je parle de politique de conservation et non d'opposition, de celle où il s'agit de défendre et non d'attaquer, la première étant de beaucoup plus difficile que la seconde dans notre pays) ; eh bien, il est manifeste qu'il n'en est pas capable et qu'il ne le sera jamais; il a du courage personnel et se mettra en travers de l'émeute en juin 1848, comme, en février, il s'était mis en travers de l'armée; il a le sentiment, la passion du bien; il est secourable pour toutes les infortunes; mais les études mûries, les observations répétées, le commerce du monde, l'expérience, le calme, la réflexion, lui feront toujours plus ou moins défaut.

Il nous faut aussi parler des citoyens à professions libérales : les artistes, les professeurs, les médecins et les avocats. On aura facilement gain de cause en ce qui concerne les trois premiers; d'abord, on distingue chez eux une tendance très-marquée à la spécialité, et chacun de nous à pu observer dans son entourage qu'en fait, on ne trouve pas là, en général, les plus fermes soutiens d'un gouvernement quelconque. Mais l'embarras commence pour nous, comme on le comprend du reste, à parler des avocats; il n'y a qu'une manière de s'en tirer, c'est de laisser la parole aux faits. Dans cet ordre justement célèbre tous les membres inscrits au tableau se réunissent annuellement pour nommer leur chef : on devine facilement que la politique joue un certain rôle dans cette élection.

Sous la Restauration, la nomination des bâtonniers était faite par le vote du conseil; sous la monarchie de Juillet, l'élection devint directe, et les noms suivants sortirent successivement de l'urne : MM. Mauguin, Parquin, Ph. Dupin, Delangle, Teste, Paillet, Marie, Chaix-d'Est-Ange, Duvergier, Baroche.

Sous la République de 1848, la situation était vraiment embarrassante; à la salle des Pas-Perdus, personne ne prétendait que le gouvernement de l'époque ne fût pas assez libéral; fallait-il être fidèle au libéralisme ou à l'esprit d'opposition au pouvoir? On tint pour ce dernier parti, et M. Bethmont, candidat agréable, fut battu par M. Boinvilliers, candidat désagréable.

L'Empire paraît, et avec lui les bâtonniers s'appellent successivement MM. Gaudry, Berryer, Bethmont, Liouville, Plocque, J. Favre, Dufaure, Desmarest, Allou.

En recherchant d'où peut venir cette allure, où le sentiment de l'opposition l'emporte même sur le libéralisme, on n'aperçoit guère qu'une raison, qu'il faut bien donner puisqu'on n'en trouve point d'autre. Les avocats parisiens sont des gens instruits, ils ont de l'esprit et le talent de la parole ; ils passent leur vie dans l'étude des lois; ce sont donc des gens considérables ; mais pour vingt ou trente qui réussissent, il y en a des centaines qui végètent toute leur vie, et pour ces derniers, la position sociale n'est pas toujours au niveau de leurs légitimes aspirations ; on est mécontent, de là à l'esprit d'opposition, il n'y a pas seulement peu de distance, il n'y en a pas du tout.

Arrivons enfin à cet élément conservateur par excellence qu'on appelle le fonctionnaire. Pour s'assurer de la manière dont votent ces honorables citoyens, il faudrait casser les boîtes du scrutin ; pour être au fait des sentiments qui les animent, il faudrait pénétrer dans le secret de leur intérieur : toutes choses également fort répréhensibles. Mais voyons la situation qui leur est faite, elle nous mettra certainement sur la trace des tendances de leur esprit. Ils sont là des masses considérables (on ne parle pas, bien entendu, des hauts fonctionnaires, dont le petit nombre n'apporte qu'un appoint insignifiant au vote) qui végètent assez tristement; dans l'origine, la besogne n'est pas lourde et les appointements sont encore plus légers. Mais la jeunesse est là, qui dore tout; plus tard ils se marient, les préoccupations de l'avenir les assiégent. Pour la plupart d'entre eux, l'administration est une carrière fermée. Au bout de vingt à vingt-cinq ans de labeurs, ils sont chefs de bureaux si la chance leur a été favorable. En rapports nécessaires avec ce qu'il y a de plus élevé dans la société, la nécessité de paraître honorablement leur impose parfois les plus cruels sacrifices; leur traitement est modeste et suffit à grand'peine à élever leur famille. Espérer que, dans ces conditions, ils seront pleins d'ardeur pour le gouvernement qu'ils servent et qui leur fait une position si précaire, c'est espérer contre toute vraisemblance.

Dans un jour de bonne humeur, un charmant et célèbre républicain de 1848 (1), récemment arrivé au pouvoir, donnait à ses intimes une définition assez leste de l'administration française : « Mes chers, leur disait-il, l'administration n'est qu'*un*

(1) M. Marrast.

vaste banc d'huîtres. » Ce malin personnage n'était pas dupe de ses propres paroles, mais il tenait à se venger, à l'avance et à sa manière, de la résistance opiniâtre et heureuse que ses propres bureaux allaient opposer aux mille projets qui fermentaient alors dans la tête de ce gouvernement improvisé. Oui, certes, l'administration a eu à cette époque son jour de grandeur ; et prenant la chose dans le détail, on peut bien dire qu'elle a sauvé le pays. Elle lui a épargné je ne sais combien d'erreurs funestes ; elle l'a détourné de mille voies dangereuses, par la force, par la constance de ses traditions, par la supériorité de l'homme qui sait, qui a par devers lui l'expérience et les faits dûment constatés. Il faut honorer ces hommes instruits, modestes et utiles, et regretter en même temps que leur situation amoindrie et sans jour les jette très-probablement dans les sentiers de l'opposition.

Voilà donc cette classe de conservateurs parisiens que l'on suppose capable de tenir tête aux éléments révolutionnaires de la capitale ! Après avoir jeté un coup d'œil sur les groupes principaux dont elle se compose, on ne doit pas s'étonner qu'elle ait montré si peu de clairvoyance dans les moments difficiles et si peu d'énergie dans les cas périlleux.

Au surplus, quand même tous ces honorables citoyens seraient remplis de bon vouloir et au fait de toutes les questions politiques, il faut remarquer que cette science et cette bonne volonté ne peuvent leur être d'un grand secours, parce que, même réunis accidentellement par un besoin et un sentiment communs, leur masse ne constitue pas un parti, c'est-à-dire un ensemble de forces et d'intelligences mis au service d'une même cause, une réunion capable de se concerter sur la conduite à tenir devant une éventualité prévue; assez puissante pour se faire obéir par tous ses membres; sachant la nécessité du dévouement et allant bravement l'offrir quand la cause commune le réclame; épiant avec vigilance toutes les attaques et se mettant dans le cas d'y répondre; ne souffrant jamais de plaintes ou de murmures dans les rangs; se conduisant enfin comme sait le faire l'opposition chez nous, et l'aristocratie chez nos voisins; dans ces deux partis on ne souffre pas que la mauvaise humeur, l'intérêt blessé détache personne de l'association tacite ; si, malgré tout, on la quitte, les salons se ferment, on vous montre au doigt comme un sot ou un traître ; voilà la puissance d'un parti. Nos conservateurs parisiens ont-ils jamais pensé à rien de semblable ? Ce sont des forces isolées, des atomes perdus, et non un faisceau capable de se défendre. Avec des pierres superposées on peut simuler une digue ; mais si on oublie de les relier les unes aux autres par un bon ciment, le mur s'écroulera à la moindre secousse.

CHAPITRE XXXVIII

Deuxième orgie révolutionnaire de Paris.

Comme la veille de la catastrophe, le député de l'opposition était heureux ! Tout allait à merveille : les soutiens habituels du ministère étaient partout bafoués ; l'armée était chaque matin vilipendée par les journaux libéraux ; un magistrat soucieux de ses devoirs et cherchant à réprimer par des arrêts sévères la licence de la presse parisienne n'avait ni cœur, ni patriotisme; les théâtres ne représentaient que les pièces dangereuses où l'habit noir est nécessairement un scélérat, et l'ouvrier un ange méconnu pendant quatre actes et prenant son vol vers le ciel au cinquième; le chef de l'État était assurément la personne la moins respectée de son royaume, et l'allusion la plus blessante, l'injure à peine déguisée étaient saluées avec des transports d'enthousiasme.

Comme il était heureux la veille, notre député! confortablement assis auprès d'une bonne table bien servie, à cette heure souriante où, le repas achevé, la digestion n'a point encore de rigueur! Ravi des sarcasmes du *National,* se mirant avec complaisance dans la prose candide et honnête du *Constitutionel,* essuyant une larme furtive arrachée à sa juste sensibilité par le sort malheureux des *Girondins* que Lamartine venait de remettre à la mode, il ne s'arrachait à cette aimable lecture que pour montrer le poing à ces *ventrus,* à ces *guizotins* dont la folle obstination l'empêchait depuis si longtemps d'être ventru à son tour, (Thiers et Guizot étant ministres), et il rêvait ministère, honneurs, salutations empressées des courtisans de sa nouvelle fortune. Il en était là de son rêve quand la monarchie s'écroula!

Et le lendemain ce furent d'amers regrets, et le lendemain on se dit tout bas qu'on n'était qu'un imbécile et une dupe, et l'on se prépara à faire courageusement son devoir devant l'émeute victorieuse.

Depuis la période sanglante de 93, Paris n'avait jamais été plus maitre de la France qu'il ne le fut pendant huit mois, du 24 février au 20 décembre 1848. Pendant cet espace de temps, sa tyrannie sévit sur le pays avec violence et une constance qu'aucun obstacle ne semblait pouvoir maîtriser.

Ledru-Rollin avait renversé la Régence, en disant: « Le pays avant tout, on ne peut rien faire sans lui. »

Lamartine se fit son écho; Madame la duchesse d'Orléans était devant lui: « Messieurs, dit l'orateur, j'ai partagé aussi profondément que qui que ce soit, parmi vous, le double sentiment qui a agité tout à l'heure cette enceinte, en voyant un des spectacles les plus touchants que puissent présenter les annales humaines, celui d'une princesse auguste se défendant avec son fils innocent et venant se jeter, du milieu d'un palais désert, au milieu de la représentation nationale du peuple ! »

Ce début ne faisait guère prévoir l'épilogue. Le poëte finissait en tribun : « Je demande, du droit de la paix publique, du droit du sang qui coule, du droit de ce peuple affamé par le *glorieux travail* qu'il accomplit depuis trois jours, *je demande qu'on institue un gouvernement provisoire... un gouvernement qui ne préjuge rien, ni de nos ressentiments, ni de nos désirs, ni de colères actuelles, sur la nature du gouvernement définitif qu'il plaira à la nation de se donner quand elle aura été interrogée.* »

Puis, comme quelques cris de vive la République se faisaient entendre : « *Jamais,* s'écria le courageux citoyen, *ce serait la confiscation des droits de 34 millions de Français.* »

On sait la suite constamment donnée à ces belles promesses. Douze heures ne s'étaient pas écoulées, que le même poëte-orateur proclamait, à la lueur des torches, sur le balcon de l'Hôtel de Ville, que le gouvernement issu des barricades glorieuses de 1848 *serait républicain.*

L'auteur de *Jocelyn*, entraîné par la foule, s'essayait ainsi dans cet emploi de paratonnerre-conspirateur, où il fut plus tard si remarqué dans sa lutte contre Ledru-Rollin.

Par malheur, dit un historien contemporain, M. de Lamartine était bien moins un homme d'Etat, qui jugeait sainement les choses et en prévoyait les effets, qu'un homme d'imagination qui aimait à se bercer dans les grandes émotions, et auquel, pour sentir vivement, il fallait le spectacle des baïonnettes menaçant sa poitrine. Aussi, après s'être en quelque sorte grisé de ses propres émotions, il retomba comme affaissé sur lui-même. Au moment où il fallut gouverner simplement, au lieu d'entretenir une conversation solennelle avec l'orage et avec les flots, suivant l'usage de sa poétique, les incertitudes succédèrent à cette « bravoure d'enivrements. »

M. de Lamartine, dans cette conversion à bref délai, n'avait fait que suivre les inspirations de l'émeute parisienne, encore en possession de ses armes et par conséquent toute-puissante. Le gouvernement provisoire avait été aussi servile envers le souverain du ruisseau que notre grand et cher poëte, si peu à sa place dans ces luttes politiques.

Dans sa première proclamation, le pouvoir nouveau « ne se considérait que comme investi momentanément du soin d'assurer et d'organiser la victoire nationale ; il désirait la République, mais elle ne serait proclamée que sauf la ratification du peuple, immédiatement consulté. »

La seconde proclamation portait en termes impératifs *l'abolition de la Royauté et l'établissement définitif de la République.*

Il ne faut pas se lasser de remarquer l'invincible répugnance des républicains à faire consacrer par le pays le fait républicain quoique déjà acquis. La République existait virtuellement, puisqu'on appelle ainsi, en France, l'intervalle qui s'écoule entre deux monarchies, et malgré cette grande, cette décisive facilité, la crainte de ses partisans était telle qu'ils ne voulurent pas s'adresser à la nation. Toujours ils le promirent, jamais ils n'ont tenu leurs promesses.

Pendant dix-huit ans, l'effort commun du pays et du gouvernement avait appelé aux différents postes électifs et administratifs et à tous les échelons de l'échelle sociale, les citoyens les plus capables et les plus méritants. C'est un immense travail que la prévoyance et le zèle de tous, aidés par le temps, avaient accompli ; c'est le propre de tous les gouvernements sérieux que d'aspirer, à la manière d'une pompe, toutes les capacités enfouies dans les entrailles du pays et de les faire monter à la surface. Cette œuvre fut successivement accomplie par la Restauration, par la monarchie de Juillet et par l'Empire, et sauf quelques chefs d'emploi, on peut affirmer que sous ces trois régimes politiques bien différents, c'est le même personnel qui géra les affaires du pays. Ce phénomène est fort explicable pour qui sait qu'il n'y a pas en France deux personnels complets de fonctionnaires, qu'il n'y a pas dans chaque commune deux maires, deux adjoints et deux conseils municipaux également désirables, au point de vue de l'honorabilité, des lumières et de la position sociale. C'est à peine si l'on peut trouver des préfets de rechange pour chaque département. Quant aux conseils généraux et aux conseils d'arrondissement, ils sont peuplés par l'élection de notabilités provinciales dont on ne saurait trouver l'équivalent.

Le premier soin de la tyrannie parisienne, qu'on décore du nom impropre de république, est de casser impitoyablement tous ces fonctionnaires qui ont donné leurs preuves, tous ces favoris constants de l'élection ; c'est pour le pays un véritable désastre, bien plus fertile en pertes matérielles de tous genres, que ne pourrait l'être la guerre la plus désastreuse. Si les phénomènes moraux pouvaient être perçus par les sens comme les phénomènes physiques, on aurait entendu, à cette époque, sur toute la surface du territoire, un immense et épouvantable craquement. C'était le pays officiel qui tombait ; c'était le résultat des efforts patients de deux générations d'hommes qui s'abimait, sous la main violente du tyran parisien.

Les commissaires choisis par le ministre de l'intérieur (M. Ledru-Rollin), pour achever cette besogne de bourreau de la France, étaient tous inexpérimentés, presque tous étaient pris dans des milieux sociaux peu en rapport avec la grande mission dont ils allaient être chargés, et quelques-uns étaient beaucoup trop connus par la justice ou par la police ; aussi quand M. Dupin, recevant une députation de ses anciens électeurs de la Nièvre qui se plaignaient du commissaire que Paris venait de leur envoyer, lui répondait, en riant : « Je vois ce que c'est, « on vous a donné un menuisier, et vous « auriez voulu un ébéniste ; mais il n'y en « a pas pour tout le monde, » il ne faisait que présenter sous une forme plaisante l'incapacité de ces singuliers gouverneurs de la province. Plût à Dieu qu'il n'ait eu à leur reprocher que leur inexpérience !

Leur *zèle*, d'ailleurs, était activement stimulé par les circulaires du ministre. Le 8 mars, il leur disait : « A la tête de « chaque arrondissement, de chaque mu- « nicipalité, placez des hommes sympa- « thiques et résolus; ne leur ménagez pas « les instructions; animez leur zèle. Par « les élections qui vont s'accomplir, ils « tiennent dans leurs mains les destinées « de la France : qu'ils nous donnent une « Assemblée nationale capable de com- « prendre et d'achever l'œuvre du peuple; « *en un mot, tous hommes de la veille et* « *pas du lendemain.* »

Et, entre parenthèses, cette dernière prescription était impossible à exécuter, parce qu'il n'y avait pas d'*hommes de la veille* en province; à Paris, on en était réduit *aux ébénistes ;* dans les départements, il n'y avait même pas de menuisiers; en fait de *gens de la veille,* il n'y avait que des imbéciles ou des gens tarés.

Cette belle recommandation du ministre avait en vue le zèle de ses agents; mais il pouvait s'être glissé dans leurs rangs des esprits encore capables de scrupules; en remplaçant des préfets, ils pouvaient croire qu'ils n'héritaient que des droits de leurs prédécesseurs. Une circulaire du 12 mars vint mettre ordre à ces hésitations déplacées : « Les pouvoirs des commissaires étaient illimités. Agents d'une autorité révolutionnaire, ils devaient se considérer comme révolutionnaires; il ne fallait pas se faire d'illusion sur l'état du pays. *Les sentiments républicains y devaient être vivement incités,* et pour cela il fallait confier toutes les fonctions publiques à des hommes sûrs et sympathiques. Partout les préfets et les sous-préfets devaient être changés; il fallait aussi pourvoir au remplacement des maires et des adjoints; il fallait dissoudre les conseils municipaux hostiles. Ils avaient tous les pouvoirs de l'autorité exécutive, et la force armée était sous leurs ordres; ils devaient surveiller la magistrature inamovible et suspendre ceux de ses membres qui se montreraient hostiles. »

Toutefois, comme le ministre était mieux au courant que personne *des qualités* de ses délégués, il avait organisé, contre eux, des commissaires occultes, n'ayant pas de caractère officiel et chargés de surveiller les frères et amis; ce rôle vertueux était dévolu à des hommes qui s'étaient fait connaître par leur excessive violence dans les clubs de Paris; ils étaient, d'ailleurs, payés sur les fonds secrets.

Le gouvernement savait à quoi s'en tenir sur les sentiments républicains de la France; il redoutait beaucoup le résultat des élections qui se préparaient, et comme tous les pouvoirs faibles, il usait de la violence pour se faire obéir. Il fallait que la France se montrât reconnaissante, sans quoi Paris ferait une révolution nouvelle.

Le ministère fit placarder officiellement dans toutes les communes cette menace effrontée :

« Dix-huit ans de mensonges, disait le *Bulletin de la République*, opposent au régime de la vérité des obstacles qu'un souffle ne renverse pas. Les élections, si elles ne font pas triompher la vérité sociale, si elles sont l'expression des intérêts d'une caste, arrachée à la confiante loyauté du peuple, les élections qui devraient être le salut de la République seront sa perte.

« *Il n'y aurait alors qu'un moyen de salut pour le peuple qui a fait les barricades, ce serait de manifester une seconde fois sa volonté.*

« Ce remède extrême, déplorable, la France ne voudra pas *forcer* le peuple de Paris à y recourir.

« La France a confié à Paris une grande mission : Paris est le poste avancé de l'armée qui combat pour l'idée républicaine. Paris est le rendez-vous, à certaines heures, de toutes les volontés généreuses, de toutes les forces morales de la France. *Si des influences sociales pervertissent le jugement ou trahissent le vœu des masses, le peuple de Paris se croit et se déclare solidaire des intérêts de toute la nation.*

Citoyens! il ne faut pas que vous en veniez à être forcés de violer vous-mêmes le principe de votre gouvernement! »

On imagine bien, et la plupart de nos contemporains se rappellent ce que fut, à cette époque, ce Paris si platement adulé. Il ne se passait pas de jours qu'on ne battît le rappel pour convoquer la garde nationale, et plusieurs fois le gouvernement provisoire craignit d'être emporté par l'émeute.

Les élections eurent lieu ; elles avaient une apparence républicaine, mais elles n'avaient que cette apparence, car un grand nombre de noms, fort significatifs, restaient sur la scène politique.

Le gouvernement provisoire comprit le danger; il fallait brusquer le dénoûment. Le 4 mai, le jour même de l'ouverture de l'Assemblée, M. le président (Dupont de l'Eure) ouvrit la séance en ces termes :

« Vous allez fonder un gouvernement nouveau sur les bases de la démocratie, et donner à la France la seule Constitution qui lui convienne : la Constitution républicaine. »

L'Assemblée ne bougea pas; mais *les tribunes* avaient été bien *choisies*, et des cris formidables et unanimes de vive la République se firent entendre. Tout aussitôt, et comme à un signal donné, la gauche de l'Assemblée se leva et fit chorus avec les tribunes, et peu à peu, avec plus de lenteur et beaucoup moins d'enthousiasme, les autres parties se levèrent et acclamèrent la République d'une voix mal assurée.

Au surplus, la scène avait été bien machinée, et au moment voulu, le général Courtais, chef de la garde nationale, monta à la tribune et annonça que le peuple demandait que le gouvernement provisoire, accompagné de l'Assemblée, vînt proclamer devant lui la République. Le gouvernement, le président de l'Assemblée et tous les représentants se rendirent avec une complaisance bien naturelle à un désir manifesté avec tant d'à-propos, et à la foule massée sur les quais, on fit une nouvelle lecture de la proclamation de la République. Tel fut, en 1848, son berceau.

Cependant, l'armée parisienne de l'émeute n'était pas satisfaite, ses chefs devinaient facilement, sous ce respect apparent du fait républicain, des tendances politiques fort différentes; ils résolurent donc de donner à la province une nouvelle *leçon de civisme* en lui prouvant, de la manière la plus évidente, que Paris était le maître de la situation, qu'il entendait conserver sa position souveraine, et qu'au moindre écart d'indépendance, les députés de la France seraient jetés dans la Seine. A cet effet, on prit le premier prétexte venu pour *obtenir une manifes-*

tation; dans la capitale, on n'est pas difficile à ce sujet; le gouvernement, les émeutiers et les badauds eux-mêmes, savent qu'il ne s'agit que d'un prétexte. *La Pologne* avait déjà servi, il est vrai, mais c'était un thème commode qui avait donné de *très-bons résultats* pendant les premières années du règne de Louis-Philippe; on l'employa donc de nouveau, et le 15 mai, c'est-à-dire dix jours après l'ouverture de la Constituante, 20,000 hommes, les uns armés et les autres non armés, vinrent se masser devant le palais de l'Assemblée pour témoigner de leur *amour pour la Pologne.*

Le général Courtais, chargé de protéger l'Assemblée, avait sans doute des sentiments de vive sympathie pour les *Polonais,* car il ouvrit les portes du palais à la foule, dont les orateurs occupèrent successivement la tribune, au milieu d'un vacarme et d'un tumulte indescriptibles. Raspail, pour la forme, lit la pétition que personne n'écoute; Barbès s'élance et s'écrie : « qu'il faut forcer l'Assemblée à décréter que *le peuple de Paris* a bien mérité de la patrie »; Blanqui « réclame du pain pour le peuple et un ministère du travail;

il se plaint amèrement que les hommes qui se sont le plus dévoués à la cause populaire aient été systématiquement exclus de l'Assemblée et du gouvernement. » — Barbès ne veut être devancé par personne, pas même par Blanqui. — Il exige « qu'un impôt forcé d'un milliard soit frappé sur les riches. » Il demande, en outre, qu'il soit défendu à qui que ce soit de faire battre le rappel, sous peine d'être déclaré traitre à la patrie. Vers quatre heures, porté sur les épaules de ceux qui avaient continué de se disputer la tribune, il fit entendre d'une voix forte ces paroles : « Au nom du peuple, dont l'Assemblée nationale n'a pas voulu entendre la voix, je déclare l'Assemblée nationale dissoute. » Immédiatement après cette déclaration, une dizaine d'hommes courent au fauteuil du président, le forcent, par la violence, à se retirer et s'installent au bureau. C'était plus que ne voulaient les chefs secrets de l'entreprise : on entendait intimider l'Assemblée et non la dissoudre. On battit donc le rappel malgré la défense de Barbès et la garde nationale balaya *les amis de la Pologne*.

Bien que la capitale fût excessivement agitée par les excitations de la presse, par l'incurie et par la misère générale, les émeutiers de profession n'avaient pas eu leur tour de pouvoir ; cette Assemblée, d'ailleurs, venait de s'adjoindre, par la réélection du 8 juin, des membres qui ne disaient rien qui vaille aux vieux républicains ; la province envoyait, pour la représenter : Thiers, le prince Louis-Napoléon Bonaparte, Charles Dupin, le maréchal Bugeaud, Molé, Rivet, le général Rulhières, A. Fould. Il est vrai que, dans la liste parisienne des élus, figuraient : Caussidière, Pierre Le Roux, Lagrangière et Proudhon.

La réaction levait sa tête hideuse, ainsi qu'on le répétait chaque soir dans les clubs; à voir la marche des choses, Paris allait être détrôné ; il fallait frapper un coup terrible et décisif. Cette fois le prétexte s'offrait tout naturellement : les prix dans les ateliers nationaux avaient été réduits ; de 3 francs par jour il avait fallu les faire descendre successivement à 1 franc, car le nombre des soldats de cette nouvelle armée de la paresse, de la débauche, de la misère, allait en augmentant d'une manière inquiétante.

Alors on se battit pendant trois jours

dans les rues de Paris ; les émeutiers et la garde nationale perdirent plus de dix mille hommes ; l'archevêque de Paris et plus de généraux que n'en coûta la plus longue guerre de l'Empire, périrent sur les barricades.

Cavaignac fut vainqueur, mais il était évident que la République, et Paris, étaient perdus : la France, épouvantée, allait se confier à un nom qui ne permettrait plus de doute sur ses tendances politiques. Où étaient, à cette heure terrible, ces charmants bourgeois d'avant février, qui s'égayaient si spirituellement contre les guizotins, et qui traitaient d'horrible despote ce malheureux roi Louis-Philippe ? Ils étaient sur les barricades, défendant vigoureusement l'ordre, que leur mission historique paraît être de troubler et de défendre tour à tour ; sapant le pouvoir par la parole et le défendant par les armes.

Ledru-Rollin, attaqué, non sans raison, par les conservateurs de l'Assemblée à cause de son attitude pendant les journées de juin, renvoya fort spirituellement aux anciens partisans de la dynastie de Juillet le reproche qu'ils lui adressaient de l'avoir renversée :

« Cette République, leur disait-il, c'est cependant vous qui l'avez faite plus que nous : oui, il faut qu'une portion du pays qui fait tomber sur nous la responsabilité tout entière vous la fasse partager.....

« Vous êtes attachés à la République, je veux le croire, mais vous définissez mal vos sentiments pour elle : vous l'aimez peut-être moins que vous ne le pensez, mais vous avez contribué à cette révolution, car enfin c'est vous qui avez excité le pays, qui avez embarrassé la marche du gouvernement, qui lui avez suscité plus ou moins de tracasseries, qui l'avez arrêté souvent par de petites mesures, qui, au lieu de laisser rouler le char dans sa majesté, vous accrochiez parfois après. Vous faites ici ce que vous avez fait pendant dix-huit ans : vous aimiez le pouvoir, le gouvernement que vous aviez établi, vous vouliez le conserver, et chaque jour vous le miniez sans avoir une idée à mettre à la place ; vous le combattiez sans cesse, vous l'ébréchiez et vous disiez : Nous voulons le conserver !

« Ah ! vous avez été, permettez-moi de vous le dire, impuissants dans votre opposition parce que vous auriez été impuissants au pouvoir. Eh bien, ce que vous avez fait pour la révolution de Juillet que vous aviez fondée, pour cette révolution que vous aimiez tant, je crains bien qu'à votre insu vous n'essayiez de l'être pour cette République que vous n'avez pas fondée ! Je vous crois meilleurs qu'on ne le dit ; je vous crois sincèrement attachés à votre pays ; mais tous les jours on se trompe, et je crois que vous avez décidément des amours malheureux. »

S'entendre dire de pareilles vérités est toujours dur, mais les recueillir de la bouche de Ledru-Rollin, c'était cruel !

Toutefois arrivait rapide l'heure où cette bourgeoisie, si courageuse dans le danger, mais si fatale à tous les pouvoirs qu'elle patronne, allait être détrônée.

Quoique toutes les forces du pouvoir républicain eussent été mises avec une rare profusion au service de la candidature bourgeoise du général Cavaignac, les voix se répartirent ainsi :

Louis-Napoléon Bonaparte. 5.334.226
Général Cavaignac........ 1.448.107
Ledru-Rollin............. 370.119
Raspail.................. 36.228
Lamartine................ 19.910

Jusqu'à la nomination de Louis-Napoléon Bonaparte comme président de la République, on peut affirmer que la France fut mise au pillage par l'émeute parisienne qui, non contente de renverser le gouvernement établi, avait pesé sur le pays de tout le poids que mettait à son service une centralisation complète. — Ce fut, comme nous le disions en commençant ce chapitre, une véritable orgie révolutionnaire du tyran parisien.

CHAPITRE XXXIX

Du rôle de Paris sous l'Empire.

Quand l'empire revint, par l'ordre des votes de la presque totalité des citoyens français, il revint escorté aussi par les déclarations chaleureuses et publiques de tout ce que la France comptait d'illustre, aussi bien dans le clergé que dans la magistrature et l'armée; ces trois représentants attitrés de l'ordre social se réunissaient pour affirmer que la société avait couru un danger extrême, et que l'Empire venait de la sauver.

L'élan fut unanime, on pourrait dire universel; la crainte du péril avait été aussi vive que le fut la joie de la délivrance. Pour opérer un pareil changement, pour faire succéder l'espérance à l'anxiété dans l'âme d'un grand peuple, il faut de la gloire. Sans le souvenir des Napoléon, qui était resté enfoui dans le cœur de nos paysans, la société sombrait; la gloire n'est donc pas un sentiment puéril, le rêve d'un savant halluciné, ou d'un soldat fanatisé; c'est la source où vient boire un grand peuple, quand il est en péril; avec quelques gouttes de ce divin breuvage, il redevient fort, généreux et puissant. La pomme de terre des économistes et le confortable bourgeois n'auront jamais cette vertu.

Sans doute, il ne faut pas faire fi de l'amélioration considérable que l'Empire apporta dans la vie des citoyens français. Ce gouvernement fit, en effet, pour la prospérité matérielle de tous, des efforts incroyables et couronnés d'un tel succès, qu'il n'est pas, dans le monde et dans l'histoire, de période où un peuple se soit enrichi à un pareil degré (1). Mais il faut

(1) Voir la note.

que chaque chose reste à sa place; le peuple n'a pu s'occuper utilement et sans relâche du développement de sa richesse, que parce que la question politique était vidée, que parce qu'une écrasante majorité s'était réunie pour acclamer le même nom et le même principe politique. Or, pourquoi et comment cette unanimité? Il n'y a qu'une explication : la gloire! la gloire! cet épouvantail du bourgeois et aussi cette incomparable source de sa propre richesse.

L'Empire était donc revenu, non par la grâce du coup d'Etat, mais par la grâce de Dieu et du peuple français, et l'on ne peut s'empêcher de sourire en enregistrant les critiques des républicains sur l'origine violente du gouvernement impérial. Il n'y a malheureusement aucun parti, en France, qui n'ait essayé de la violence, pour réussir; mais il n'y en a qu'un qui ait demandé au peuple la justification et l'absolution de sa conduite.

Comme si l'histoire avait été, sous leur règne, aussi bien sourde qu'aveugle, les républicains parlent encore de leur modération, sans y croire, il est vrai; mais, en revanche, beaucoup d'entre eux, faute d'y avoir réfléchi, regardent le gouvernement impérial comme un pur accident, accident heureux au point de vue de ses partisans, et malheureux aux yeux de ses adversaires. Pour eux, ce n'est point un principe de gouvernement, c'est la chance d'un soldat de génie ou la réussite d'un aventurier plein d'audace.

Si l'Empire n'était que cela, il n'aurait ni autant de partisans, ni des adversaires aussi irréconciliables; on dédaigne un accident, le temps seul en fait justice; on ne combat avec cette énergie qu'un principe hostile.

C'est que, en effet, l'Empire est la négation et le contraire absolu des deux formes de gouvernement qui ont réussi à durer, dans notre pays, à savoir la Restauration et le gouvernement du roi Louis-Philippe; ces deux pouvoirs politiques s'appuyaient sur deux classes distinctes de la société; l'Empire s'appuie sur toutes indistinctement. De ces différences profondes d'origine découlent dans la pratique des dissemblances non moins accusées. En s'appuyant sur une classe déterminée, un gouvernement est obligé de lui donner la souveraineté; de là le régime parlementaire qui a successivement remis le pouvoir aux mains des nobles ramenés par Louis XVIII et dans celles des bourgeois, vainqueurs avec le Roi-citoyen.

Appuyé sur le consentement unanime de la nation, l'Empereur répudie et doit répudier le Parlement souverain, le conserver serait une contradiction absolue avec son rôle nécessaire et historique ; en remettant sa couronne à un parlement il trahirait le vœu du peuple qui a voulu au sommet de la société un juge impartial et non un juge vendu ou asservi à une classe quelconque de la nation.

La différence est fondamentale entre ces divers principes; aussi les parlementaires du droit divin ou les parlementaires bourgeois savent fort bien que l'Empire est leur véritable adversaire, et s'ils ne lui tiennent pas toujours une rigueur absolue, c'est qu'ils ont parfois besoin de lui pour remettre sur ses pieds une société écœurée et débilitée par leurs luttes stériles.

Au point de vue philosophique, la République n'est pas hostile à l'Empire, ces deux formes de gouvernement s'appuyant également, en théorie du moins, sur l'assentiment du peuple tout entier; mais les républicains, dans la pratique, ont constamment faussé leur principe, d'abord parce qu'ils n'osèrent jamais faire appel à ce peuple dont ils se disent les mandataires et ensuite parce que, s'appuyant sur le consentement national, ils ne devaient pas supporter un Parlement souverain qui, en France, est nécessairement à la merci de la bourgeoisie.

Pour éviter le danger qui les pressait, les républicains de 1792 transformèrent leur Assemblée en Convention, c'est-à-dire confièrent le pouvoir à cinq ou six individus qui, sous son nom, régnèrent sur la France; ils obéissaient au même instinct qui guida l'Empire, en brisant le ressort parlementaire et en constituant un pouvoir unique et fort; mais ils opéraient ce changement au profit d'une Assemblée au lieu de le faire au profit d'un prince contrôlé par des pouvoirs réguliers.

La République fut donc aussi autoritaire, plus autoritaire même que l'Empire; mais elle abdiqua entre les mains d'une aristocratie de faubourg ou de ruisseau, dont la responsabilité étant divisée n'existait pas et qui ne pouvait être que violente; elle aboutissait ainsi au Conseil des Dix, moins la naissance et le talent, moins tous les tempéraments politiques qu'enseigne l'habitude du pouvoir.

Nous avons vu sous le règne du Parlement souverain, soit monarchique avec Louis XVIII, soit libéral et constitutionnel avec Louis-Philippe, soit républicain avec Danton ou Robespierre, Ledru-Rollin ou Gambetta; nous avons vu les influences révolutionnaires de Paris diriger en maître les destinées de ce Parlement et les conduire peu à peu à un état de violence qui le rendait bientôt docile aux injonctions de l'armée parisienne de l'émeute.

Si l'on en excepte les deux périodes impériales, le vrai, le seul gouvernement de la France, depuis 1789, c'est Paris.

Pourquoi la capitale, qui, avec l'aide de l'étranger, a d'ailleurs renversé les deux Empires aussi bien que tous les autres gouvernements, n'a-t-elle pas eu sur eux l'influence prépondérante qu'elle a su conquérir et garder sur ces derniers?

On peut donner de ce phénomène aussi rare qu'il est heureux des raisons nombreuses : la principale vient de l'origine des deux Empires; ils se sont fondés sur une consultation populaire; au lieu d'être le résultat d'une émeute réussie ou d'une victoire de l'étranger, ils ont demandé et obtenu l'assentiment de la nation ; c'est donc de la France et non de Paris qu'ils ont reçu leur couronne. Cette différence a produit des résultats considérables ; la victoire du pays contre sa capitale est en effet une victoire de l'ordre contre le désordre, de la stabilité contre l'inconstance, de la sagesse contre la folie. Les deux Empires ont vaincu Paris et ils en ont été les maîtres au lieu d'en être les serviteurs. Ce fut d'ailleurs une victoire absolument morale, car sous le règne des Napoléon, Paris était gardé par une police et une garnison bien moins nombreuse qu'à toute autre époque ; en 1810, la capitale n'était contenue que par quelques compagnies de vétérans.

Cette quiétude du pouvoir, à l'endroit de ce centre révolutionnaire si terrible, s'explique encore par ce fait que la licence de la presse politique n'existant pas, la cause principale de la révolution faisait défaut. Etant donné un Parlement à Paris, il suffit en effet d'un excès dans la liberté de la presse pour obtenir une révolution ; c'est un fait tant de fois constaté par l'histoire en si peu d'années, que l'on peut le citer dorénavant comme un axiome. Peut-être notre pays comporte-t-il un Parlement un peu moins effacé que le fut celui des deux Empires, à leur début du moins; peut-être la presse politique peut-elle devenir plus sage sans être aussi surveillée; ce que l'on peut affirmer dès aujourd'hui c'est que *jamais* un gouvernement ne pourra, sans courir risque de la vie, se relâcher, sur ces deux points, de la plus rigoureuse sévérité tant que le Parlement siégera à Paris.

Malgré l'immense avantage que les deux Napoléon ont eu sur leurs devanciers et leurs successeurs, ils ont péri par Paris, pour n'avoir pas pris leurs précautions contre ce foyer de révolution. En 1814 et en 1815, l'Europe savait qu'en occupant la capitale elle obtenait immédiatement une révolution parisienne : elle n'eut donc garde de manquer une si belle partie. A Londres, à Berlin, à Saint-Pétersbourg, à Constantinople, à Vienne, à Madrid, à Turin, l'ennemi peut fouler en vainqueur le sol national sans qu'une révolution éclate; le peuple se serre auprès du souverain, au lieu de le délaisser; en France, la nation ne demanderait pas mieux que d'en faire autant, mais la révolution parisienne ne le permet pas et ne le permettra jamais.

En 1870, l'Empereur, à supposer qu'il fût resté dans sa capitale assiégée, aurait eu à lutter contre la sédition et, au bout d'un certain temps, aurait été renversé par elle : la faim n'a pas de cœur.

Mais l'Empire était perdu avant cette époque; ce n'est pas en 1870, ce n'est pas à Sedan qu'il s'est effondré, c'est en 1869, le jour où l'Empereur donna de son plein gré les libertés parlementaires. Ce fut la grande faute de la vie de ce grand prince; il n'y a pas d'Empire avec un Parlement souverain ; on ne couronne pas l'Empire avec un Parlement, on l'étouffe.

L'empereur Napoléon III se repentit amèrement de cet excès de générosité impolitique, et l'auteur de ce récit, comme bien d'autres sans doute, reçut de la bouche même du souverain exilé l'aveu de sa faute : « *Pour moi*, nous dit-il, *l'expérience est complète et décisive. J'espère que mes successeurs profiteront de cette sévère leçon de l'histoire* (1). »

---

(1) La conversation ne roula pas seulement sur ce point ; il fut naturellement question de la guerre ;

L'Impératrice, aux dernières et fâcheuses nouvelles du théâtre de la guerre et de la révolte parisienne, était dans ce même palais où Louis XVI, Louis XVIII, Marie-Louise, Charles X, Louis-Philippe, la duchesse d'Orléans avaient souffert comme elle, et, comme ces illustres devanciers, elle s'était demandé s'il n'existait pas un coin de la France où on pût appeler de la décision de l'émeute, où l'on pût faire casser l'arrêt de la révolution parisienne; indignée, superbe de courage et de grandeur dans ces terribles moments, cette auguste princesse priait, suppliait qu'on lui laissât un rôle actif, si périlleux qu'il pût être, mais en rapport avec les nobles émotions qui l'animaient. Ses amis, consternés, durent lui conseiller la fuite, pour épargner à Paris un crime et à la France une honte. Tout comme ses prédécesseurs, l'Empire avait négligé les enseignements de l'histoire et n'avait pas songé à se gar-

---

nous avions pris des notes avec la pensée de les livrer aux journaux, l'Empereur les revit et en confirma l'exactitude. De retour à Paris, nous nous adressâmes aux journaux, mais aucun d'eux ne se crut assez à l'abri des coups du gouvernement républicain pour faire droit à notre requête. On trouvera cette note à la fin du volume.

der contre cet implacable démolisseur de trônes qu'on appelle Paris.

Quand on a été le témoin de la mort d'un prince qu'on aimait et respectait profondément, quand on est dans le cas de rappeler ces tragiques souvenirs, il est pénible d'avoir à refouler dans son cœur les émotions violentes qui l'agitent, d'avoir à cacher les larmes qui voudraient couler ; mais la politique ne connaît ni n'admet ces sentiments; il lui semble que le cœur peut troubler la raison. Eh bien, donc, que cette triste raison crie une fois pour toutes, et si haut que la France puisse l'entendre : *Aucun gouvernement, depuis 1789, n'a péri par ses fautes ; aucun prince n'a été lâchement abandonné par ses serviteurs ; prince, gouvernement, serviteur, c'est Paris qui les a tous renversés.*

CHAPITRE XL

Troisième orgie révolutionnaire parisienne.

A mesure que les événements se rapprochent de nous, on est moins maître de son sang-froid et l'on craint d'être partial en les racontant. Nous avons été brefs sur les mérites de l'Empire que nous aimons, on nous permettra de l'être autant sur les défauts de la République que nous n'aimons pas.

Comme en 1848, la France fut mise au pillage par les républicains de profession; c'était à peu près le même personnel, c'étaient les mêmes chefs; on ne laissa en fonctions aucun de ces hommes laborieux, modestes, expérimentés que les gouvernements réguliers ont tant de peine à choisir au milieu de la foule; pas un citoyen investi de la confiance populaire par l'élection ne trouva grâce devant ces barbares d'une nouvelle espèce; on bégaya, pour la forme, que le pays serait consulté, mais on avait l'intention formelle de retarder le plus qu'on pourrait cette consultation et, dans l'intimité, on avouait *qu'on ne serait pas assez fou pour proposer la République aux votes d'un pays qui n'est pas républicain*. Enfin la France échappa aux mains des *fous furieux* et nomma une Assemblée qui, malgré les efforts vraiment *extraordinaires* de l'administration, malgré l'absence forcée des impérialistes, c'est-à-dire de la partie la plus nombreuse des conservateurs du pays, ne fut pas républicaine. L'orgie de Paris, qui avait commencé par un véritable crime dont les auteurs seront maudits jusque dans leur postérité, l'orgie avait cessé, le pays rentrait à peu près en possession de lui-même, et pour la première fois, depuis 1789, songeait aux dangers que cause un gouvernement dont le siége est à Paris; on avait réuni l'Assemblée à Bordeaux parce que, disait-on, les Prussiens tenaient encore le nord du pays; mais lorsque nos ennemis furent partis, on n'osa pas rentrer dans la grande ville et on choisit Versailles comme terme moyen.

Versailles n'est pas un lieu bien choisi pour servir de refuge à la France contre Paris. Ce n'est aujourd'hui qu'un faubourg de la capitale et il suffira à celle-ci de froncer les sourcils, le jour où le pouvoir sera faible, pour obtenir satisfaction.

Ce choix n'était donc pas heureux, mais il révélait la crainte salutaire de Paris. Les républicains savent en effet, par l'expérience, que ce maître, ce tyran est fantasque, que sa passion n'est pas la liberté, mais la révolution, qu'il veut avant tout satisfaire son tempérament révolutionnaire et que la république n'est pas plus à l'abri de ses coups que la monarchie. Le 15 mai et les journées de juin en 1848, le 31 octobre 1870 et la Commune de 1871 sont des enseignements qu'ont médité les républicains de théorie, et ils savent bien que si l'Assemblée avait siégé à Paris depuis sept ans, il y a longtemps qu'elle aurait été jetée dans la Seine (1). Mais il est temps de tirer les conclusions de ce long récit :

CHAPITRE XLI

Conclusion.

Notre conclusion est pour ainsi dire écrite au bas de chacun des chapitres de ce livre, nous n'avons plus qu'à la répéter une der-

---

(1) Quelques amis de l'auteur de cet écrit lui ont sincèrement reproché d'employer son temps et son ardeur à propager une institution sans laquelle la République aurait déjà disparu, et grâce à laquelle la République pourrait vivre encore de longues années; notre réponse est fort simple : 1° Nous ne croyons pas qu'on parvienne à faire vivre un gouvernement qui ne convient pas au pays ; 2° Paris ne détruit pas que les républiques, il détruit aussi les monarchies. Ce reproche amical m'était adressé à propos de quelques articles donnés à la *Revue contemporaine*, et d'une *Lettre aux électeurs* publiée pendant le siége de Paris et qu'on trouvera aux notes.

nière fois. Il faut, sans porter atteinte à notre centralisation politique et administrative, établir, au delà de la Loire, un refuge pour le pays, contre les éternelles fantaisies parisiennes et contre les fatalités d'un siége, que les fortifications de la capitale appellent au lieu de l'éloigner. Ce refuge, pour être utile au moment voulu, devra être installé et peuplé par nos Assemblées politiques pendant les jours de paix et de prospérité.

C'est là tout, et cette bien petite réforme aura les conséquences les plus considérables.

A un point de vue élevé, supérieur même à nos intérêts français, c'est la substitution de l'influence conservatrice des campagnes, à l'influence révolutionnaire des villes; c'est la victoire définitive de la civilisation, contre cette théorie de la destruction qu'on appelle le *socialisme*, théorie dont les chefs sont nombreux dans toutes les capitales du monde, et dont les soldats se comptent par millions dans les centres industriels. On a persuadé à ces citoyens, malheureux et ignorants, qu'il existe une autre manière de s'enrichir que le travail, et ils abandonnent ce travail pour vivre misérablement, en attendant les jours meilleurs, toujours promis, mais qui n'arrivent jamais.

Quand le socialisme saura qu'il ne peut pas mettre la main sur le gouvernement parce que tout l'attirail gouvernemental n'est pas réuni dans la grande ville, il sera à la fois vaincu dans ce qu'il a de brutal et d'excessif, et victorieux dans la revendication patiente et honnête de tous les moyens capables d'améliorer le sort précaire des ouvriers. Quand le socialisme parisien sera paralysé dans ses mauvais et sauvages instincts, le socialisme universel aura reçu un coup mortel; c'est en ce sens que la réforme française que nous souhaitons peut être envisagée dans toute l'Europe comme un bienfait.

Mais si nous nous replions sur nous-mêmes, que d'actions de grâce il faudra rendre au prince qui dotera la France de ce refuge indispensable, et sans lequel ce noble pays mourra!

Pourquoi désormais faire une révolution à Paris, si le prince et son gouvernement sont encore tout puissants en un coin quelconque du pays, de ce pays qui n'a jamais **voulu, qui ne voudra jamais de révolutions?**

Pourquoi assassinerait-on le chef de l'Etat, si, ce personnage disparu, la Constitution politique de la France continue à être respectée dans toutes ses prévisions ?

Pourquoi l'étranger vainqueur en une première bataille, viendrait-il assiéger Paris ? Toute espérance d'y faire naître une révolution lui serait ravie, et les avantages qu'il pourrait retirer de la prise de cette ville ne vaudraient probablement pas l'immobilisation d'une armée de deux cent mille hommes.

La fortification de Paris, qui par elle-même et à elle seule exige l'institution d'un refuge politique deviendrait heureusement inutile, non parce qu'elle empêcherait de prendre la ville fortifiée, mais parce qu'il n'y aurait plus d'intérêt à la prendre.

Nous ne savons, en vérité, où trouver les objections qu'on pourrait faire à notre projet. On n'a, dit-on, jamais vu en France, depuis qu'elle existe, une pareille séparation des pouvoirs publics.

Sans doute, mais avant 1789, on n'avait pas à compter avec un Parlement permanent.

Ce projet serait peu pratique ! mais on l'a pratiqué, mais on en a fait l'expérience à

Bordeaux; et, à cette époque du régime parlementaire, les ministres devaient être présents, puisqu'ils étaient à la fois les acteurs et les victimes nécessaires dans cette arène où les bêtes féroces sont remplacées par des orateurs.

Quand la République aura disparu et qu'un gouvernement régulier aura renoué les relations de la France avec la grande famille européenne, il est probable qu'on se souviendra des excès inévitables et récents des Parlements français, et que les ministres nouveaux ne seront plus à leur merci; l'éloignement des Assemblées délibérantes du centre du gouvernement n'en sera donc que plus facile et plus pratique.

Mais que deviendrait *Paris, tête et cœur* de la France, comme on disait dans notre jeunesse, si la France redevenait maîtresse de ses destinées? Ne faudrait-il pas craindre que les idées *vraiment libérales* ne fissent place aux habitudes mesquines et routinières de la province?

Ce serait une honte pour tout esprit cultivé et réfléchi que de s'arrêter à un pareil argument. Paris n'a jamais été, en effet, qu'un foyer de révolutions et par conséquent de tyrannie; ce n'est pas Paris qui dicte les cahiers des États généraux en 1789, mais c'est lui qui compromet le succès de toutes les réformes bienfaisantes et modérées, par d'horribles excès ; ce n'est pas le Parisien occupé de révolution qui sauve la France au jour du danger, c'est la province qui, par le vote aussi bien que par l'épée, délivre le pays de ses ennemis intérieurs et extérieurs. Paris n'aime pas la liberté, il la tue !

Le jour où un gouvernement régulier aura été installé, s'il n'est pas pourvu d'un refuge en province, il n'y aura qu'une pensée, qu'un cri, aussi bien dans notre pays qu'à l'étranger : Voilà, dira-t-on, encore un pouvoir nouveau ; la plus longue durée que la révolution parisienne puisse lui accorder, c'est vingt ans !

FIN

NOTES

UN PROJET
DE
LOI SUR LA PRESSE [1]

Monsieur le directeur,

Les inventeurs sont tenaces, et les fabricants de systèmes politiques ne le sont pas moins que les autres. Je n'en veux pour preuve que le long article que je vous adresse en réponse à l'obligeance que vous avez mise à vous occuper de mes travaux déjà anciens sur la législation relative à la presse. — Auteur et inventeur, c'est tout un.

Interrogé par ligne, il répond par chapitre.
Mais entrons tout de suite en matière.

Votre journal, ainsi que quelques autres, a donné de mon projet de loi sur la presse une idée incomplète, et je me permets de le rétablir dans son intégrité. On voit tout de suite qu'il ne s'agit ici que des lignes principales d'un projet et non d'une législation étudiée dans son détail.

I

PROJET DE LOI SUR LA PRESSE PÉRIODIQUE POLITIQUE

ARTICLE 1er. — Tout Français majeur et jouissant de ses droits civils peut publier un journal en se

---

[1] Ce projet est extrait du *Moniteur universel* des 15 et 16 mai 1870. — Il a été présenté à la Chambre des députés par l'honorable M. Darimon, et au Sénat par l'honorable M. de Laguéronnière.

conformant aux lois sur la déclaration et le cautionnement.

Art. 2. — L'impôt du timbre est supprimé.

Art. 3. — La signature des articles n'est pas obligatoire.

Art. 4. — Le cautionnement est fixé à 5,000 fr. (cinq mille francs).

Art. 5. — Le ministre de l'intérieur donne ordre de citer devant le jury le gérant du journal où a paru un article *manquant de bonne foi ou de convenance dans la discussion des institutions ou des personnes.*

Art. 6. — Le gérant du journal ne pourra être condamné qu'à une amende qui variera de 2,500 fr. à 5,000 fr. — Si dans l'espace d'un mois il est intervenu deux condamnations, l'amende pourra être portée au double; si, dans le même espace de temps, il est intervenu trois condamnations, l'amende pourra être portée au triple.

Art. 7. — Le jury est composé de quinze membres des conseils généraux et d'arrondissement choisis par eux-mêmes à l'élection.

Art. 8. — Le jury est élu pour un an; les débats qui s'agitent devant lui ne sont pas publiés.

Toutes les lois sur la presse ont donné de fâcheux résultats, parce qu'on n'a pas voulu se mettre au vrai point de vue en ces matières; ce qu'il faut, c'est une loi qui permette qu'on n'y ait pas recours, c'est une loi qui rende les procès de presse de plus en plus rares; la liberté est à ce prix.

Or, toutes les législations se sont trompées, parce qu'elles étaient conçues, quand le pouvoir était fort, dans un esprit d'hostilité et de vengeance contre l'écrivain, et, quand le pouvoir était faible, dans un sentiment de telle indulgence pour l'accusé, que celui-ci avait tout intérêt, sinon à être condamné, du moins à affronter la justice. Dans de pareilles conditions, la répression sera toujours nulle. On n'arrivera à ne plus faire de procès de presse qu'avec une législation qui permette le conseil avant la rigueur, qui mette en relation naturelle et légitime l'écrivain et le ministre de l'intérieur, et qui, si on est forcé de sévir, n'édicte que des peines efficaces.

II

La répression par la magistrature paraît décidément jugée, et par là même tombe cette vaine prétention d'assimiler les prétendus crimes et délits commis par la voie de la presse à des crimes et des délits de droit commun; s'ils étaient tels qu'on le dit, la magistrature suffirait parfaitement à sa tâche; mais quand on lui donne à apprécier des articles de code pénal qui n'ont aucune précision juridique, quand on lui fait entendre qu'il y a tel crime ou tel délit qu'il convient de poursuivre, tandis que, sur tel autre, il est plus sage de fermer les yeux; quand elle voit que ce qui était crime hier ne le sera pas demain, quand on poursuit à Bordeaux et qu'on ne poursuit pas à Paris, quand on est plein d'indulgence pour tel écrivain et de rigueur pour tel autre, il est bien évident que la magistrature est fort excusable de ne pas avoir montré grand goût, jusqu'ici, pour une justice aussi variable et aussi compromettante.

Au surplus, chaque fois qu'on a essayé de faire rentrer les différentes phases et les mille incidents d'un procès de presse sous ce niveau brutal du droit commun, on s'est heurté à des difficultés insurmontables, et le public en gaieté s'est mis à compter combien il fallait de dérogations à la loi commune pour composer une loi de presse basée sur le droit commun, et il en a trouvé presque autant que d'articles dans la loi.

III

Le jury ordinaire n'échappe pas plus que les autres juridictions connues à cette juste critique; ne parlons pas de ses faiblesses bien connues, oublions qu'il est indulgent et violent à contre-sens, excusant tout quand le pouvoir est en péril et qu'il faudrait lui venir en aide, sabrant tout quand le pouvoir est fort et qu'il n'a d'intérêt qu'à se montrer facile: admettons, si l'on veut, cette aimable image du jury, qui le représente comme un miroir fidèle de la société, oubliant que le juge n'a que faire de ce ridicule instrument de justice, et qu'il ne doit avoir à la main qu'une balance ou un frein.

Mais n'y a-t-il pas justice à prétendre que le jury est plus honorable qu'éclairé ; qu'en faisant dépendre des hasards d'un tirage au sort l'issue d'un procès de presse toujours grave, on commet une impardonnable bévue; car, au moyen de l'élection, on peut trouver ailleurs une assemblée qui présente d'aussi sérieuses garanties d'impartialité et qui ait plus de lumières. D'ailleurs, à quoi bon renouveler une expérience déjà faite et tristement faite ? Quelles espérances a-t-on qu'elle puisse donner de meilleurs fruits que par le passé ? Le suffrage universel, qui est le seul élément nouveau dans la question, ne donne-t-il pas au problème à résoudre une gravité nouvelle ?

Mais, à toutes ces excellentes raisons pour abandonner à toujours le jury ordinaire, il s'en ajoute une dernière qui les vaut toutes. Nous venons de signaler, en effet, dans la législation actuelle, un vice radical : la magistrature, tout le monde le concède, ne doit pas être mêlée à de pareils débats. Mais n'est-il pas évident que, sous l'empire du jury, ce sera cette même magistrature qui mettra tout en mouvement? Sans doute, elle ne jugera plus, mais c'est elle qui décidera s'il doit y avoir procès ou si l'on ne doit pas en faire ; c'est le parquet qui, dans les limites de son ressort, sera chargé de découvrir ces prétendus crimes ou délits et de traduire devant la barre ces prétendus coupables. Où est l'homme politique, vraiment digne de ce nom, pour prétendre qu'il n'est pas dix fois plus grave, en ces matières, de décider du sort de la poursuite que de la juger ?

La magistrature est donc encore mêlée à cette procédure par le jury, et mêlée de telle sorte, que le gouvernement n'échappera pas plus qu'autrefois au reproche d'avoir une influence prépondérante sur la décision à intervenir, de sorte que toutes les raisons excellentes qui ont fait délaisser la législation actuelle se retournent avec une égale force contre l'admission du jury.

Au surplus, et pour en finir par un mot, cette législation a toujours multiplié les procès de presse.

N'eût-elle que ce défaut, qu'il suffirait à la faire rejeter.

IV

Passons à la discussion des articles : le premier est le préambule absolument obligé de toutes les lois sur la matière ; l'article 2 enlève assurément un certain nombre de millions au budget, mais quand il s'agit d'une mesure politique de cette importance, il n'est pas besoin de compter avec cette objection ; d'ailleurs il est certain que cette suppression du timbre a pour but la plus grande diffusion des journaux : résultat doublement désirable au point de vue libéral et au point de vue conservateur ; en effet, l'abondance des feuilles politiques ne manquera pas de restreindre proportionnellement leur influence, la grande multiplicité des journaux doit, dans un temps donné, produire chez nous des résultats analogues à ceux que nous avons vus se produire dans d'autres pays ; ils se transformeront peu à peu en donneurs de nouvelles, et, au lieu de prétendre à imposer leurs opinions au public ils s'efforceront de deviner et de répandre celles de tous ; abandonnant le rôle difficile et dangereux de souverain et de régulateur de la marche politique ils s'en feront les soutiens et les complices.

L'article 3, qui supprime l'obligation de la signature, rend légal un fait constant et universel aujourd'hui même.

L'article 4, en fixant à un taux très-minime le cautionnement, est évidemment le corollaire obligé de l'article 2 ; il n'y aura un grand nombre de journaux que si le cautionnement est aussi faible que possible ; il doit seulement pouvoir répondre du payement des amendes encourues, et comme le journal condamné ne pourra paraître qu'après s'être acquitté auprès du fisc, il y aura toujours dans la caisse une somme suffisante.

V

L'article 5 est le point capital du projet ; d'abord c'est le ministre de l'intérieur qui donne l'ordre de citer devant le jury.

En fait, cette nouveauté n'est pas si neuve qu'elle en a l'air, car tout le monde sait qu'un procès de presse n'est jamais commencé sans que le gouvernement, et particulièrement le ministre de l'intérieur, ait donné son assentiment aux poursuites. On a beau vanter sur tous les tons l'indépendance de la magistrature, ce n'est pas elle qui décide souverainement en ces matières, et c'est fort juste et c'est fort légitime ; mais alors pourquoi cette éternelle hypocrisie de paraître confier à la justice seule le soin de poursuivre ? Quel inconvénient peut-il y avoir à avouer une bonne fois que, puisqu'il s'agit ici de la politique du cabinet, c'est le chef du cabinet qui entend se réserver le soin de la **défendre?**

Il n'y a assurément rien de compromettant dans un pareil aveu, qui ne causera, d'ailleurs, aucune surprise ; mais si l'on ne perd rien à être franc, il est certain qu'on peut gagner beaucoup à cette franchise. Avant de citer devant le jury le représentant d'un journal, le ministre aura le droit et le devoir d'avertir officieusement l'écrivain qui paraît s'écarter de la modération nécessaire à toute polémique sérieuse, et ces rapports, également honorables pour les deux parties en présence, amèneront bientôt une entente amicale, tandis que l'action nécessairement brutale de la justice jette partout l'irritation et ne produit que la violence. Avec un ministre animé d'intentions bienveillantes et connaissant les nécessités de la presse et des écrivains, on éviterait les neuf dixièmes des procès : c'est là un résultat considérable.

Il faut remarquer aussi, dans cet article 5, une innovation, peut-être plus considérable encore, mais qui se justifie assez facilement par la clémence de nos mœurs. L'écrivain disparaît dans la poursuite : c'est le journal seul qui répond du méfait; on s'est bien vite convaincu, dans la pratique, que l'amende et la prison ne font que grandir l'écrivain condamné, et qu'il y a quelque chose d'absurde à mettre aux mains du gouvernement un instrument de répression qui le sert aussi mal. On a calculé plaisamment, et avec une apparente précision, le nombre de condamnations nécessaires pour transformer un écrivain obscur et de médiocre talent en un homme important, aspirant aux plus hauts emplois de la politique et les obtenant. L'on découvre dans cette statistique de fantaisie que deux ou trois condamnations arrivant à propos peuvent créer la popularité d'un journal et faire la fortune de son directeur; qu'avec cinq ou six, un écrivain peut aspirer à la députation, à l'Institut, au ministère même; qu'enfin, et les temps y prêtant, on fabrique par ce moyen et à bon compte de véritables héros populaires.

D'ailleurs, si les instincts de clémence de notre société, aussi bien que le sentiment de l'utilité, conseillent cette conduite, il faut ajouter aussi qu'elle ne manque pas de logique, car le véritable coupable, c'est bien le journal, qui se tire à un grand nombre d'exemplaires, et non l'écrivain, qui, réduit à ses seules forces, ne parviendrait pas d'ordinaire à inquiéter le gouvernement.

On a mêlé bien maladroitement à cette question un prétendu point d'honneur de l'écrivain. Il tient, a-t-on dit, à répondre de ses actes devant la justice du pays; il n'entend pas qu'on lui confère le moindre privilége, et sa dignité s'offense d'une indulgence qu'il n'a pas demandée. En quoi l'honneur d'un citoyen peut-il être inquiété parce qu'on ne prend pas dans sa poche quelques billets de mille francs et qu'on se refuse à le traîner en prison? N'y a-t-il pas, d'ailleurs, une nuance de ridicule à tendre ainsi des bras suppliants pour qu'on les charge de chaînes? A courir avec tant d'ardeur au-devant du châtiment, ne craint-on pas de donner à croire que ce châtiment si recherché n'a de fâcheux que le nom, et que la célébrité et la fortune sont de très-sérieuses compensations à l'ennui de passer quelques jours dans une prison peu sévère? Un écrivain sérieux et instruit n'aura jamais besoin de recourir à ces moyens extra-littéraires pour arriver à la gloire.

VI

C'est aussi une grosse question que celle de la nomenclature des délits de presse; on a inventé autant de formules que nous comptons de constitutions politiques, et l'on peut affirmer qu'elles n'ont jusqu'ici satisfait personne. La formule de notre projet brille évidemment par une très-grande simplicité ; *le manque de bonne foi ou de convenance dans la discussion des institutions ou des personnes* remplacerait désormais tous les crimes et délits si longuement énumérés dans nos codes de la presse; mais on a reproché à cette extrême simplification de ne pas répondre aux cas nombreux qui peuvent se présenter et de ne pas graduer la peine suivant l'importance du délit.

Il est facile de répondre par l'axiome connu : Qui peut le plus peut le moins. Il est évident que les cas d'offenses envers l'Empereur, d'excitation à la haine et au mépris des citoyens, sont, au premier chef, des manques de convenance envers les personnes et des discussions déloyales des institutions. — Mais, dira-t-on, si on peut tout faire rentrer dans cette définition élastique, il est singulier de punir des mêmes peines des attentats aussi différents?—Non, la peine n'est pas la même, car l'amende peut varier par son chiffre.—Mais comment concevoir qu'un citoyen, outrageant le chef de l'État, dans un lieu public, puisse être appréhendé au corps et condamné à la prison, si l'écrivain qui s'est permis cette grossièreté et qui aura répandu l'outrage partout où va le journal n'est pas seulement inquiété?—Il y a là, en effet, une apparente contradiction : mais elle n'est qu'apparente, car les conditions où se trouvent les deux délinquants ne sont pas du tout les mêmes : celui qui trouble un lieu public, qui force les assistants à entendre des propos qui les blessent, ne peut guère être assimilé à l'écrivain; ce dernier ne va pas chercher les gens, c'est lui qu'on vient trouver en achetant le journal; en prenant une feuille de telle ou telle couleur politique, on fait un acte réfléchi et très-volontaire. D'ailleurs, pour juger cette question, il faut s'élever résolûment au-dessus des questions de symétrie de législation. Le but de l'homme d'État, c'est d'obtenir une répression quand il la croit nécessaire. La violence contre l'écrivain a toujours tourné contre le but qu'il s'est proposé ; il faut user enfin de la clémence ; en atteignant le journal, on réprimera plus sûrement. C'est là une vérité qu'enseignent tous les faits contemporains.

VII

Après les détails précédents, l'article 6 s'explique de lui-même. L'article 7 institue un jury composé de membres des conseils généraux et des conseils d'arrondissement. Puisqu'il n'y a dans ces matières aucun crime ou délit de droit commun et que les magistrats, à aucun titre, ne peuvent être mêlés à ces débats, il a bien fallu trouver une juridiction nouvelle. Elle est basée sur l'élection et non sur le sort, qui est un moyen absolument niais, quand on peut trouver autrement des garanties d'impartialité. Quel sera le nombre de ces jurys ? N'en disons rien, pour ne pas contrarier à l'avance les partis pris sur cette question ; mais il est certain qu'un jury unique siégeant à Paris, serait l'idéal, car un article politique a une influence générale et non locale ; on se rabattrait sur un jury par chaque cour impériale si on trouvait cette solution trop radicale ; mais en aucun cas nous ne voudrions d'un jury par chaque tribunal, regardant cette multiplicité comme parfaitement inutile.

Enfin, l'article 8 a pour but de décider que les procès de presse ne peuvent être publiés : interdiction facile devant un tribunal spécial, très-difficile, sinon impossible, devant un tribunal de droit commun.

N'oublions pas de dire, à propos de ce jury spécial, ce qui s'est déjà dit à la Chambre des députés, au Sénat et dans la plupart des journaux politiques qui ont étudié cette question. Ce jury spécial n'est pas une nouveauté, car chaque citoyen a droit à deux juges, selon qu'il plaide comme citoyen ou à raison de la fonction qu'il exerce ; dans ce dernier cas, il a le conseil de guerre s'il est militaire ; le conseil de l'Université s'il est professeur ; la juridiction de l'évêque s'il est dans le clergé ; le conseil d'État s'il est fonctionnaire ; le conseil des prud'hommes s'il est ouvrier ; le tribunal de commerce s'il est commerçant ; le conseil de discipline s'il est garde national ; le conseil de l'ordre s'il est avocat, etc., etc.

Créer une juridiction spéciale pour une fonction nouvelle, celle d'écrivain politique, ce n'est pas déserter le droit commun, c'est y rentrer par la bonne porte, car tout Français a droit d'être jugé par ses pairs ; en persistant, au contraire, à marcher dans les voies anciennes, loin de se plier aux exigences nécessaires du droit commun, on l'offense par de nombreuses dérogations.

En résumé, notre système peut être ramené à ces deux points précis : la liberté de la presse n'existera en France que lorsqu'on ne fera plus de procès de presse. — La législation que nous venons d'exposer nous paraît capable de donner ce précieux résultat.

Agréez, etc.

ÉDOUARD BOINVILLIERS.

LETTRE AUX ÉLECTEURS

Monsieur,

La France va se réunir dans ses comices pour nommer une Assemblée constituante : après avoir rempli le premier de ses devoirs et décidé souverainement de la paix ou de la guerre, elle aura à résoudre le difficile problème de notre constitution politique : nous pensons qu'aucun gouvernement ne réussira à s'établir définitivement dans notre pays tant que nos Assemblées politiques siégeront à Paris.

Voici nos raisons :

« Depuis plus d'un demi-siècle, Paris règne en « souverain sur la France.

« En 1789, nos pères ont voulu une révolution « pacifique; deux ans après, elle était dominée par « les clubs parisiens.

« Le premier Consul et bientôt après l'Empereur « ont reçu les pleins pouvoirs de la France, et, par « deux fois, en 1814 et en 1815, Paris a traité seul « de la reddition du pays.

« Paris a acclamé les Bourbons et les a renvoyés.

« Il a élevé le roi Louis-Philippe sur les barri- « cades qui ont servi à le renverser.

« Il a permis la République de 1848 et ne l'a pas « soutenue.

« La France a donné son adhésion au second

« Empire, et Paris seul a hérité du pouvoir vacant.

« Il vient enfin de proclamer une troisième Répu-
« blique; mais, comme il est dans la nature intime
« de cette capitale de ne jamais désirer que les gou-
« vernements qu'elle n'a pas, il nous fait encore
« trembler sur le sort de ce troisième essai.

« Sans doute, chacun de nous, suivant ses opi-
« nions, peut penser que l'une ou l'autre de ces ré-
« volutions a été utile ou nécessaire; mais ne faut-il
« pas avouer qu'elles ont été faites sans l'aveu du
« pays, et que ce dédain ou cet oubli de l'assentiment
« de la France ont été l'une des causes principales
« de leur chute? Le pays est las de ce long asser-
« vissement d'un grand peuple aux caprices d'une
« commune; partisan de sages et fécondes réformes
« librement discutées, il déteste ces bouleversements
« périodiques qui en ajournent les bienfaits.

« Toute révolution, en quelque pays qu'elle se
« fasse, amène à sa suite une sorte de maladie men-
« tale, produite par la surexcitation des passions et
« se révélant au monde par un débordement de pro-
« jets insensés et de constitutions chimériques;
« quand les révolutions se renouvellent, elles en-
« gendrent un mal plus grand encore; elles habituent
« les esprits au triomphe de la force sur le droit;
« les partis, tout en se couvrant du drapeau libéral,
« ne rêvent plus que la dictature, et c'est avec son
« aide qu'ils installent au gouvernement leur per-
« sonnel et leurs doctrines; il est vrai qu'ils durent
« peu; mais, il faut y songer, la liberté qu'on in-
« voque chaque fois qu'on la frappe périra, et ce
« peuple qu'on enivre de révolutions passera un jour
« de l'ivresse à la mort.

« Chaque pouvoir qui tombe est injurié par le
« pouvoir vainqueur, et l'on va criant partout que la
« sottise des hommes qui le maniaient a été l'unique

« cause de sa chute; mais, comme tous les partis
« ont successivement gouverné le pays, cette expli-
« cation est manifestement insuffisante. La vraie
« cause de cette chute, c'est la souveraineté pari-
« sienne, s'affirmant au mépris des droits du pays,
« par le renversement de nos assemblées politiques,
« et la conclusion à tirer de ce fait irrécusable, c'est
« qu'aucun gouvernement ne durera en France, tant
« que ces Assemblées siégeront à Paris.

« Qu'est-ce, en effet, qu'une Assemblée qui déli-
« bère sous la pression d'un coup de main populaire
« toujours possible et bientôt menaçant, si le pou-
« voir établi a quelques années de durée?

« Notre belle et riche capitale est assurément le
« dernier endroit de la terre qu'un philosophe eût
« choisi pour y dicter des lois; elle contient une
« population aussi brave qu'intelligente, qui a même
« tous les genres de courage et tous les genres d'es-
« prit, hormis peut-être celui d'en faire un bon
« usage; mais, à côté d'elle, il en existe une autre
« décidément malsaine où abondent les situations
« besoigneuses, les cerveaux malades, les personna-
« lités déclassées, et où s'agite dans l'ombre une
« véritable armée de malfaiteurs de profession.
« Ajoutez à ces deux éléments une très nombreuse
« colonie d'étrangers, prodigue de son argent et
« avide de ces plaisirs faciles qu'elle paye et qu'elle
« nous reproche, et l'on avouera que, dans un pareil
« milieu, le législateur est fort excusable de ne pas
« trouver le calme et l'impartialité d'esprit qu'exigent
« ses austères travaux.

« La réforme que nous souhaitons n'aura pas seu-
« lement l'heureuse fortune de décourager la révo-
« lution et d'empêcher nos députés d'être jetés pé-
« riodiquement par les fenêtres de leur palais, elle
« donnera une salutaire impulsion à l'un des besoins

« les plus vivement sentis de notre époque. Quelle
« espérance, en effet, de voir jamais s'accentuer à
« Paris même les idées de sage décentralisation, et
« comment faire, ailleurs qu'en un Parlement sié-
« geant en province, la part des abus de la centra-
« lisation et celle des bienfaits de l'unité française?

« Quels que soient d'ailleurs les mérites et les
« défauts de cette centralisation, il faut d'abord que
« le grand ressort de cette machine politique ne
« soit pas faussé par une émeute ou troué par un
« obus prussien.

« Tant que les fortifications de Paris ont été re-
« gardées comme une assurance qu'on ne verrait
« jamais l'étranger sous ses murs; tant qu'on a pu
« croire que la difficulté d'un siége en éloignerait
« jusqu'à la pensée, l'absurdité véritable qui con-
« siste à mettre le pouvoir dans une place de guerre
« n'a pas frappé les yeux, mais aujourd'hui il faut
« se rendre à l'évidence : on peut assiéger Paris et
« du même coup faire prisonnier le gouvernement
« de la France; il y va de son honneur de ne pas
« abandonner son poste, parce que c'est le poste du
« combat; d'un autre côté, si le vainqueur exige
« certaines garanties, avant de consentir à un ar-
« mistice, il devient fort difficile de les lui accorder,
« car sans se couvrir de honte, les citoyens investis
« de la confiance du peuple ne peuvent délibérer
« sous le canon ennemi. Enfin, il faut mettre à profit
« nos malheurs mêmes, et convenir que le cœur du
« pays est beaucoup trop rapproché de la frontière ;
« ce ne sera pas trop de mettre désormais entre elle
« et lui les deux grands bassins de la Seine et de la
« Loire.

« Les faits militaires et les faits politiques amè-
« nent donc aux mêmes conclusions. Paris lui-même
« s'associera de grand cœur à la pacifique révolu-

« tion que nous appelons de nos vœux ; il y gagnera
« d'abord ses franchises municipales, toujours re-
« mises en question par un pouvoir trop rapproché
« pour n'être pas ombrageux. Ensuite, le grand
« commerce et la haute industrie de la capitale ne
« tarderont pas à comprendre l'intérêt considérable
« qu'ils ont à ne pas laisser compromettre, tous les
« quinze ou vingt ans, leur belle situation ; ce n'est
« pas une ville de troisième ou quatrième ordre,
« ville sans avenir, car on n'y laisserait s'établir ni
« une usine, ni un théâtre, qui pourrait leur porter
« ombrage.

« Les froides et utiles discussions qui s'élèvent à
« Washington n'ont nui en rien aux splendeurs de
« New-York ; et Paris restera la reine du monde,
« quand bien même, pendant trois ou quatre mois
« de l'année, on ferait des lois à Bourges et à
« Tours.

« Les entreprises des révolutionnaires ne seraient
« pas plus à craindre que les regrets des notables
« Parisiens ; dans quel but désormais un boulever-
« sement quelconque ? Elever autel contre autel et
« s'emparer non du pouvoir absent, mais de la mu-
« nicipalité ? A quoi bon ! le gouvernement régulier
« de la province ayant dans ses mains le télégraphe,
« l'armée, l'administration, les préfets, saura se faire
« obéir partout ; la Commune révolutionnaire, privée
« de tous ces moyens d'action, ne pourra se faire
« obéir par delà ses murailles ; ce qui est probable,
« c'est que la révolution étant devenue sans objet
« ne se fera pas ; ne disposant plus de grandes po-
« sitions, elle sera sans attraits pour les ambitieux,
« et, n'ayant plus le pouvoir d'imposer ses principes
« politiques, elle sera délaissée par les esprits doc-
« trinaires eux-mêmes.

« Décider que les Assemblées législatives délibé-

« reront dorénavant dans une ville neutre et cen-
« trale de la province, ce n'est point faire œuvre de
« parti, c'est au contraire une œuvre patriotique à
« laquelle sont dus les efforts de tous les esprits
« sérieux. Quelle que soit la forme définitive du
« gouvernement, c'est une nécessité qui s'imposera.

« Il convient d'ajouter que si les institutions mo-
« narchiques peuvent trouver de grands avantages
« dans la situation nouvelle qui leur serait faite, le
« gouvernement républicain doit entrer dans cette
« voie avec plus de certitude que tout autre : en
« agissant de la sorte, il ne ferait que suivre les
« traces de son frère aîné des Etats-Unis; en se
« campant fièrement au milieu de nos populations
« des campagnes, il répondrait à ceux qui l'accusent
« d'être d'origine plutôt parisienne que française ;
« il réaliserait ce rêve toujours déçu du gouverne-
« ment à bon marché absolument impossible ailleurs
« qu'en province; enfin il échapperait à un péril
« très-redoutable; Paris est plein de souvenirs mo-
« narchiques; les palais princiers y abondent, et
« les habitants de la grande ville n'aiment pas à les
« voir longtemps inoccupés : c'est de tous points un
« séjour dangereux pour un Président de Répu-
« blique.

« Que l'adversité nous éclaire! il va falloir se
« remettre au travail, y consacrer toutes nos forces,
« et, par une modestie devenue nécessaire, nous
« faire pardonner nos splendeurs d'autrefois. Paris
« est décidément trop brillant et trop agité pour des
« gens studieux; que nos législateurs aillent donc
« chercher ailleurs le repos et le calme dont ils ont
« besoin.

« Après de longues années de sagesse, Dieu bénira
« nos virils efforts, et notre cher et malheureux
« pays redeviendra la grande nation. »

Monsieur,

Si vous approuvez la pensée politique qui nous guide, vous trouverez sans doute utile de poser au candidat qui va solliciter votre suffrage la question suivante : *Les Assemblées politiques doivent-elles continuer de siéger à Paris ?*

Vous pourrez ainsi recouvrer la part légitime de pouvoir qui revient à la province, et, en l'assurant, vous ferez cesser de très-regrettables hésitations ; on pourra désormais courir au secours de Paris, sans craindre de renforcer l'influence politique exorbitante de la capitale.

Il ne me reste plus qu'à vous dire, Monsieur, que, si j'ai été choisi pour vous tenir ce langage par une réunion d'hommes politiques appartenant à tous les partis, c'est que, depuis plusieurs années et dans divers écrits, j'ai essayé d'attirer l'attention publique sur la réforme que nous avons l'honneur de vous soumettre.

ÉDOUARD BOINVILLIERS.

Paris, pendant le siége.

UNE VISITE A CHISLEHURST

EN 1871

—

Cette note était destinée aux journaux qui ont refusé de l'insérer. Elle a été revue et corrigée par l'Empereur.

L'EMPEREUR : Après Sadowa, je vis clairement que la guerre avec la Prusse était inévitable ; les rapports détaillés de mes agents à l'étranger ne me laissaient aucun doute sur la direction des esprits au delà du Rhin et sur la grandeur des armements qui s'y préparaient ; ils ne pouvaient avoir pour objet qu'une lutte avec la France.

Pressentant la guerre je m'y préparai.

Par mes soins, une grande Commission militaire fut réunie et chargée de préparer une loi capable de doter le pays d'une armée de douze à treize cent mille hommes, — Pendant trois ans, de 1867 à 1870, je ne négligeai rien de ce qui pouvait éclairer l'opinion publique et la convaincre de la nécessité d'une réforme militaire : les notes officielles, les articles insérés dans les journaux officieux, les chiffres précis cités chaque année dans la *situation de l'Empire*, les discours prononcés par les ministres les plus en vue et les plus compétents à la tribune du Corps législatif, rien ne put ébranler l'opposition ardente que rencontra le projet de loi. — Je me rappelle encore les confidences attristées du digne et vaillant soldat que j'avais chargé de soutenir les débats devant la Chambre ; ses adversaires, tout en se montrant bienveillants pour sa personne, étaient aussi incrédules qu'intraitables ; la guerre n'entrait pas plus dans leurs prévisions que dans leurs goûts ; il n'est pas une Commission du budget qui eût regardé son devoir comme sérieusement accompli, si elle n'avait réussi à arracher au ministre de la guerre des hommes, des chevaux, des canons ou des crédits destinés aux fortifications ; la grande majorité des candidats de l'opposition se présenta aux électeurs avec des promesses d'économies fort inopportunes alors, mais toujours bien accueillies par les populations. — Après de nombreux échecs, après maints remaniements, toujours conçus dans le même esprit, la loi première, tronquée, défigurée, aboutit à une réforme des plus insignifiantes, et les ressources militaires du pays ne furent pas sérieusement augmentées.

La guerre prévue arriva. — On oublie vite chez nous ; ceux qui m'ont accusé d'avoir voulu la guerre, sans avoir rien fait pour la rendre fructueuse, sont cependant les mêmes qui ont si fort entravé nos mesures prévoyantes. — Au surplus ils se trompaient aussi sur mes sentiments. Après le plébiscite, tout le monde en France crut et dit que l'Empire était fondé à nouveau ; ce n'est pas à mon âge et après de pareils succès qu'on se jette, sans y être en quelque sorte forcé, dans de si terribles aventures ; l'étude minutieuse que je faisais depuis longtemps des forces comparées de la France et de la Prusse, le vif regret que j'avais éprouvé de ne pouvoir faire réussir la réforme militaire que je croyais indispensable, mon intérêt personnel, l'intérêt dynastique, tout devait disposer mon esprit à la prudence, et c'est mal connaître les hommes que de me supposer un sentiment contraire.

L'affaire Hohenzollern aurait pu être dénouée pacifiquement, pour le moment du moins, après les premières satisfactions données par la Prusse, si l'ardeur patriotique maladroitement excitée par les discussions parlementaires avait permis de le faire. — Il faut se reporter aux documents du temps pour se rendre un compte exact de l'excitation des esprits, de la violence de la presse, de l'agitation même de la rue, quand le gouvernement essaya de faire comprendre qu'on pouvait trouver dans les concessions accordées au moins un motif, de se donner le temps de la réflexion; inutile de dire que les cris les plus bruyants, les paroles les plus amères contre l'Empire, s'il ne vengeait pas sur l'heure l'injure faite à la nation, sortaient de ces bouches ou de ces plumes éloquentes qui naguère ne croyaient pas la guerre possible, refusaient tout crédit pour s'y préparer et s'indignaient à la seule pensée de *militariser* la France.

En précisant les faits, le calme et l'impartialité revenant peu à peu dans les esprits, on arrivera, j'espère, à comprendre qu'un Prince parlementaire, comme je l'étais alors, obligé de gouverner par la Chambre et avec son consentement quotidien, n'avait plus que la ressource de se mettre à la tête d'un mouvement que personne, d'ailleurs, n'aurait eu la force d'enchaîner. — Ceci est un fait que j'avance parce que je le crois vrai; ce n'est pas une excuse que je cherche; je n'ai jamais eu d'illusions sur le déplacement des responsabilités, promis par le régime parlementaire inauguré le 2 janvier et dont on me sut grand gré pendant quelques jours. Cette fiction s'effaça, comme toujours, devant les événements, et le Prince fut en réalité le seul responsable.

Au surplus, il ne faut pas croire que nous entrions en campagne avec des forces à dédaigner ; nous avions 365,000 hommes à l'intérieur, 63,000 en Algérie, 5,000 en Italie, soit 434,000 hommes (sans parler de la réserve).

La Prusse, de son côté, était en mesure de conduire au combat 500,000 hommes. — Dans de pareilles conditions et, si on se rappelle surtout les craintes que les Prussiens éprouvaient eux-mêmes au sujet de la solidité de leurs landwers, tirées de pays différents et la veille encore hostiles, il était difficile, mais il n'était pas impossible de vaincre notre adversaire ; la vraie difficulté consistait à passer rapidement du pied de paix au pied de guerre ; nous mîmes trop de temps à faire cette opération compliquée, non que nous en ayons perdu par notre faute, mais parce que notre ennemi en mit moins que nous. — C'est à ce retard qu'est due probablement notre défaite ; à son tour il a pour cause la trop grande confiance que la Chambre et le pays ont eue pour des orateurs, fort distingués d'ailleurs et qui ont soutenu, contre l'avis constant des ministres de la guerre, que notre armée régulière était très-suffisamment forte par elle-même et qu'elle aurait toujours deux ou trois mois devant elle pour se compléter et opérer sa transformation.

En se rappelant l'attitude de l'opposition à cette époque, en se souvenant que tous ses efforts avaient eu pour objet de prouver la suffisance complète de notre armée, on s'explique un fait vraiment inexplicable, sans cela : c'est qu'il ne se soit pas trouvé en France, ne fût-ce que par esprit de contradiction, un politique, un administrateur, un général, un publiciste, pour émettre quelques doutes sur nos chances de succès ; l'enthousiasme et la confiance étaient partout, et ils s'accrurent encore quand il fut avéré que nous n'avions qu'un ennemi à combattre.

Mais à quoi bon revenir sur ce sujet ; mes adversaires ont eu des torts, moi aussi j'ai eu les miens ; ils n'ont pas cru en moi, et, à mon tour, j'aurais dû ne pas croire en eux. — Les hommes ne sont pas si coupables que l'on croit, et qu'ils se l'imaginent eux-mêmes ; les événements sont parfois plus forts qu'eux ; en faisant de l'économie hors de propos, ils ne se doutaient assurément pas de l'effroyable rançon de leur erreur ; en combattant un pouvoir qui n'était que prévoyant et qu'ils disaient prodigue, un pouvoir qu'ils disaient tyrannique, et qui, grâce à leurs coups, n'était plus déjà qu'un abri insuffisant contre les violences de la multitude, ils ne croyaient pas le renverser et se trouver seuls face à face avec ce spectre rouge si agréablement raillé, obligés de combattre, sans merci ni miséricorde, la haine et l'envie formidablement armées par leurs propres mains. — Revenons à la guerre. Je désignai les généraux qui devaient entrer en campagne ; ces braves soldats ont tous fait noblement leur devoir ; avant la défaite, ils étaient les favoris de l'opinion, leur éloge était dans toutes les bouches chez nous, comme à l'étranger ; aujourd'hui, on oublie les hauts faits qui ont illustré leur longue carrière : — C'est mon métier de prince que d'être en butte à l'injustice et à la calomnie ; mais ce n'est pas, je l'avoue, sans un amer regret, que je vois ces vaillants hommes de guerre aux prises avec les violences des partis ; au fond, je le sais bien, on ne leur reproche que d'avoir approché ma personne. L'Empereur, prisonnier et détrôné, ne peut-il suffire de ce côté à apaiser toutes les rancunes ? Il y a, d'ailleurs, dans cette injustice même, une injustice plus criante encore ; on leur en veut d'avoir été distingués par moi ; mais, ceux d'entre eux qui ont été un instant caressés par l'opposition, n'ont-ils pas reçu plus que d'autres les faveurs de mon gouvernement ?

Après nos premiers revers, je voulus rentrer à Paris ; j'avais l'instinct secret que ce serait là que se déciderait le sort de la guerre, comme c'est là aussi, malheureusement, que se décide le sort des gouvernements : le conseil des ministres, alors tout puissant, fut d'un avis contraire ; je me résignai et j'obéis.

A Sedan, je fis ce que le plus humble des soldats français sait toujours faire ; puis j'arrêtai le combat et me constituai prisonnier. — J'avais, pour agir ainsi, de sérieux motifs : la suspension des hostilités ne compromettait en rien le sort de la capitulation que les généraux seuls avaient le droit de signer et qu'ils signèrent, mais elle avait l'inestimable avantage de sauver la vie à 80,000 hommes qui s'étaient battus comme des lions toute la journée, et qui auraient été massacrés, sans pouvoir brûler une amorce pour se défendre. — Les écrivains qui sont loin du théâtre de la guerre font souvent bon marché de la vie des hommes, et les stratégistes en chambre découvrent mille moyens ingénieux de faire de glorieuses trouées ; ce sont là des sentiments et des inventions qui ne se font jour qu'à distance et hors de la portée du canon ; la réalité fut plus simple et plus rude. — On se rendit parce qu'il était devenu impossible de ne pas se rendre : le bien de la patrie, son honneur exigeaient cet effroyable et inutile sacrifice. — J'ai entendu dire, il est vrai, qu'en nous ensevelissant tous sous les ruines de Sedan, nous aurions mieux servi mon nom et ma dynastie......; c'est possible..... les peuples s'attachent à leurs princes au moins autant par le souvenir de grands malheurs supportés en commun, que par celui des bienfaits qu'ils en ont reçus; mais savoir qu'on peut épargner la vie d'une si grande masse d'hommes, et ne pas faire un signe de la main....; en vérité, c'est impossible; en tous cas, mon âme répugne décidément à cette sinistre grandeur.

En me constituant prisonnier, j'avais encore un autre but. La Prusse avait dit bien haut qu'elle ne faisait pas la guerre à la France, mais à l'Empereur; on pouvait donc espérer que les conditions de la paix seraient moins dures pour le pays, si notre ennemi disposant de ma personne pouvait se dire parvenu au but de ses efforts. — Ce calcul était juste et les conditions imposées par la Prusse eussent été beaucoup moins dures sans l'avénement de la République. »

L'Empereur avait arrêté sa promenade; il regardait vaguement le ciel et ne parlait plus. Je voulus prendre congé de lui, mais il me retint; sa figure soucieuse et grave jusque-là, venait d'être éclairée par ce sourire séduisant et doux que connaissent tous ceux qui ont eu l'honneur de causer avec ce prince; ce fut d'une voix calme, sereine et presque enjouée qu'il ajouta:

« Dites la vérité, vous cherchez le fond de mon cœur, vous serez bien aise de pénétrer mes secrets desseins; on nous en suppose toujours. — Je vais vous tirer de peine : Je ne me sens aucun goût pour régner de nouveau, et il est cependant possible que je remonte sur le trône; cela dépend des événements et non de moi. Quand une nation recherche et appelle un prince, ce n'est pas pour ses mérites personnels qu'elle le fait : c'est pour bénéficier de la forme de gouvernement que ce personnage représente. En 1848, la France m'a tiré de l'exil, bien que je fusse un inconnu pour elle, et un inconnu fort défiguré par les soins du gouvernement d'alors; mais elle avait besoin d'ordre, et elle savait mon nom capable de le lui donner; de mêmes sentiments provoqués par de mêmes besoins pouvant se faire jour, alors le peuple se souviendra de moi ou des miens.

Je n'ai pas cessé de croire au principe politique que je représente, et je le regarde encore comme supérieur à ceux qui se disputent en ce moment le gouvernement du pays; le fait parisien du 4 septembre n'a pas eu la vertu de me prouver que la France ait changé d'avis sur les grandes lignes politiques qu'elle entend suivre. Tout cela est vrai, mais il est vrai aussi que je puis me tromper; c'est donc sagesse que de remettre au pays à décider souverainement de ses destinées; il n'y a que cela de sérieux et de définitif; en attendant, et que par amitié pour moi, personne ne boude ou s'éloigne; la France a besoin de tous ses enfants; lorsque l'heure sera venue (et elle n'est pas éloignée) elle saura faire son choix.

Le tableau ci-joint permettra d'apprécier d'un coup d'œil l'ensemble des progrès réalisés par le second Empire, pendant l'espace de 16 ans (1851-1868).

	EN 1851	ÉTAT ACTUEL	AUGMENTATION

AGRICULTURE

	EN 1851	ÉTAT ACTUEL	AUGMENTATION
Surface cultivée du pays (pâturages, forêts non compris).............	33,452,619	33,910,676	458,057 hectares.
Production des céréales et plantes alimentaires	321,702,834	354,701,178	32,998,344 hectol.
Production en vins.....	28,000,000	63,000,000	35,000,000 hectol.
Race bovine............	10,093,737	11,342,878	249,141 têtes.
Race chevaline.........	2,866,054	3,313,232	447,178 têtes.
Produit des forêts......	26,536,481	40,338,097	13,801,616 fr..
Hectares de dunes ensemencées..............	29,038	62,098	33,060 hectares.
Reboisement des montagnes	»	6942,5	62,594 hectares.

COMMERCE

	EN 1851	ÉTAT ACTUEL	AUGMENTATION
Commerce général — Importations et exportations réunies.......	2,614,100,000	8,126,100,000	5,512,000,000 fr.
Commerce spécial......	1,923,200,000	5,974,100,000	4,050,900,000 fr.
Commerce intérieur (il peut s'évaluer approximativement par l'escompte de la Banque de France)...........	1,241,000,000	6,574,000.000	5,333,000,000 fr.
Valeur mobil. française.	5,763,404.735	18,655,630,278	12,892,225,543 fr.
Marine marchande (entrées et sorties, navires français et étrangers).	4,987,663	11,534,935	6,547,272 tonn.
Tonnage des bateaux à vapeur naviguant sur mer.................	11,004	126,342	115,339 tonn.

	EN 1851	ÉTAT ACTUEL	AUGMENTATION

VILLE DE PARIS

	EN 1851	ÉTAT ACTUEL	AUGMENTATION
Population	1,053,262	1,825,274	772,012 âmes.
Voies publiques (ancien Paris)	384	430	46 kilomètres.
Id. (zone annexée)	355	420	65 kilomètres.
Ponts	16	27	11 ponts.
Squares			21 squares.
Becs de gaz pour l'éclairage	15,497	33,059	18,362 becs.
Egouts	147	518	371 kilomètres.
Capacités des réservoirs d'eau	34,000	535,000	501,000 m. cubes.
Théâtres			5 théâtres.
Ecoles municipales	298	454	154 écoles.
Etablissements libres	779	1,188	409 établ. libres.
Edifices religieux	43	77	34 édifices relig.
Travaux pour des établissem. hospitaliers			70,000,000 francs.
Lits dans les hôpitaux	6,743	7,820	1,077 lits.
En moyenne, 60.00 personnes par an sont soignées à domicile.			
Halles dans les différents quartiers	26	41	15 halles.
Les Halles centrales ont été construites.			
Valeur des propriétés bâties	2,557,000,000	5,957,000,000	3,400,000,000 fr.

On a créé pour le public cinq grands parcs ou promenades.
Les cercueils ont été substitués aux toiles grossières pour les pauvres.
— La fosse commune a été supprimée.
Le nombre des indigents n'est plus que de 1 sur 17 au lieu de 1 sur 16.
La mortalité, qui était de 1 sur 36, est descendue à 1 sur 41.

ALGÉRIE

	EN 1851	ÉTAT ACTUEL	AUGMENTATION
Population européenne	131,283	217,990	86,707 âmes.
Revenus publics	20,821,103	42,221,927	21,400,824 francs.
Céréales	14,000,000	29,000,000	15,000,000 francs.
Chemins de fer		602	602 kilomètres.

CULTES ET BEAUX-ARTS

16 millions ont été consacrés à des acquisitions et à des subventions réparties entre plus de 2,000 artistes.
Une somme de 2,176,000 francs a été employée en souscriptions et publications littéraires.
50 millions ont été consacrés à la réparation et à l'entretien des bâtiments historiques.
150 millions ont été dépensés pour les bâtiments civils.
1,100 nouvelles succursales ont été ouvertes à l'usage du culte.
44 millions ont été consacrés pour les édifices diocésains.
31 millions ont été consacrés aux édifices paroissiaux, répartis entre 15,500 communes.

	EN 1851	ÉTAT ACTUEL	AUGMENTATION
ASSISTANCE			
Budget des établissm. génér. de bienfaisance.	1,272,070 fr.	2,652,269 fr.	1,380,199 fr.
Secours génér. aux institutions de bienfaisance	300,000	746,000	446,000
Secours personnels aux indigèn^{es} et étrangers	2,352,000	2,570,000	218,000
Dépenses pour les enfants assistés.	5,712,202	8,906,987	3,194,785
Dépens^{es} pour les aliénés	3,958,316	9 928,937	5,970,621
Nombre de dépôts de mendicité	7	35	28 dépôts.
Nombre d'établissem. hospitaliers	1,367	1,520	153 établissem
Nombre de bureaux de bienfaisance	9,336	13,278	3,942
Les médecins gratuits pour les pauvres, qui n'existaient que dans deux départements, existent dans cinquante.			
Nombre de caisses d'épargne et leurs succ^{es}.	939	1,078	539
Nombre de livrets de caisse d'épargne	736,951	1,845,603	1,108,652
Nombre de sociétés de secours mutuels	2,237	5,829	3,592
Nombre de salles d'asile.	1,735	3,639	1,904 salles.
Nombre d'enfants	156,841	432,131	275,290 enfants.

Les Asiles de Vincennes et du Vésinet ont, depuis l'ouverture jusqu'au 1er janvier 1868, reçu 111,826 convalescents des deux sexes.
La caisse des retraites pour les vieillards a opéré des versements qui s'élèvent à 112 millions de francs.
La caisse nouvelle, offrant, au moyen de cotisations minimes, l'avantage de s'assurer des pensions viagères en cas d'accidents et d'infirmités, est trop récente pour avoir pu donner un résultat appréciable.

	EN 1851	ÉTAT ACTUEL	AUGMENTATION

VOIES ET MOYENS DE COMMUNICATION

	EN 1851	ÉTAT ACTUEL	AUGMENTATION
Chemins de fer (long'')..	3,546	16,260	12,714 kilomètres.
Routes impériales (long'')	30,653	37,990	7,337 id.
Routes départ''' (long'')..	42,000	48,180	6,183 id.
Chemins vicinaux de grande communication (longueur)............	47,925	74,771	26,846 id.
Dépense annuelle pour les chemins vicinaux. D'après la nouvelle loi, le réseau complet des chemins vicinaux sera achevé dans l'espace de dix ans.	63,00,000	97,000,000	34,000,000 fr.
Rivières classées.......	9,551	9,623	72 kilomètres.
Canaux	4,902	5,077	175 id.
Les droits sur les canaux ont été réduits de 20 millions à 4 millions.			
Construction de nouveaux ponts...........	....	....	85 ponts.
Réseau télégraphique..	2,133	37,151	35,018 kilomètres.
Bureaux de poste	3,670	5,080	1,410 bureaux.
Nombre de lettres......	165,000,000	323,525,195	158,525,195 lettres

REVENUS PUBLICS

	EN 1851	ÉTAT ACTUEL	AUGMENTATION
Impôts directs..........	412,225,000	536,338,000	124,113,000 fr.
Impôts indirects........	743,728,000	1,294,326,000	550,598,000
Autres ressources......	117,321,000	187,506,000	70,185,000
ENSEMBLE des recettes ordinaires..........	1.273,274,000	2,018,170,000	744,896,000 fr.

INSTRUCTION PUBLIQUE

	EN 1851	ÉTAT ACTUEL	AUGMENTATION
Écoles primaires.......	60,579	70,671	10,092 écoles.
Nombre des élèves.....	3,335,639	4,515,967	1,180,328 élèves.
Élèves jouissant de la gratuité..............	763,829	1,767,251	1,004,322 id.
Élèves de l'instruction secondaire	5,587	71,594	26,007 id.
Dépenses de l'instruction publique sur fonds généraux de l'État. Dépenses ordinaires et extraordinaires.........	16,675,282	26,107,421	9,452,169 francs.

DÉPENSES GÉNÉRALES

D'après ce qui précède, les revenus publics se sont accrus, de 1851 à 1866, c'est-à-dire dans un intervalle de quinze ans, de 745 millions. Le Gouvernement a employé en partie cet excédant de recettes de la manière suivante :

EMPLOI, EN 1866, DES 745 MILLIONS D'AUGMENTATION DES RECETTES

	Francs:
Service de la dette publique et des dotations..........................	188.134.000
Frais de régie, de perception et d'exploitation des impôts et revenus....	73.959.000
Ressources spéciales créées aux départements et aux communes......	96.331.000
Ministère d'Etat.....................	2.199.000
Augmentation des traitements de la magistrature et création de tribunaux et de justices de paix........	6.534.000
Augmentation des traitements du clergé supérieur	849.000
Augmentation des traitements des desservants	5.699.000
Augmentation dans le traitement des cultes non catholiques.............	407.000
Accroissement de la dotation des édifices diocésains...................	2.291.000
Accroissement de la dotation des édifices paroissiaux.................	1.832.000
Accroissement de la dotation des cultes non catholiques...............	37.500
Autres services des cultes	253.000
Augmentation des traitements des agents dépendant du ministère des affaires étrangères et création de postes diplomatiques et consulaires.	4.739.000
A reporter...	383.264.500

	Francs.
Report...	383.264.500
Télégraphie, prisons, sûreté publique, chemins vicinaux, services administratifs dans les départements, etc..	33.950.000
Augmentation de la solde de l'armée de terre..........................	12.071.000
Vivres, fourrages, entretien, garde impériale, réserve et autres dépenses ordinaires de la guerre............	50.898.000
Travaux extraordinaires du génie et de l'artillerie.....................	3.795.000
Augmentation de la solde de l'armée de mer...........................	1.125.000
Augmentation des cadres de l'effectif des équipages et des troupes.......	13.204.000
Vivres, approvisionnements généraux, salaires des ouvriers de la marine..	34.576.000
Travaux hydrauliques................	5.671.000
Transformation de la flotte et des ports	12.439.000
Service pénitentiaire aux colonies....	4.981.000
Algérie (administration et travaux)...	13.668.000
Augmentation de la dépense de l'Etat dans les traitements des instituteurs et des autres fonctionnaires de l'instruction publique...................	3.248.000
Autres services de l'instruction publique...............................	1.068.000
Maisons d'école.....................	1.153.000
Haras et dépôts d'étalons............	1.100.000
Beaux-arts.........................	1.679.000
Monuments publics..................	8.655.000
Entretiens des routes, ponts, canaux, rivières.........................	8.500.000
Augmentation de la dotation des travaux extraordinaires...............	57.000.000
Augmentation dans le traitement du personnel dépendant du ministère des travaux publics................	2.316.000
Manufactures de tabacs, et travaux de routes forestières, et de reboisements.............................	4.114.000
	658.475.500

	Francs.
Report...	658.475.500
Services qui ont cessé depuis 1851 ou qui ont subi des diminutions s'élevant à..........................	48.839.500
RESTE pour accroissement de dépenses.............................	609.636.000
L'accroissement des recettes étant de.	745.000.000
l'excédant de..................	135.364.000

a été transporté au budget extraordinaire et a servi à améliorer la situation finale de l'exercice 1866.

NOTA. — La différence qu'on peut remarquer entre les chiffres du présent tableau et ceux qui sont énoncés dans le cours de ce travail provient de ce que ces derniers expriment les progrès accomplis jusqu'à ce jour, tandis que les autres s'arrêtent à 1866, dernier exercice réglé.

DÉPENSES EXTRAORDINAIRES

	Francs.
Les expéditions militaires ont coûté.	2.500.000.000
Les travaux extraordinaires d'utilité publique sont évalués à..........	1.200.000.000
Les travaux publics de l'Algérie ont coûté........................	94.000.000
Abolition des droits de péage sur les ponts..........................	11.000.000
Rachat des canaux................	50.000.000
Travaux de chemins de fer et de routes.........................	1.500.000.000
	5.355.000.000

L'excédant des dépenses extraordinaires sur les ressources extraordinaires a été fourni par les recettes ordinaires des budgets jusqu'à concurrence de 1,162 millions.

Toutes ces dépense ont augmenté la richesse du pays.

Ainsi les chemins de fer, qui doivent revenir un jour à l'État, représentent une valeur de plus de 7 milliards.

Le matériel de l'armée de terre s'est élevé de 591 à 968 millions.

Le matériel de la marine s'est élevé de 784 millions à 1 milliard 400 millions.

Le réseau télégraphique représente une valeur de 30 millions.

L'augmentation de la richesse publique a produit deux résultats importants : le premier est la diminution du nombre des indigents, qui est réduit d'un vingtième, et le progrès de la moralité publique, qui peut se constater par la diminution de la criminalité, abaissée de 39 p. 0/0 en matière de crimes et de 21 p. 0/0 en matière de délits, comme aussi par la diminution des deux tiers dans les condamnations à mort.

TABLE DES MATIÈRES

	Pages
Préface....................................	1

CHAPITRE

    I. — La première victoire de Paris.....   5
    II. — Le Parisien détrône le Roi de France.........................   12
    III. — Les révolutionnaires regrettent d'avoir confié à Paris le sort de la Révolution......................   23
    IV. — Premiers enseignements à recueillir................................   35
    V. — La France déshonorée par Paris..   40
    VI. — La théorie des massacres patriotiques........................   46
    VII. — Réfutation par les révolutionnaires de la théorie du massacre patriotique.   66
    VIII. — L'armée du mal à Paris. Son recrutement. Son action.............   76
    IX. — Combats livrés dans Paris à la tyrannie parisienne...................   89

		Pages
X.	— Victoire définitive de Paris contre la France....................	109
XI.	— Révolte impuissante des campagnes et des villes...............	118
XII.	— Révolte de l'esprit religieux contre l'impiété parisienne...............	133
XIII.	— Les Vendéens vaincus et leur cause triomphante................	151
XIV.	— Les élections de Paris et celles de la France......................	160
XV.	— Conclusion. 1789-1800............	176
XVI.	— La France détrône Paris........	179
XVII.	— La conspiration de Malet.........	194
XVIII.	— Paris but de la coalition..........	202
XIX.	— Pourquoi Marie-Louise et le Roi de Rome abandonnèrent Paris......	209
XX.	— Imprévoyance de la bourgeoisie de Paris.........................	218
XXI.	— Le refuge en France fait défaut à Louis XVIII comme à Marie-Louise.	226
XXII.	— Le Parlement parisien et révolutionnaire de 1815.................	230
XXIII.	— Du mépris de la gloire...........	248
XXIV.	— Le Parlement bourgeois et parisien de 1815.....................	260
XXV.	— Deuxième Parlement de la Restauration.........................	275
XXVI.	— Troisième Parlement de la Restauration.........................	282
XXVII.	— Le quatrième Parlement.........	290
XXVIII.	— La bourgeoisie révolutionnaire sans le savoir et sans le vouloir....	298
XXIX.	— Projets de résistance en province.	309
XXX.	— Fatuité naïve du Parisien vainqueur............................	317

TABLE DES MATIÈRES

	Pages
XXXI. — Les périls des révolutions faites par Paris et pour Paris.	326
XXXII. — Le défaut d'autorité, résultat de la nouvelle loi électorale.	336
XXXIII. — Paris cause et théâtre de l'assassinat de nos Rois.	362
XXXIV. — L'ombre de Napoléon projetée sur le gouvernement de Juillet.	373
XXXV. — Des conséquences de la fortification de Paris.	380
XXXVI. — Le pente par où glissent les gouvernements élevés sur les barricades parisiennes.	392
XXXVII. — Le bourgeois parisien conservateur.	406
XXXVIII. — Deuxième orgie révolutionnaire de Paris.	426
XXXIX. — Du rôle de Paris sous l'Empire.	446
XL. — Troisième orgie révolutionnaire parisienne.	457
XLI. — Conclusion.	460
Notes : Un projet de loi sur la presse.	467
— Lettre aux électeurs.	478
— Une visite à Chislehurst en 1871.	485
— Tableau des progrès réalisés par le second Empire, de 1851 à 1868.	493

Imp. de Dubuisson et Cⁱᵉ, rue Coq-Héron, 5.

www.ingramcontent.com/pod-product-compliance
Lightning Source LLC
Chambersburg PA
CBHW050554230426
43670CB00009B/1124